AVENTURES D'UNE PARISIENNE

A LA

NOUVELLE CALÉDONIE

E. AUREAU. — IMPRIMERIE DE LAGNY

CHEZ LES ANTHROPOPHAGES

AVENTURES D'UNE PARISIENNE

A LA

NOUVELLE CALÉDONIE

PAR

LE Dr THIERCELIN

PARIS
E. LACHAUD, ÉDITEUR
4, PLACE DU THÉATRE FRANÇAIS, 4

1872

AVENTURES D'UNE PARISIENNE

A LA

NOUVELLE CALÉDONIE

I

HÉLOÏSE DE CLAIREFONTAINE

Dans les premiers jours de juin 1871, après deux semaines d'une heureuse navigation, le navire de commerce le *Véloce*, capitaine Bontemps, s'avance tribord amures, cap à l'ouest. Il va reconnaître les îles Tristan, pour piquer ensuite dans le sud, doubler le cap, se lancer dans les mers australes et enfin gagner la Tasmanie. Avant le froid et les tempêtes, le calme et le chaud; avant les misères d'une rude traversée, les douceurs du repos, les ennuis du bien-être, les flâneries des journées inoccupées et tout le cortége habituel d'un soleil brûlant dans les parages où il règne en maître. Les voiles battent les mâts; l'eau clapote à peine en avant du taille-mer; l'équipage bavarde, j'allais dire, blague sur le gaillard d'avant, qu'il égaye de lazzis épicés; les pipes se surmontent toutes de leurs couronnes de fumée aux reflets bleuâtres. C'est à croire qu'un rocher détaché d'une rive lointaine flotte sur l'eau avec sa population de loups marins à la respiration bruyante, aux grognements profonds, aux agaceries brutales, aux jeux enfin des grosses bêtes de la mer.

Au banc de quart, un officier a l'air de surveiller le travail des matelots, mais par le fait, alourdi par la chaleur, il dort presque. Le capitaine, lui, se promène au vent de la brigantine, un cigare aux lèvres; il sifflote pour appeler la brise qui ne vient pas, maugrée après un temps qui l'immobilise au milieu de l'Océan et menace d'éterniser sa traversée. Quand aura-t-il dévidé tout son loch? Quand mouillera-t-il son ancre aux antipodes de Paris, s'il conserve cette allure? Voilà ce qu'il se demande avec mauvaise humeur en constatant un sillage de trois nœuds.

Dans le carré (chambre de l'arrière), une table et ses bancs, une lampe qui se balance au roulis, un compas renversé qui en suit les mouvements, un mousse qui dort et un chat qui ronfle. Parmi les cabines les unes sont vides, d'autres renferment des dormeurs qui usent courageusement leurs journées. Laissons-les en repos. Une seule doit nous occuper, c'est la seconde à tribord, celle qui suit la chambre du capitaine. Elle demande une courte description.

Sur une couchette en bois faisant partie de la menuiserie d'ensemble, s'étend un matelas mince et étroit, recouvert de draps blancs et fins par exception. Un lavabo, une chaise, une petite glace, un hublot en abord, une porte donnant sur le carré, complètent ce réduit. C'est petit et modeste. Cela se prête mal aux exigences d'une femme. Pourtant c'est une femme qui l'occupe, jolie en vérité, mais, disons-le de suite, de bonne composition, se contentant du médiocre, quand elle n'a pas le bien auquel elle aspire, et se passant du nécessaire, pourvu qu'elle ait le superflu. A la voir se mirer, lisser ses cheveux, ajuster son corsage, secouer sa robe, chausser ses bottines d'étoffe, on est tenté de se demander pourquoi elle soigne à ce point sa toilette, quand elle ne peut quitter le navire qui dort au milieu de l'Océan, quand c'est à peine si elle s'éloignera de quelques pas de sa cabine, quand elle ne doit ni faire ni recevoir une seule visite, quand enfin elle est réduite pour toute distraction à une petite promenade sur le pont et à une courte séance à la table du capitaine pendant le dîner? Je ne me chargerai pas de répondre à cette question. Les femmes sont si capricieuses qu'elles se permettent partout des extravagances. D'ailleurs il faut le reconnaître, pour une passagère, le dîner est la grande affaire de la journée, le pivot central autour duquel tournent toutes ses actions. Elle s'habille pour aller à table; se promène pour gagner l'appétit; écoute les contes des matelots pour en rapporter au dessert ce qui peut se répéter. C'est là qu'elle cause, surtout, qu'elle apprend les nouvelles, qu'elle invente et agence les menus propos qui doivent lui profiter et nuire aux autres: c'est là qu'elle noue des amitiés, qu'elle provoque les intrigues entre une pression de mains et un clignement de paupières. Ne nous étonnons donc plus si la jeune personne que nous avons aperçue dans la seconde chambre de tribord prend tant de soins de faire une toilette simple, mais irréprochable.

Une malle placée près de son lit est même encore ouverte. Là s'étagent des vêtements de toutes formes et de toutes étoffes. C'est une revue de garde-robe passée avec la complaisance et la rigueur que met une jolie femme dans l'examen de tout ce qui doit concourir à rehausser sa beauté. Mais que vois-je au milieu d'un fouillis de mousseline et d'un nuage épais de tulle? un costume belliqueux rappelant l'homme par la forme et la femme par la grâce. Un pantalon à bandes rouges destiné à montrer des choses qu'il sera censé couvrir, un chapeau tyrolien orné de plumes tombantes, des bottes molles si petites du pied, si rebondies du mollet, qu'elles semblent destinées à figurer derrière la vitrine d'un magasin de chaussures; enfin, un uniforme complet de cantinière, revu, corrigé et augmenté d'ornements extra-réglementaires. Aussi paraît-il plutôt un caprice d'amateur qu'un uniforme véritable ayant fait campagne. Tout, depuis la tunique à double rang de boutons, jusqu'au sabre-poignard incrusté de pierres fausses, jusqu'au bidon petit modèle, dont la peinture est presque un objet d'art, tout semble dire : Voilà une fantaisie coûteuse destinée à figurer dans un bal masqué. Celle qui a su adapter à la mode des élégantes ce vêtement populaire, est une franche coquette qui veut plutôt tourner les têtes que rafraîchir les gosiers, qui court après des airs délibérés, compatibles seulement avec l'habit militaire, et qui estime que chaque partie de cette armure doit lui valoir au moins une conquête. Comme elle regarde tout cela avec complaisance! comme elle admire en souriant! et puis aussi, comme elle soupire en regardant! Souvenirs cruels et doux d'un bonheur qui peut-être ne reviendra jamais! Alors sa figure s'assombrit; elle a peur de ses propres pensées; elle secoue sa tête, essuie une larme et frissonne. Elle cache tout au fond de la malle, habits et souvenirs.

—Si on me voyait, semble-t-elle dire, on me reprocherait tout cela; qui sait alors ce qui adviendrait? Mettons vite ce charmant peignoir blanc, montons sur le pont pour causer avec notre ami le capitaine Bontemps. Assez des tristesses passées, assez des malheurs supportés. Une nouvelle vie commenee; faisons-la étincelante de plaisirs.

Le capitaine Bontemps est un type de marin dont toute la vie s'est passée à la mer. Pêcheur, caboteur, long-courrier, explorateur, savant même, apte à tout, il a tout fait. L'Océan a peu de secrets pour lui; il l'a visité cent fois, de l'équateur aux pôles, du nord au sud, des mers connues dans les recoins les plus cachés. Son nom était pour lui d'un bon augure; ce qui ne l'empêcha pas de faire naufrage neuf fois, de vivre des mois entiers sur des îles désertes, de grelotter sous le vent de glaces flottantes pendant des semaines entières, de se faire l'ami des rois les plus inconnus des îles perdues de l'Océanie, de mener enfin une vie pleine d'accidents, pleine de bonnes et de mauvaises fortunes. Aujourd'hui qu'il se sent dans toute la force de l'âge (40 ans environ), il a déjà la raison des vieux et encore l'ardeur des jeunes. Naïf comme un enfant, passionné comme un jeune homme, sensé comme un vieillard, il est compatissant pour qui l'implore, inflexible pour qui le brave. Nature franche, appartenant à la catégorie de ceux qui voient bien et s'instruisent en voyant, il a peu lu dans les livres, sinon dans le grand livre de la nature. Il donne des renseignemeuts sur toutes choses, sans en demander sur aucune. Enfin, que dirai-je de plus? Tout le bien qu'on pourra supposer de lui, je le pense, et je ne m'arrête que pour ne pas ennuyer le lecteur.

Cependant Bontemps a un défaut. Qui de nous n'en a cent? Il aime le beau sexe avec passion. Mais est-ce bien un défaut? et en tout cas, en est-ce un grand? Libre de tout lien légal, il laisse couler ses propriétés affectueuses sur toutes les rives, sans trop se préoccuper des vallées où elles se répandent. Cette imperfection, si c'en est une, n'est donc qu'une petite tache sur un tableau splendide.

Propriétaire du trois-mâts le *Véloce*, il en a donné lui-même le gabarit. Quel plaisir d'admirer ce modèle de navire commandé par un modèle de capitaine. Marchant comme une dorade, évoluant comme un marsouin, sentant sa barre comme une jeune fille sent son cœur, le *Véloce* est un de ces navires rares qu'on ne voit qu'aux mains des connaisseurs. Jaugeant six cents tonneaux, il n'est pas comme ces lourds transports qu'on charge outre mesure et dont la cale avale le double du tonnage. Il porte seulement les six cents tonneaux qu'il jauge, mais comme il les porte bien ! comme il est bien en tonture sur l'eau ! comme son avant est gracieux en s'arrondissant vers ses joues ! comme son arrière et ses fonds sont fins et effilés ! c'est un vrai poisson fait pour vivre sur la mer dont il ne peut attendre que des caresses.

A l'usage des terriens qui n'ont de la vie de mer qu'une idée souvent erronée, je pourrais comparer un navire bien fait à un cheval de race. Qui ne devine, du premier coup d'œil, la perfection du noble animal ! Quelle harmonie entre la forme et les mouvements ! Comme il obéit à la main qui le guide ! comme il est gracieux d'allures ! comme il est beau dans son repos, dans sa course, dans la folie de ses écarts, dans tout l'ensemble de son être et de son faire ! comme il a le cou souple, la tête fine, l'œil intelligent, la jambe mince et le pied sûr ! Le navire est de même quand il est en harmonie avec le milieu où il doit se mouvoir, je pourrais presque dire, où il doit vivre. Ses mouvements sont si bien cadencés, si bien en rapport avec sa constitution, qu'il ne présente jamais rien de heurté. C'est un être vivant, taillé sur le modèle des autres êtres vivants et comme eux ayant atteint les proportions compatibles avec les fonctions qu'il est appelé à remplir.

Quelle est donc la jolie femme que le *Véloce* emporte dans ses flancs ? Est-ce une passagère ordinaire ayant réglé son passage à prix débattu, pour économiser les frais imposés par les paquebots des grands lignes ? A voir ses allures, sa garde-robe, les bijoux qui brillent à son cou, à ses oreilles et à ses doigts, on rejette cette supposition. Cette fringante créature n'est pas venue sur le *Véloce* pour équilibrer un budget modeste. Elle est là pour tout autre motif. Est-ce par amour de l'imprévu, de la vraie navigation, du navire ou du capitaine? Je l'ignore, nous verrons à le deviner plus tard. Toujours est-il qu'elle habite le *Véloce*, depuis une vingtaine de jours déjà, que pour elle le temps du mal de mer est passé, qu'elle s'est acclimatée vite et porte habituellement sur sa figure la gaieté, l'insouciance, la pétulance d'une coquette qui veut faire impression sur son entourage.

D'autre part, le capitaine, qui a repris la mer après un court séjour à Paris, ne paraît pas vouloir vivre avec le stoïcisme qu'il déploierait sans doute, s'il n'eût eu avec lui que des bipèdes de son sexe. D'abord il a logé sa passagère près de lui, premier point important. Il tient à la surveiller, à la soigner, à la conseiller. Ensuite, la cloison qui sépare sa cabine de celle de sa voisine est si mobile, qu'au moindre appel il serait prêt à prêter secours et assistance, comme tout galant homme et surtout tout homme galant sait le faire, quand il se met aux ordres d'une jolie femme. Il prend au sérieux son rôle de protecteur, le cher capitaine.

Ces arrangements paraissent parfaits, n'est-ce pas? Cependant pour tout dire, le bon et le mauvais, ajoutons que la jeune dame a un mari : c'est le revers de la médaille. Ce monsieur est grand, mince et laid. Son nez est crochu, ses dents sont longues, ses cheveux plats et le reste à l'avenant. Son paletot et son pantalon trahissent, par des traces rebelles au fer chaud et à la brosse, l'enlèvement des bandes et lisérés dont l'exhibition, après avoir été de circonstance, était devenue compromettante. Il pose pour l'homme important. Il souffle avant de parler, gonfle ses joues, se prélasse et semble dire :

« Je suis un personnage, je fais la pluie et le beau temps, le bien et le mal. Qu'on se le dise, et qu'on s'efface devant moi. A bord on l'appelle le comte de Clairefontaine. Il fume beaucoup, mange encore plus, ne parle politique que par sentences et pour approuver le gouvernement actuel. Sa cabine est en face de celle de sa femme à bâbord.

Après le second du *Véloce*, homme grave, à cheval sur ses devoirs, tellement dévoué au capitaine qu'on l'appelle son chien fidèle, ou mieux son fidèle *Achates*, vient pour compléter l'état-major le lieutenant, Jouvenceau, à l'air bon enfant, au caractère facile, qui commence par vocation un métier naturellement rude qu'il se promet bien d'égayer un peu. Quand il voit la passagère, il la lorgne. Quand il passe près d'elle, il la salue d'un regard langoureux. Il lui donne la main, quand elle monte sur le pont ou en descend. Il se trouve presque toujours derrière elle, sans savoir comment. Le mari le regarde d'un mauvais œil et il s'en moque, mais sa poursuite indiscrète est souvent arrêtée par le regard sévère du capitaine.

Malgré le calme qui le paralyse actuellement, le *Véloce* est déjà loin de son point de départ et a rencontré bon nombre de navires. Aussi le capitaine s'est-il promis de communiquer avec le premier qui fera route pour l'Europe, il lui remettra sa correspondance. La passagère prévenue descend dans sa chambre, pour commencer à tout hasard une lettre qu'elle a hâte d'envoyer à sa sœur restée à Paris. J'en ai conservé le texte que je confie en grand secret au lecteur.

HÉLOÏSE DE CLAIREFONTAINE A EUDOXIE DE SAINTE-HERMINE

Chère sœur, quelle distance me sépare de toi ! comme je m'éloigne tous les jours ! Et quand pourrai-je, comme dit notre cher capitaine, virer de bord, une bonne fois, et mettre le cap sur mon joli petit appartement du quartier Breda ? Que les temps sont changés ! et que j'ai de choses importantes à t'apprendre ! Ce n'est plus moi qui reçois par grâce le loup de mer dans mon boudoir. Il est maintenant le maître, mon seul désir est de lui obéir, ma seule crainte de l'indisposer contre moi. Je ne le laisse plus se morfondre à m'attendre au passage de l'Opéra pour aller souper au restaurant. Maintenant je m'assieds à sa table quand il me fait prévenir. Est-ce mieux, est-ce pis ? Je ne sais, en tout cas c'est différent.

Je ne te cacherai pas que je regrette par moments ces temps de misère générale et de jouissances défendues, ces temps de petits soupers jurant avec la faim de tout le monde, où nous mangions des poulets rôtis de 80 francs et du pain blanc de malade, en nous moquant des imbéciles qui ne savaient rencontrer que du cheval mort de maladie et du pain d'avoine et de cendre, ces temps où l'amour se faisait au bruit du canon, où le service de la patrie consistait pour moi à soustraire un de nos illustres défenseurs aux frimas de l'hiver et aux balles des Allemands. Comme cette époque mêlée de soupirs et de craintes, de jouissances et de peur, est déjà loin de moi! Maintenant, je vis de la vie la plus monotone qu'on puisse imaginer. Cette déclaration t'étonne; n'est-ce pas? Tu restes confondue d'apprendre que je suis tranquille, ennuyée même, quand tu me crois aux prises avec les émotions et les dangers des aventures. Les splendeurs des levers et des couchers de soleil, les monstres marins se jouant sur les eaux, les orages, les tempêtes, les naufrages et les radeaux sauveurs, voilà ce qu'on débite aux Parisiennes sur la vie des voyages, les périls et les jouissances dont ils sont accidentés. Toutes ces ritournelles qu'on nous repète à satiété et que nous avons toujours la naïveté de croire, il n'est pas mal d'en faire une bonne et complète justice.

Écoute-moi donc, et apprends ce que c'est qu'une traversée, sur un navire long-courrier allant aux antipodes. Comme partout le bon et le mauvais s'enchevêtrent, les jours de pluie succèdent aux jours de beau soleil. Les voisins de chambre se font la mine en se saluant bien bas. On se déchire à coups de compliments. C'est à qui jouera son prochain, sans être joué par lui. Voilà ce que c'est que la vie de mer, et maintenant je commence l'histoire de mon voyage en te rappelant d'abord les derniers jours passés à Paris dans les circonstances les plus émouvantes où je me sois trouvée jusqu'à présent.

C'est justement aujourd'hui l'anniversaire de ma naissance. J'ai vingt-cinq ans. Malgré nous, le temps passe, ma chère amie, les années nous donnent à réfléchir, bientôt elles vont s'accumuler sur nos têtes, malgré nos regrets et la poudre de riz. S'il m'est permis de te donner un conseil de sœur aînée, un conseil de femme faite et sage, ne t'avise jamais de quitter Paris. Cette capitale du plaisir facile et des devoirs élastiques, c'est notre vraie patrie à nous autres femmes aux cœurs sensibles et aux habitudes accommodantes. Nous en avons la nostalgie, quand nous l'avons perdue de vue. Continue donc à éblouir et enflammer, à distance, le fils de ta propriétaire, soigne bien surtout la respectable matrone, écoute sa conversation édifiante et profite de ses diners. Surtout sois digne et sévère avec le riche héritier : un jour peut-être, tu posséderas la maison où tu n'as aujourd'hui la quittance de ton terme, qu'à force de soupirs et de serrements de mains. Du reste j'ai confiance en toi plus qu'en moi-même, quoique plus jeune tu as toujours été plus sage, moi j'étais la folle du logis.

Ces pensées me reportent naturellement aux jours de notre première jeunesse. Qu'ils sont déjà loin de nous ces temps où toutes petites, nous allions, chaque dimanche, danser sur la place de notre village de Clairefontaine ! Dans la semaine il fallait travailler. J'avais seize ans ; toi tu n'en avais que quatorze, et malgré notre tendre jeunesse, malgré notre grand désir de cueillir des marguerites pour les effeuiller le long de notre chemin, nous allions en journée, gagner péniblement dix sous, à coudre des chemises de grosse toile.

« C'était le temps de l'innocence, » dirait M. le curé qui nous passait ses grosses mains sous le menton.

C'était le temps de la misère, lui répondrais-je, s'il était ici, le bon apôtre.

Nous ! les plus jolies filles du pays, nous étions condamnées à chausser des sabots informes, et bien souvent, hélas, à oublier nos bas. Nos jupons étaient rapiécés, notre linge nous rougissait la peau et nous en étions réduites à jalouser les héritières du père Jeannisson qui, grandes, sèches et laides, nous éclaboussaient en allant à la messe dans leur carriole d'osier. Vois-tu, ma chère amie, l'inégalité des conditions est quelque chose d'épouvantable pour ceux qui n'ont pas la corde. C'est une honte qu'une société où il y a des pauvres qui mangent du pain noir et dorment sur la paille, tandis que d'autres roulent en carrosse et ont des cuillers d'argent; tout cela tord le cœur, et une seule pensée aide à vivre, celle de secouer la perche, faire tomber ceux qui sont en haut et prendre leur place. Voilà les idées que nous nourrissions, quand nous allions, les pieds dans la boue, prendre notre travail du matin chez les fermières du voisinage. A les entendre encore, nous arrivions toujours trop tard, comme si c'était amusant de se lever avant le soleil. Te souviens-tu comme ces paysannes impérieuses nous regardaient de travers ! Elles nous appelaient des misérables, parce qu'elles étaient riches et que nous n'avions pas le sou ; elles nous donnaient par grâce notre maigre salaire et de la soupe aux choux dans une écuelle de bois. Nous pourtant, nous usions près d'elles notre temps et notre jeunesse. Pour du travail, je leur en flanquais pour leur argent à ces canailles de riches, et encore n'avaient-elles pas l'infamie de m'appeler fainéante ! Vois ce que c'est que le retour des choses d'ici-bas. Maintenant que je ne fais rien, que de mettre des robes de soie, qui oserait donc m'appeler fainéante?

Au fait, est-ce que le rôle de la femme n'est pas tout tracé par la nature ? J'allais même dire par Dieu, comme s'il y avait encore un Dieu, depuis que les théories égalitaires l'ont tué ! La femme jeune et belle est faite pour le plaisir : aux vieilles le regret ; aux laides l'envie. Quant aux hommes, à eux de pourvoir à nos besoins. A quoi nous servirait donc d'avoir la beauté, si nous n'avions aucun privilége ? Est-ce que dans l'Orient la femme a besoin de terres pour valoir son prix ? On l'achète d'autant plus cher qu'elle est plus potelée. On la soigne, on l'aime, on l'enrichit en raison de ses charmes ; et nous qui valons autant qu'elles et même qui valons mieux, nous serions réduites à cirer les bottes de ces messieurs? Ah non ! mille fois non ! mieux vaut combattre et mourir !

Il y aurait bien un moyen de rendre toutes les filles égales devant la loi. Au premier abord il paraît un peu trop radical. Mais quand on y réfléchit mûrement, on trouve qu'il est la justice même. Il consiste tout simplement à déshériter les filles. Il n'y aurait plus de riches héritières. La beauté serait le seul droit au mariage, la seule aristocratie. On ne se marierait plus avec une belle dot, mais avec une belle femme. Les laides resteraient pour compte, comme diraient les commis de nouveautés, et la population reprendrait vite son mouvement ascensionnel vers la perfection. Quels enfants peuvent donner en effet des boiteuses et des bossues ! et d'un autre côté, comment se reproduiraient les jolies filles pauvres, à moins de faire des bâtards, puisqu'elles ne trouvent pas de maris ? Elles sont condamnées à procurer des plaisirs stériles. Cette mesure serait donc moralisatrice, sous tous les rapports. Pas d'autres mariages que le mariage d'amour. Les laides dont on ne trouverait pas le placement seraient, à l'état de vieilles filles, vieilles sœurs ou vieilles tantes, occupées à faire la cuisine, à raccommoder les bas, ou à faire l'école. Elles seraient les neutres de la ruche. Ce remède contre l'enlaidissement progressif de notre espèce est bien simple. Eh bien ! notre société qui se prétend sage ne l'emploiera pas. Ce serait trop beau !

C'est par suite de mes réflexions amères que, jeune encore, je conçus pour la société, telle que les puissants l'ont faite, une haine de chien contre celui qui lui coupe les oreilles. Je me disais :

— « Tant que je serai pauvre, je porterai envie aux riches. Tout sera à refaire ici-bas, mettons-nous à l'œuvre ; changeons les rôles, démonétisons une riche et prenons sa défroque. »

Au plus beau de mes spéculations philanthropiques,

si tu t'en souviens, le grand niais de Jules, le fils au père Lecomte le *porte-balle*, revint au village. Grâce aux protections de son père, il avait déjà commencé sa carrière. Après avoir été placé dans un magasin de mercerie de la ville, pour balayer la boutique et épousseter les comptoirs, il était devenu commis. La première fois que je le revis, il avait une redingote, il dansait le cancan, il disait : « Faites-moi l'honneur d'un quadrille, » ou bien : « Vous avez un chic 1er numéro, » ou encore : vous feriez un effet bœuf à Mabile. » Que veux-tu ? je fus séduite par ses compliments, il me parut bien élevé, haut placé, et en passe de me pousser. Je résolus donc de m'appuyer sur lui pour m'élever. Il avait aussi ses vues sur moi, le garnement. Il me voyait jolie et me croyait naïve ; il se disait qu'avec un pareil échantillon de l'espèce féminine, bien ménagé et bien conduit, il pourrait aller très-loin. Je n'ai su que depuis ce que valait son amour, c'était tout simplement une spéculation. Pauvres victimes que nous sommes ! Enfin, il me demanda en mariage. Ma mère, qui avait douze enfants sur les bras, (c'est lourd cela), se débarrassa volontiers d'une fille qui lui donnait déjà des inquiétudes. Les amoureux tournaient autour de moi, le gros Jean-Pierre me reconduisait le dimanche un peu tard, on jasait ; j'avais été battue et pour en finir je devins madame Lecomte.

C'est alors que j'entrai à Paris dans une fabrique de modes, où on avait besoin de jolies figures. Comme j'étais enchantée ! comme j'étais fière ! Tous les messieurs qui venaient commander des coiffures de femme me trouvaient de leur goût, et puis je me sentais dans la capitale du luxe et de la folie, et malgré ma vertu je me promettais bien de mettre à profit toutes les bonnes occasions. Que veux-tu, on se souvient toujours de ses débuts avec plaisir, et quand je pense à ce temps-là, il me semble que je n'ai encore que mes dix-huit ans d'alors. Mes compagnes, en m'entendant appeler madame Lecomte, me nommèrent la petite comtesse. Ce titre me flatta et je le conservai. C'est comme toi, ma chère Eudoxie, quand tu fus venue me joindre et que ton premier protecteur t'eut donné un manchon d'hermine, il te baptisa du nom de madame de Sainte-Hermine. Tout en riant du mot, tu as gardé le nom. Il faut bien se créer un état civil quand on n'a rien qui vaille à offrir à la société. Vois donc comme ç'aurait été joli de présenter à un marquis du Jockey-Club, mademoiselle Coquard, fi donc ! Mais pardon, chère sœur, je me perds en bavardages quand j'ai pourtant des choses bien sérieuses à te raconter.

Pendant le siége de Paris, c'est à peine si nous nous sommes vues. Poursuivant ta grande tâche de séduction à l'égard de ta propriétaire, après avoir tourné la tête de son fils, tu étais devenue pratiquante, tu allais à la messe. C'est bien cela; mais moi je préférais aller au club. Nous suivions chacune notre voie : que la tienne soit la meilleure, c'est possible, surtout si tu deviens ta propre propriétaire ; cependant je dois convenir qu'un moment je fus en bien bon chemin. Du reste tu vas en juger.

Grâce à six mois de service à l'armée faits par son frère, grâce à des professions de foi républicaines bien senties, grâce surtout à des définitions claires et nettes du socialisme, ce qui est rare, et à des déclamations bien virulentes contre les riches, mon Jules était devenu capitaine de la garde nationale mobilisée, dans une légion bellevilloise. J'avais vu son chef de bataillon. C'était un enragé démocrate, socialiste, égalitaire. De plus, *il était riche*, un peu fou, jeune et joli garçon. Je me fourrai dans la tête l'espoir d'en faire la conquête. Ses convictions communardes et fraternelles me faisaient espérer que nous pourrions peut-être un jour mettre en commun nos opinions et ses pièces de cent sous. N'ayant pour apport que mes dépenses habituelles et mes dettes, je n'avais rien à perdre et tentai l'aventure.

Voici par quel lumineux stratagème je me fis remarquer. Connaissant la toquade du héros de mes rêves, je me fis confectionner un élégant costume de cantinière fantaisiste. Hélas! je l'ai encore. Il me va même à ravir. Je le conserve pour quelque besoin imprévu. Revêtue de ce galant uniforme, je me jette dans un fiacre. J'avais vendu ma voiture, l'avoine était si chère depuis qu'on ne me la payait plus! Je me fais conduire chez mon commandant, et me présentant inopinément devant lui après son dîner, juste au moment où l'homme a l'estomac plein et le cœur tendre :

— « Citoyen, lui dis-je hardiment, vous voyez devant vous une républicaine convaincue. Je suis la femme d'un des capitaines de votre bataillon, le brave Clairefontaine. Moi aussi, je veux servir mon pays, et si je ne puis faire le coup de feu avec vos frères d'armes, je m'offre du moins pour leur verser la goutte. Déjà j'ai fait sur l'autel de la patrie le sacrifice d'un titre de noblesse que je portais encore hier. La comtesse de Clairefontaine n'est plus qu'une simple citoyenne. Acceptez-vous mes offres? Voulez-vous m'enrôler sous votre bannière? »

Pendant que je parlais, je voyais mon homme m'admirer, me dévorer des yeux.

— Si je vous veux sous mes ordres! me répondit-il avec enthousiasme, mais je serais une brute de refuser une pareille recrue. Pour être républicain, on n'en est pas moins un chevalier français. Si même vous le voulez bien, vous allez commencer immédiatement votre service.

— Pierre, cria-t-il bien fort en s'adressant à son domestique, je n'y suis pour personne. Sur ce, la porte fut fermée et il commença mon éducation militaire... Voilà comme j'entrai dans l'armée de Paris, sans pourtant que ma présence ait jamais été signalée à la tête du bataillon. Je restais affectée au service de l'intérieur. Mon mari profita de ma faveur : il devint officier payeur et se paya largement ce que la patrie lui devait. Tout allait donc pour le mieux, quand mon courageux commandant mourut d'une balle dans le cœur. Comment n'aurait-il pas succombé? il avait le cœur si tendre! Je le pleurai, ma chère, d'autant plus volontiers, qu'il m'avait donné son portrait enfermé dans un portefeuille bien garni.

Le siége était fini. La paix allait être signée, disait-on. Les boutiquiers prétendaient même que les affaires reprenaient, que la France allait guérir ses plaies, que la prospérité renaissait; que sais-je enfin tout ce que disaient et ne disaient pas ces bonnets de coton de Parisiens. Mais les socialistes veillaient. Que nous importe à nous, citoyens du monde, la société parisienne? La patrie pour nous c'est toute la terre. Tous les hommes sont nos frères. Nous voulons faire régner d'abord sur l'Europe entière la fraternité et surtout l'égalité, à la condition que nous serons les maîtres. Quant à la liberté, tous les aristocrates auront celle... de se taire.

Nous créâmes donc la Commune. Je dis nous à cause de mon mari qui, après s'être fortement remué dans le comité central, s'assit enfin dans ce sanctuaire des vrais républicains socialistes. Moi je l'y suivis de mes vœux et de mes convictions politiques. Connaissant quelques membres influents, je fis un choix parmi eux. J'invitai à dîner ceux qui avaient mis la main sur les délégations les plus lucratives et fus bientôt au mieux avec celui qui recevait le plus et comptait le moins. Cette époque fut belle, mais qu'elle dura peu! Il fallut bientôt penser à plier bagage.

On parlait de brûler Paris, de s'ensevelir sous ses ruines, de mourir comme les héroïques habitants de villes que je ne connaissais pas du tout. Ce n'était plus mon affaire. Vois-tu, ma chère amie, tout cela est bon à dire dans un club, cela fait même un assez grand effet. Aussi étais-je des plus ardentes à jeter des allumettes imiques dans le feu de la conversation. Mais me faire brûler réellement, pas si bête! Fi donc! mourir dans un ncendie général! c'est bon pour des aristocrates. Moi je voulais me conserver pour des temps meilleurs et, par le fait, je me suis conservée.

Grâce à mon illustre protecteur, j'obtins des fonds que e mis dans ma poche, et je partis huit jours avant l'entrée des Versaillais, en compagnie de dix-huit malles, grandes ou petites. Je ne fus nullement inquiétée, pas même interrogée à la sortie de Paris. Qu'aurait-on pu me faire, à moi, pauvre femme? Parce que j'avais bavardé dans les clubs, ce n'était pas une raison pour que je restasse exposée à être fusillée. Les chassepots me portent sur les nerfs quand on les dirige contre moi.

Je partis donc confiante dans mon innocence et avec la ferme intention de reprendre mon titre sitôt sortie. Tout le monde me saluerait bientôt de : « madame la comtesse. »

Pourtant, en prévision de tout malheur possible ou même impossible, voici l'expédient que j'avais imaginé. Au commencement du siége on m'avait présenté un marin, le capitaine Bontemps, qui venait chez moi tous les jours quand nous étions libres, moi des affaires publiques, lui du service qu'il avait pris dans l'artillerie. Tu l'y as même vu, quand tu venais encore me visiter. Ce digne représentant de la marine du commerce s'était épris, pour mes faibles attraits, d'une passion d'autant plus opiniâtre, que celle qu'il appelait sa divinité ne lui donna jamais que des belles promesses. Il était comme les dévots qui déposent leurs offrandes à la porte du temple, mais qui ne peuvent jamais pénétrer dans le sanctuaire. C'est ainsi, ma chère sœur, qu'il faut en agir avec les hommes dont on attend des services; les tenir à distance assez pour leur laisser tous leurs désirs sans diminuer leurs espérances. Grâce à ce procédé simple et facile, on les conserve indéfiniment, absolument comme tu conserverais des œufs frais dans de l'eau de chaux.

Mon capitaine était donc toujours à ma poursuite; il mettait à mes pieds sa bourse et son amour. Sans accepter ni refuser positivement, je l'entretenais de mon mieux dans ces bons sentiments, jusqu'au jour où je lui déclarai à brûle-pourpoint que j'allais quitter Paris, la France même, que je comptais sur lui, dont j'appréciais le dévouement, pour m'accompagner, pour m'enlever, s'il le fallait, à des bourreaux qui en voulaient à ma vie et à ma fortune. Quel moyen pour les vrais patriotes de rester dans un pays où ils allaient être épiés, recherchés, traqués par les sbires de la réaction! Ils allaient payer de leur liberté et de leur sang, peut-être, leur amour pour la grande devise française : *Liberté!* etc., etc. Mon capitaine empauma la rengaine, se jeta à mes pieds, me prit dans ses bras et souscrivit l'engagement de m'emmener au bout du monde. Il scella sa promesse d'un premier baiser. Je pouvais compter sur lui.

En effet, le lendemain, ayant obtenu une autorisation pour quitter Paris, il me conduisit au chemin de fer d'abord, et quelques jours plus tard, en rade de Bordeaux, sur son propre navire, en attendant qu'il m'emmenât en plein Océan. Tu conçois que je ne demandai même pas où nous allions ; cela m'était bien égal. Je fuyais Paris et les chefs de la Commune affolés par la peur ; je fuyais l'incendie dont mon épouvante voyait déjà les premières lueurs ; je fuyais la dure extrémité de promener la torche et le pétrole, rôle réservé aux pauvres femmes compromises par quelques propos inconsidérés ; je fuyais surtout l'armée de Versailles sur le point d'entrer à Paris. Enfin, pour comble de bonne fortune, je fuyais mon mari, dont je n'ai jamais été folle, et avec qui j'évitais ainsi de partager mes économies, en même temps que j'échappais à son sort s'il tombait aux mains des réactionnaires. Tu vois que j'avais un plan et qu'il n'était pas trop mal combiné.

Je réussis à peu près dans toutes les parties de mon programme. J'arrivai saine et sauve à Bordeaux avec mes dix-huit malles. Femme et bagage, tout fut déposé à bord du *Véloce*. Le navire n'attendait plus que nous. Une fois le capitaine embarqué, on leva l'ancre et l'on partit ; on évita seulement de déclarer la passagère. A quoi bon des formalités superflues ? Je restai dans ma cabine, où je faisais l'effet d'un certain nombre de colis. Personne ne me savait là, sinon mon sauveur. Mais lui, il avait fait glisser la cloison séparant ma chambre de la sienne, et pendant toute la descente de la rivière, nous pûmes serrer les nœuds les plus intimes d'un bon voisinage. Nous mangions ensemble, nous causions ensemble, nous... Enfin le cher capitaine me tenait fidèle compagnie.

J'arrivais à la fin de mes inquiétudes. Nous allions prendre la mer. Mouillés au bec d'Ambesse, nous attendions le vent favorable, et deux heures d'une brise passable allaient me débarrasser de tout ce que je laissais derrière moi : France et dettes criardes, monarchistes et mari. D'une pierre je faisais trois ou quatre coups. Nous étions un soir, le capitaine et moi, assis l'un près de l'autre, bien près en vérité, si près, qu'un médisant eût trouvé à blâmer. Nous lisions les journaux de Paris; c'était d'un intérêt palpitant pour moi. La Commune était en fuite ; l'armée, entrée dans Paris, y avait fait pénétrer avec elle de terribles exécutions. Je frissonnais malgré moi à la lecture de ce qui aurait pu m'arriver si j'étais restée dans la bagarre, et me disais par moments :

« M. le comte aura de la peine à s'en tirer; je le plains, mais j'aime mieux qu'il soit là-bas que moi. Après tout, il est mince, il passera peut-être par une porte entr'ouverte. »

Involontairement, sans folle espérance de débarras, je cherchais, pourquoi ne pas l'avouer, son nom parmi ceux des insurgés fusillés. J'aurais appris sa mort avec une facile résignation, et si je l'avais pleuré, ce n'eût pas été sans douceur. Ne découvrant rien, je me demandais parfois s'il n'arriverait pas à se sauver.

« Il est si souple, si flexible, pensais-je, qu'il en est bien capable. »

Comme j'étais consciencieusement occupée à faire ces réflexions charitables, comme je les communiquais à mon capitaine, qui s'apitoyait franchement sur le sort de la victime politique dont il prenait volontiers la place dans l'intimité, on frappe à la porte; je m'esquive, et Bontemps, en montant sur le pont, s'empêtre dans mon mari arrivé jusqu'au navire à la nage et monté à bord par la chaîne de l'ancre, comme un rat. Tableau, reconnaissance, félicitations!

Mon Jules, en apprenant ma fugue, s'était tout à coup refroidi pour la guerre civile. Comme Antoine, il n'avait pas précisément fui devant Octave, mais il avait suivi sa Cléopâtre. Il avait vite deviné que je devais avoir embrassé la profession maritime; il connaissait Bontemps, ses offres et sa bonne volonté. Il fut donc bien vite rendu où il savait me retrouver. Il était temps, quelques minutes plus tard, le *Véloce* aurait été parti. Quand j'appris que non-seulement je n'étais pas veuve, mais que je n'étais pas même séparée ni de corps ni de biens, je frémis et puis je me résignai. Après tout, Jules avait sauvé aussi de bonnes épaves de ce grand naufrage de nos illusions sociales. Il avait emprunté de l'argent à son protecteur et ami le délégué bien partagé. J'avais une malle d'habits d'hommes. Jules fut pourvu; seulement, il fut caché aussi. Les douaniers auraient pu lui faire de la peine; autant lui éviter ce souci et à ces messieurs l'ennui de verbaliser. Mon mari occupe juste la chambre en face de la mienne à bâbord; nous sommes séparés par toute la largeur du carré, mais nous nous retrouvons... à table ou à la promenade sur le pont. C'est ainsi que le capitaine a réglé nos destinées, et je trouve, pour mon compte, que tout est bien.

La brise de nord-est s'est levée aussitôt que mon mari m'a eu rejointe. On aurait dit qu'elle n'attendait que lui pour souffler, nous avons donc quitté la France le cœur bien soulagé ; le séjour de Paris n'eût pas été sans danger pour nous dans des moments aussi tourmentés. C'était une excellente occasion de faire un voyage d'agrément que nous avions, du reste, projeté depuis longtemps. Quant à notre présence à bord du *Véloce*, elle est, il est vrai, un peu irrégulière, nous nous sommes embarqués *par-dessus bord;* le capitaine a constaté le fait sur son journal et tout est dit.

Au revoir, chère sœur, pense de temps en temps à moi, manœuvre bien avec ton naïf amoureux, et fais toi épouser; le bonheur, vois-tu, c'est l'amour doré.

A toi pour toujours.

HÉLOÏSE.

NOUVELLE CALÉDONIE

Le capitaine Bontemps avait chargé son navire pour la Nouvelle-Calédonie et pour Taïti, il devait relever de là pour la côte ouest d'Amérique, prendre charge au Pérou ou en Californie, et retourner en France après dix ou douze mois d'absence; il avait donc accepté avec joie une compagne pour tout ou partie du voyage.

Nous l'avons déjà dit: il était galant, il s'était pris de belle passion pour la jolie comtesse et l'emmenait en se disant qu'il aurait tout le temps de réfléchir aux inconvénients de cette liaison, en faisant le tour du monde. D'ailleurs la jeune coquette avait su se faire désirer. Elle avait attisé le feu dont brûlait son amoureux. En ne lui accordant rien que des faveurs qui en appellent d'autres, elle voulait se conserver une planche de salut; sa manœuvre avait réussi. Le ravisseur poussé par la nécessité avait même pris le mari par-dessus le marché, il eût bien voulu, sans doute, se dispenser d'une hospitalité aussi complète; mais comment faire ? Il tenait beaucoup à la dame, et en définitive la présence du mari rendait l'aventure plus piquante; et puis, hâtons-nous de le dire, il ne supposait même pas que ses passagers pussent avoir maille à partir avec les gendarmes. Le ménage lui paraissait bien une de ces nombreuses associations où la foi jurée n'est qu'un jeu, il voyait une femme coquette et un mari commode; mais de là à des criminels il peut y avoir loin, et rien ne lui faisait supposer une complicité quelconque avec les incendiaires.

Tout marchait donc à bord à peu près régulièrement. Les époux, pendant les longs coups de vent des mers australes, passaient leur temps à lire les romans qui composaient, en grande partie, la bibliothèque du bord; le navire, secoué par les grandes brises d'ouest, gagnait, tous les jours quatre-vingts lieues et plus. On ne montait guère sur le pont : qu'y faire par 55° de latitude sud, en plein hiver? Mais on n'en faisait pas moins bonne route, et malgré le roulis auquel on s'était vite habitué, on passait une vie assez douce.

Les repas étaient abondants : la viande fraîche, la volaille ou d'excellentes conserves figuraient tous les jours sur la table, et les vins fins, le champagne et les liqueurs y faisaient régulièrement leur apparition; le thé et le café, voire même le chocolat blanchi par du lait concentré, rappelaient, à s'y méprendre, les habitudes des maisons aisées. Enfin, la bonne humeur, cause et effet du bien-être dans la vie, ne cessa pas un moment de régner dans le petit royaume dont le capitaine Bontemps était le seul maître après Dieu. Les époux causaient et riaient sans qu'un nuage plissât leurs fronts; tout était si régulier! Les rapports des officiers, du capitaine surtout avec la jeune dame, étaient si respectueux que le puritain le plus sévère n'eût pas trouvé le plus petit mot à dire. Le soir, après une partie de cartes, chacun se retirait chez soi; M. le comte donnait à sa moitié un baiser presque paternel sur le front; la dame rentrait dans sa cabine, fermait sa porte à clef, et s'isolait complétement.

Pendant que le vent faisait rage au dehors, pendant que la mer promenait de minute en minute ses lames sur le pont, pendant que le gréement se tordait sous l'étreinte du vent, que les voiles se gonflaient à se rompre malgré les ris, les faux bras, les bosses aux drisses, etc., la délicate comtesse, bien dissimulée sous une longue et élégante chemise de nuit, se glissait dans son lit, s'enveloppait de laine moelleuse, s'abritait derrière sa planche de roulis, et dormait du sommeil de l'innocence; voilà du moins tout ce qu'on pouvait supposer. Que l'on ait cru observer autre chose; qu'on ait entendu ou cru entendre glisser des cloisons, soupirer de doux propos, éclater des rires comprimés ou même résonner des baisers clandestins, c'était possible; mais était-ce vrai? Ce que l'œil jaloux d'un mari ou d'un amoureux croit voir, ce que son oreille croit entendre, n'est pas toujours la vérité. La morale publique était sauve, chacun pouvait dormir tranquille, et pour son compte, monsieur le comte, confiant dans sa bonne étoile, se préoccupait fort peu, ou plutôt dormait sans se préoccuper du tout.

Cependant, le temps passait. Voilà qu'on quittait les parages les plus tourmentés. On venait de doubler la Tasmanie et on remontait vers le nord dans le grand canal qui sépare l'Australie de la nouvelle Zélande. Encore quelques jours et on aura les petites brises et les beaux temps de la mer Pacifique. Alors viendront les promenades sur le pont pendant les tièdes soirées qu'on prolonge d'autant plus dans la nuit qu'on s'approche davantage de l'équateur. On parlait souvent du premier point de relâche. On se promettait de lire les ouvrages relatifs à un pays curieux à tant de titres. Le capitaine qui, pour son entourage, n'était rien moins qu'un traité de géographie vivant, était vivement sollicité de donner quelques enseignements sur cette terre placée aux antipodes de l'Europe et qu'on connait encore si incomplétement en France, bien qu'elle soit française.

Un soir qu'on avait dîné sans table de roulis et que le navire, légèrement appuyé sur le flanc de bâbord, glissait sans bruit poussé par une brise bien régulière, le capitaine, sa tournée faite, ses ordres donnés, tout en fumant un bon cigare et savourant un verre de grog chaud qui faisait raison aux grogs de ses deux passagers, consentit à faire, sur la nouvelle Calédonie une petite communication sous forme de conversation familière. Il parla à peu près dans ces termes :

Vous voulez que je vous fasse l'histoire de la Nouvelle-Calédonie et je pourrais vous renvoyer, pour plus amples détails et pour notions plus exactes, aux récits des voyageurs à qui vous serez encore obligé de recourir, quand j'aurai parlé. Mais enfin, je ne veux pas vous désobliger, et vais vous dire, comme je pourrai, ce que je sais de ce pays.

Le 4 septembre 1774 le plus illustre des navigateurs anglais, le capitaine Cook, découvrit, au moment où il se disposait à rallier la côte d'Amérique une terre haute à laquelle il donna le nom de Nouvelle-Calédonie, en souvenir des montagnes d'Écosse. Il accosta la terre par l'Est ou bande du vent, et dut le faire avec d'autant plus de précautions que l'approche lui en parut plus difficile.

Une longue ligne de récifs madréporiques semblait avoir été construite autour de l'île, comme un mur crénelé autour d'une forteresse. Vue dans toute sa circonférence, cette terre rappelle les châteaux enchantés des romans de nos pères. Des géants aux têtes noires et difformes semblent sortir de l'eau pour menacer les voyageurs assez indiscrets pour oser s'en approcher, puis se plonger dans l'écume blanche qui les recouvre et reparaître un peu plus tard, plus noirs et plus hideux qu'auparavant. Le groupe entier, composé de l'île principale, d'un certain nombre d'îles secondaires, d'un semis d'îlots ou de roches séparées, enfin des récifs les plus grands qu'on ait encore trouvés sur le globe, s'étend obliquement par rapport à l'équateur du S. E. au N. O. en formant avec lui un angle d'une quarantaine de degrés. Le tout ensemble, terre et rochers, montagnes s'élevant dans l'air et simples hauts fonds ou montagnes sous-marines, peut avoir deux cents lieues de longueur; et si les terres poussent en Océanie comme beaucoup de géographes l'affirment, on peut prédire pour un avenir prochain, un ou deux siècles peut être, une terre à peu près habitable dans tout l'espace que le récif enveloppe.

Telle qu'elle est aujourd'hui, c'est déjà une île de première grandeur. Elle vient, je crois, pour la taille après Madagascar. On l'a comparée à un tripan ou biche de mer, poisson qu'on pêche dans les eaux qui l'entourent.

Toutes les îles des mers tropicales du Pacifique sont défendues par des récifs de corail, mais aucune ne présente cette disposition d'une manière aussi prononcée et aussi régulière que celle dont nous nous occupons. Sous le vent surtout, c'est-à-dire à l'ouest, la digue est pour ainsi dire continue et ses ouvertures ou passes sont comme autant de portes qui permettent d'arriver jusqu'à terre, à la condition expresse d'en avoir les clefs, c'est-à-dire d'en bien connaître les secrets.

Ce long mur, composé d'un seul bloc de dimension immense, décrit des sinuosités qui l'éloignent et le rapprochent alternativement de la grande-terre. Vous voyez déjà qu'il en doit résulter une mer intérieure, où l'eau peu profonde est limpide et unie comme une glace. Des têtes de rochers, des hauts fonds, des îlots recouverts de corail accidentent ce grand lac, le rendent pittoresque, lui donnent les aspects les plus variés, mais aussi en accroissent les dangers pour ceux qui osent en faire le cabotage. Heureusement l'eau est si transparente qu'on voit le fond à de grandes profondeurs. On conduit son navire en observant les passes du haut des barres de perroquet.

C'est plaisir de voir comme les bords de l'île sont à l'abri des longues lames du large. L'eau ici lèche positivement la plage, les gros rouleaux se brisent contre les récifs. Le roc use la fureur de la mer, la terre n'en a que les caresses. Que de poissons aux écailles dorées dans les abris de ces lagons! que de coquillages aux couleurs les plus vives, aux formes les plus gracieuses! Il ne faudrait pourtant pas trop se fier aux apparences. Elles sont souvent trompeuses, ici comme partout. L'eau la plus unie vous entraîne dans un courant irrésistible, le poisson le plus flatteur à l'œil est un poison terrible, enfin au milieu des coquillages glissent des serpents dont la morsure peut être mortelle.

Presque toutes les passes donnent accès dans un refuge où il y a mouillage, de sorte que le tour de l'île peut être considéré comme une grande rade où l'encrage est partout solide. Les ports sont nombreux. Ils offrent aux navires une sécurité complète, sans que le travail des hommes ait été pour rien dans leur construction. La nature seule a tout fait.

Celui de Noumea, au sud de la côte Ouest, est le meilleur de tous. Il est vaste et divisé en diverses anses, parmi lesquelles se distinguent surtout celle de l'île *Nou* ou île Dubouzet et celle de la ville de Port de France.

Parmi les autres baies méritant le nom de ports, figurent celles de Prony, Musa, Bulari, Dumbea, Vitœ,

Saint-Vincent, Varaï, Buraï, Muco, Balad, Poebo, Yengen, Kanala, Naketi, Port Bouquet et cent autres peut-être dont l'hydrographie n'a pas encore été publiée.

Du reste, je le répète, il y a mouillage presque partout derrière le récif en temps ordinaire et le nombre de navires qui peuvent simultanément trouver un abri est illimité. Les passes aussi sont nombreuses, et si quelques-unes sont dangereuses à cause des courants qui portent sur des roches, beaucoup d'autres sont d'un trajet facile quand on y pénètre avec le flot et qu'on en sort en même temps que le jusant.

La passe Jande, au nord de la grande île, est appelée à jouer un rôle important dans la navigation intérieure. Elle communique par le détroit de Devarenne avec la baie de Balade et dispense les navires qui veulent aller de l'est à l'ouest et *vice versâ*, de doubler le grand récif des Français qui s'avance dans le N.-O. à plus de soixante lieues, ou de retourner au sud pour passer dans le détroit dangereux qui sépare la grande-terre de l'île des Pins.

En résumé, au point de vue de la navigation et surtout de la navigation à vapeur, la seule qui doive être adoptée pour le cabotage, quand on aura du charbon dans le pays, c'est une île qui, malgré les difficultés apparentes de son atterrissage, présente des avantages incalculables. Seulement il faut être pilote de tout son lagon, et pour cela il faut l'avoir longtemps étudié. Vienne une époque où le pays sera habité par une population blanche nombreuse ; vienne un gouvernement qui se décide à faire de cette île une véritable colonie pénitentiaire, et la garde des côtes sera des plus faciles. Avec de petits postes sur les ilots avoisinant les passes, avec des bateaux pilotes armés et croisant en vue de ces espèces de créneaux, il ne pourra ni entrer ni sortir un seul homme sans que l'autorité en soit informée.

Quand on se rappelle que la grande ile à elle seule a quatre-vingts lieues de long sur une moyenne de quinze de large, on peut dire qu'on dispose de la prison la plus grande, la plus facile à garder, la plus salubre, la plus favorable au travail des prisonniers, la mieux placée pour la régénération des déclassés, qui soit dans tout le monde. C'est donc, quand la France fait une razzia de son écume sociale, un moment bien opportun de choisir ce pays pour y déposer une population dangereuse dans la métropole et qui peut fournir les éléments les plus précieux d'une colonie prospère.

Les indigènes ont été jugés de manières diverses par les divers voyageurs qui les ont étudiés. Cook et Forster, qui passèrent seulement une semaine à terre, en font le tableau le plus flatteur. C'est à donner envie d'aller vivre au milieu des sauvages si bienveillants et d'un si bon caractère. Les hommes ne sont pas voleurs, les femmes sont chastes, les chefs sont affables. C'est l'âge d'or florissant aux antipodes des pays où sévit maintenant l'âge de fer. Ce sont des sauvages modèles.

Vient ensuite d'Entrecasteaux et le portrait change du blanc au noir, du beau au laid. Pour le marin français ce sont des pillards, des traîtres, des anthropophages. On ne peut traiter avec eux qu'en les tenant au bout de la baïonnette. On doit donc procéder par intimidation et, s'ils donnent cours à leurs mauvais penchants, tirer sur eux et les tuer sans miséricorde. Voilà comme les voyageurs sont d'accord. Pour les Calédoniens, c'est comme pour tous les autres sauvages de l'Océanie : premiers rapports amicaux , et puis si les contacts se prolongent ou bien s'ils se renouvellent, survient la guerre et toutes ses horreurs. Comment expliquer ces différences? ou plutôt comment se fait-il que la paix du premier jour se transforme toujours en guerre le lendemain? On a déjà bien discuté sur cette question sans pouvoir la résoudre. Les principales raisons qu'on ait fait valoir pour expliquer des changements si subits sont les suivantes : immigrations de populations guerrières entre les voyages de Cook et de d'Entrecasteaux qui sont à une vingtaine d'années l'un de l'autre; ou bien, simple contact des blancs dont le despotisme et le sans-façon exaspèrent des populations douces jusqu'alors et les rendent d'autant plus méchantes qu'elles étaient plus souvent victimes d'une race qui se croit tout permis. Je ne sais pas plus ce qu'il y a de vrai dans les reproches adressés aux Néocalédoniens que dans les raisons qu'on donne pour les défendre, mais je puis dire que, dans le cours de ma longue navigation, j'ai vu bien des contacts de blancs et d'hommes de couleur. J'ai vu par suite bien des collisions. Eh bien! je l'avoue à la honte des civilisés, presque toujours les premiers torts devaient être attribués à la race supérieure.

Quand un équipage européen aborde sur une île sauvage, il a faim de toutes les jouissances, il veut satisfaire tous ses caprices. Il prend ici les cocos, là les ignames, plus loin les jeunes filles. Tant qu'il a la force il en abuse, sans même penser à mal. Arrêté dans ses déprédations, dans ses impudiques attaques, il se plaint et tâche de légitimer ses vols et ses viols par la force. S'il reste le plus faible le sauvage s'incline. Mais que la fortune change et les représailles sont terribles. Elles vont jusqu'à tuer et manger l'agresseur. Cette cruelle extrémité est fatale. Elle ne peut pas ne pas venir. Tous les peuples primitifs sont cannibales. Nos grands pères l'étaient aussi dans les temps reculés. Ils mangent d'autant plus volontiers leurs ennemis que ceux-ci se sont emparés plus volontiers aussi des aliments indispensables à des peuplades pauvres. Quel est donc le plus coupable de celui qui arrache et pille un champ d'ignames dont la perte fera mourir le propriétaire de faim, ou de celui qui surprend le voleur, l'attaque, le tue et le mange? La réponse est sur vos lèvres et je m'étonne en vérité qu'on reproche aux sauvages leurs actes de cannibalisme, après les avoir provoqués.

Le fait en lui-même n'est pas plus répugnant qu'une alimentation animale quelconque. Un morceau de la cuisse d'une jeune fille est moins effrayant à manger qu'une tête de veau dont les gros yeux semblent lancer un triste regard et un inutile reproche à qui se délecte en les avalant. C'est toujours de la viande plus ou moins cuite, baignée de sang, recouvrant des os et recouverte par de la peau. Quand l'homme habite un pays où les quadrupèdes manquent, et où les végétaux ne suffisent pas à ses besoins par suite de sécheresse, d'inondations ou de simple imprévoyance ; quand il éprouve ce besoin impérieux de manger de la chair, besoin bien naturel à son espèce, et qu'il doit satisfaire au moins de temps en temps ; quand, du reste, il a vu toute sa vie des sacrifices humains autorisés par des coutumes communes à tous les peuples primitifs, il n'attache au cannibalisme aucune idée de dégoût, il mange avec plaisir la chair de l'homme parce qu'elle est bonne, il cherche les occasions d'en manger encore et toujours, et regrette ce régal alors qu'il lui est refusé.

Et maintenant à cette sensation purement animale, ajoutez le bonheur de se venger, la joie de faire disparaître un ennemi jusque-là redoutable, et l'espérance qu'en mangeant certains de ses organes on héritera de ses qualités les plus remarquables, et vous concevez facilement que l'anthropophagie passe vite à l'état d'institution politique et religieuse. Je ne citerai pas d'exemple à l'appui de mes arguments, je les crois évidents, je veux pourtant terminer cette petite digression par l'exposé d'un fait où l'odieux se cache derrière le comique.

J'étais jeune quand eut lieu ce que je vais vous raconter, et je naviguais sur un navire baleinier : nous étions en relâche dans une île un peu perdue de l'Océanie, où le capitaine avait installé un système d'échanges pour nous pourvoir de vivres frais. Un baril d'huile avait été porté à terre, et on distribuait du précieux liquide à tous ceux qui apportaient des provisions ; tant pour un poulet, tant pour un dindon ou pour une chèvre.

Nos provisions faites, nous allions quitter l'île ; le cuisinier du bord, grand drôle aux instincts pillards, passait à terre la fin du dernier jour de la relâche, il était même en grand tenue; il avait, comme nous disions alors, largué sa grand voile, c'est-à-dire, mis sa redingote des grandes fêtes.

Le voilà donc flânant autour des cases, attaquant les femmes, bousculant les hommes, se donnant enfin des airs de grand seigneur baleinier. A son dire, il était le capitaine, et pour mieux jouer son rôle il affectait l'insolence qui, selon lui, s'harmoniait avec ce titre.

Un indigène le prit au sérieux et lui offrit de lui vendre un cochon. Notre homme daigne accepter, fait mener l'animal par son propriétaire jusqu'à la pirogue qui devait le reconduire à bord, le fait embarquer, et, au moment d'y monter lui-même, il prend le sauvage par les épaules, lui donne ce que les matelots appellent une poussée, l'envoie rouler sur les galets, saute dans le boat et rit aux éclats du tour qu'il vient de jouer. Le sauvage se releva la figure ensanglantée; je vous laisse à juger de sa fureur.

Le lendemain le navire était parti et le capitaine ne sut l'aventure qu'alors que nous étions au large. Supposez qu'un autre navire ait mouillé en vue de cette île avant l'oubli de cet outrage; supposez que le crime du cuisinier ait été commis au préjudice d'un chef, et calculez la somme de haine accumulée contre ceux qui ressembleraient même de très-loin au voleur de cochon. C'est ainsi que les blancs sèment la guerre, et qu'ils récoltent bien souvent la mort.

Je vous renvoie naturellement aux récits des voyageurs pour vous édifier sur l'histoire de ce pays et de ses habitants; je ne joindrai que quelques mots à ce que je viens de vous dire.

Le pays est montagneux, ses montagnes sont hautes et souvent arides; une entre autres s'élève à plus de mille mètres au-dessus de la mer. La couleur de la terre qui les recouvre, les roches qui émargent de leurs flancs et où le quartz domine, tout indique qu'elles renferment des métaux précieux, de l'or surtout.

Les pierres fines doivent s'y rencontrer aussi; c'est sans doute dans la roche de quartz formant filon qu'on trouvera l'or. Le granit couronne les sommets les plus élevés de la chaîne. Si les contre-forts se composent de gneiss et de micaschiste ayant subi l'action du feu, les filons de quartz aurifères seront nombreux et riches; ils pourront s'étendre sur tous les versants jusqu'à l'entrée des vallées.

Jusque dans ces derniers temps on n'y avait pourtant pas fait de découvertes qui valussent la peine d'en parler. A plusieurs reprises, il est vrai, le bruit s'était répandu en Australie, à la Nouvelle-Zélande, et jusqu'en Amérique, qu'on avait découvert des mines d'or à la Nouvelle-Calédonie; immédiatement les chercheurs affluèrent. Le grand mérite d'une mine d'or n'est pas d'enrichir celui qui la fouille. Les mineurs ne sont riches que par rares intervales; ils sont en général destinés à mourir dans la misère, après avoir passé par toutes les alternatives de l'abondance et du dénûment. Mais la mine d'or est un appel à la population; c'est l'occasion pour les industries annexes de naître et prospérer. La navigation amène des émigrants et des vivres; l'agriculture s'impose comme partout où les bouches se multiplient. Bref, la terre se couvre de bras; la fable grecque se vérifie une fois de plus; les pierres que Deucalion remue et jette par-dessus ses épaules se changent en hommes.

Sur cent aventuriers qui viennent, une partie meurt, d'autres s'en retournent promener leur misère ailleurs; mais quelques-uns restent, et s'ils veulent travailler ils s'enrichissent. Nous avons vu cela en Californie, en Australie, à la Nouvelle-Zélande. Dans ces trois pays, la population a poussé comme des champignons au mois de septembre. C'était donc une bonne nouvelle que ce seul bruit de mines d'or trouvées dans la Nouvelle-Calédonie. Déjà les chercheurs affluaient. Certes ce n'était pas l'élite de la population des autres pays qui se donnait ainsi rendez-vous au milieu de la mer de corail. Qui aurait osé l'espérer? C'étaient des affamés, ardents à la curée, et un gouvernement bien inspiré eût laissé accourir tous ces gens de bonne volonté, malgré tous leurs défauts de nature. Il en serait certainement resté dans le pays, et ces greffes de blancs, de si peu de valeur qu'on les suppose, eussent fait échec à la race indigène. Mieux vaut encore un blanc un peu voleur, mais ardent au travail, qu'un noir fainéant et cannibale par-dessus tout. Le gouvernement comprit les choses tout autrement. Il se dit :

« S'il n'y a pas l'or qu'on suppose, je serai embarrassé de cette population d'aventure. Si l'or existe réellement, je veux le garder pour moi et le faire exploiter à mon profit. »

C'était, à tous égards, le plus pauvre des raisonnements. Nos gouvernants de tous les régimes ont toujours été disposés, en fait d'œuvre coloniale, à prendre le plus mauvais parti. Ils n'y manquèrent pas plus cette fois-là que les autres. Les chercheurs d'or furent tracassés, traqués même, et en définitive renvoyés, tous dégoûtés de la réception qu'on leur avait faite.

Un ingénieur vint de Paris, il fit des recherches méthodiques. Il passa des mois et des années à faire des fouilles, à ramasser des échantillons; enfin, à ne rien trouver. Cela devait être. Malgré tout le mérite qu'on voudra reconnaître à un savant, c'est toujours ainsi que se passent les choses. Le hasard seul découvre l'or, l'argent, ou ce qui vaut mieux encore que les métaux précieux, le cuivre, le fer, et ces masses incalculables de forces accumulées par les siècles passés au profit de l'avenir, et qu'on appelle du charbon. Le rôle des savants est de contrôler les découvertes faites par des hommes que le flair attire, que l'instinct conduit. Semblables aux pourceaux récolteurs de truffes, les mineurs sentent, voient et prennent le métal ou le corps précieux pour l'abandonner à mieux avisés et plus économes qu'eux.

De ce que les recherches scientifiques n'avaient rien fait découvrir, nous ne devions pas conclure que plus tard on n'aurait pas, dans la Nouvelle-Calédonie, des bonnes fortunes analogues à celles de l'Australie. Les deux pays ont le même aspect. Leurs montagnes ont la même forme, la même teinte miroitante, annonçant la présence des métaux dans leurs flancs. Ils doivent donc renfermer les mêmes richesses.

Ce que je vais vous dire a l'air d'une plaisanterie, rien n'est plus vrai cependant. L'orpailleur habile, le mineur qui a vieilli dans son métier, reconnaît au simple aspect une montagne aurifère. Il semble que pour lui le roi des métaux traverse la couche de terre qui le sépare de l'atmosphère et vient briller au grand air en polarisant la lumière du soleil qui se projette sur lui. De là ces rayonnements aux teintes variables, où le jaune, le violet et le rouge se succèdent ou se confondent. Quand un orpailleur voit briller ainsi une montagne sous les rayons du soleil levant, il déclare positivement qu'elle renferme de l'or, et il se trompe bien rarement.

On vient encore une fois de constater d'une manière bien positive la présence des gisements aurifères dans la Nouvelle-Calédonie. Le gouvernement mettra-t-il de nouveaux obstacles à l'exploitation du riche métal ? Espérons qu'instruit par l'expérience du passé, il n'arrêtera personne dans les fouilles d'exploration et les travaux d'extraction. Le moment est favorable à tous égards. Il peut, grâce à une simple redevance sagement mesurée, enrichir le trésor sans dégoûter les mineurs.

Les flancs des montagnes sont presque tous couverts de forêts composées d'essences d'arbres de valeur. L'exploitation de ces forêts donnerait de grands profits si elle était, sinon facile, du moins possible. Or, la possibilité matérielle existe, à la condition de faire des routes se rendant à la mer intérieure, où les bois seraient chargés sur des navires pour gagner de là les villes naissantes de l'ile, ou même pour aller se vendre au loin. Mais ici encore le gouvernement a l'air de vouloir respecter, outre mesure, des richesses accumulées par les siècles passés. Je sais bien qu'il serait fâcheux d'abattre tout, sans règle ni réflexion, mais le trésor sera vainement immense, il ne profitera jamais à personne, si on n'y met pas la cognée. Les Anglais ont fait tout autrement à la Nouvelle-Zélande. Ils ont laissé déboiser tant qu'on a voulu le faire. Le déboisement a donné de l'ouvrage aux émigrants dès leur premier pas dans la colonie. L'exploitation du bois a fourni aux propriétaires l'argent nécessaire pour cultiver les terres, et aujourd'hui la Nouvelle-Zélande est un pays de grande culture et de grand rapport. Il n'a pourtant que trente ans d'existence comme colonie anglaise.

Les vallées sont d'une fertilité rare. Des ruisseaux et même des rivières les arrosent et les fertilisent. Ce n'est pas à dire que les versants des montagnes soient stériles, mais les vallées leur sont bien supérieures. Quant aux crêtes, elles sont nues et en présentant sur leurs sables brûlés ces espèces de rayons aux reflets divers, elles donnent au pays l'aspect de terrain à mineraux, dont je parlais tout à l'heure.

C'est dans les vallées les plus ombreuses, les mieux coupées par les cours d'eau, et dont quelques-unes sont irriguées aussi bien et mieux que les terres de Chine, que vit la population indigène. Divisée en districts, elle se partageait naguère encore toute la terre, de manière à n'en mettre à la fois qu'une petite portion en culture. Les temps sont bien changés pour elle, depuis la prise de possession par les Français ! On a laissé aux tribus, tout juste ce qui leur serait nécessaire, si elles savaient le faire valoir par un travail régulier. Le reste, pris par le gouvernement, a été donné ou concédé à des colons privilégiés ou enfin vendu à un prix relativement minime. L'hectare valait, en 1863, 10 francs seulement. Aujourd'hui, dit-on, ce prix s'est très-sensiblement élevé sans qu'il soit près d'arriver aux chiffres qu'il doit atteindre dans un temps relativement peu éloigné. En tout cas, espérons qu'on donnera désormais aux acquéreurs toute facilité pour l'exploitation du bois, et que cette richesse naturelle ne sera plus un obstacle à l'exécution des travaux qui doivent changer prochainement la physionomie du pays.

Enfin et pour me résumer, je puis prédire l'avenir le plus brillant à la Nouvelle-Calédonie, si les autorités n'entravent pas trop le mouvement de la colonisation. Le jour où les routes principales seront faites, où les pilotes et les gardes-côtes sillonneront suffisamment le lagon, et où la population de vingt ou trente mille blancs commencera à bien cultiver la terre, ce pays sera un des plus beaux, non-seulement du Pacifique, mais même du monde entier.

On en resta là de l'histoire de la Nouvelle-Calédonie. Il se faisait tard. Chacun se disposa à aller se coucher. C'était à reprendre. Aussi la petite comtesse, en se retirant, jeta à l'orateur, de son petit air lutin et provoquant, les mots suivants : — « La suite à demain, cher capitaine et bonne nuit !

III

UN NUAGE SUR UN BEAU CIEL.

Les traversées, si longues qu'elles soient, n'en arrivent pas moins à leur terme. Parti de Bordeaux le 1er juin, le *Véloce* se trouvait en vue du grand récif du sud-ouest de l'île des Pins avant le mois de septembre. C'était un voyage de moins de trois mois. On ne pouvait pas demander mieux à un voilier. Mais les voiliers comme le *Véloce* sont rares et le capitaine, en apercevant la terre par la joue de tribord, se promenait tout joyeux sur le gaillard d'avant, répétant à chaque instant : — C'est bien, mon bon navire, tu marches comme un vapeur, et tu es plus marin que lui. Voilà ma première étape embraquée, encore deux ou trois semblables et nous reverrons ensemble notre chère mère la France, si malheureuse, hélas ! et que j'en aime peut-être encore davantage.

La route avait été donnée pour la nuit. On devait ranger le récif à distance assez grande pour n'avoir rien à craindre. L'étalingage des ancres était fait. Tout était paré pour la relâche prochaine. Le cœur battait à la seule pensée que, le lendemain peut-être, le navire serait mouillé dans le port de Noumea, et qu'aux grands mouvements de la pleine mer, allait succéder le repos relatif de la rade.

La veille d'une relâche, surtout après trois mois de voyage, est presque un jour de fête. Les matelots sont plus expansifs, parlent plus volontiers que d'habitude, se promettent des parties de plaisirs extravagantes, disposent leurs beaux habits, se rasent en rêvant de la terre, et ne se reconnaissent eux-mêmes qu'en essuyant bien leurs miroirs.

Quand elle se fut longtemps promenée sur le pont, quand elle eut cherché à voir la terre et les roches qui la défendent, alors que déjà la nuit avait tout couvert de son crêpe noir, la belle comtesse se décida enfin à aller se coucher. Elle avait été, comme tout le monde, préoccupée tout le long du jour. Une conférence sérieuse avec son mari avait même failli se terminer par une décision prise à l'unanimité, ce qui est rare. Telle était la question : irait-elle à terre ? et si elle y allait, quelle toilette emporterait-elle ? Était-il sage d'afficher un grand luxe ? N'était-il pas plus prudent de passer inaperçue ?

Quant au noble descendant des Clairefontaine, son parti était pris d'avance. Il irait à terre en petite tenue. Il passerait pour un membre de l'équipage et ne se ferait nommer que M. *Jules*. Du reste, il lui importait d'avoir des nouvelles. Les lettres venues par Sidney avaient dû le précéder à Port-de-France. On y avait sans doute les noms des principaux insurgés. Comme il avait été assez connu à Paris, il craignait et non sans fondement, que son nom, sa biographie et son portrait n'aient traversé les mers pour le précéder aux antipodes. Or, il n'était nullement flatté de se faire connaître à des gens auxquels il voulait rester complétement étranger. Modeste comme un homme d'un vrai mérite, il avait fait tailler ses cheveux et raser sa barbe. Que lui importait la célébrité. Moins on parlerait de lui, mieux cela vaudrait pour son repos. Il n'avait qu'un désir, vivre désormais dans une douce obscurité, dans une médiocrité dorée. En vérité, c'était un sage. La comtesse, elle qui n'avait que faire à terre, décida à la fin qu'elle n'irait que si elle était chassée par l'ennui de sa cabine.

Tout le monde dormait donc, bercé par des rêves couleur de rose et par une mer que le voisinage de la terre, placée au vent, rendait plus calme qu'au large. La nuit touchait à sa fin, et l'aurore rutilante des mers tropicales se disposait à étendre son voile de pourpre à l'orient, quand un bruit soudain rebondit sur le pont. L'équipage manœuvre avec une vivacité fiévreuse. Un commandement vibrant de *laisse porter* retentit du banc de quart au beaupré, les voiles sont brassées carré et le navire, changeant subitement d'allures, se dirige plat vent arrière à l'ouest. Le capitaine, grâce au sommeil léger, particulier aux marins, saute de son lit et court sur le pont que la manœuvre n'est pas encore exécutée. La mer avait brisé à une encâblure du *Véloce*. Une roche avait menacé de l'arrêter court et de terminer le voyage d'une manière brusque et désastreuse. Ce sont là des fortunes de mer. On donne une bonne route. On glisse sur l'eau en toute sécurité, et puis un courant vous drosse traîtreusement et on s'éveille parfois que déjà les côtes du navire sont enfoncées par des rochers sous-marins. Que de surveillance, que de soins sont imposés sur l'Océan, seulement pour avoir la vie sauve!

Enfin le danger a fui, le calme renaît sur le pont, les hommes de quart s'étendent sur les drômes pour reprendre leur somme. Le capitaine redescend dans sa chambre dont il pousse la porte qu'il oublie de fermer.

Hélas! qui peut compter sur un bonheur continu. Un danger passé, un autre renaît et la vie se passe à résister, à combattre, à vaincre et être vaincu. M. le comte, éveillé aussi par le bruit, s'était levé et avait jeté un coup d'œil en dehors pour en connaître la cause. Voyant que tout se faisait sans confusion, il s'était dit sans rien comprendre à la manœuvre :

« On fait l'exercice sans doute, regagnons nos pénates. »

A peine rentré, voilà mon homme pris d'un désir bien naturel à l'époux d'une jolie femme. Il veut savoir si la belle dort et s'il ne peut déposer un simple baiser sur le front de la dormeuse. C'était un innocent badinage; en tout cas un larcin bien permis à un mari, qui ne vivait que de privations depuis Bordeaux. Sa chaste épouse avait toujours craint les propos indiscrets des voisins. Les cloisons sont si minces! et le cher Jules devait se contenter, par convenance, de promesses à longues échéances. Cette fois, au moins, il entrevit le moyen de rompre un jeûne de double carême.

« Ma femme est seule en bas, se dit-il, tous nos commensaux sont occupés sur le pont, frappons à sa porte et causons un peu. »

Il frappa donc, appela Héloïse de sa voix la plus câline, appela doucement d'abord, puis plus fort et plus fort encore, mais appela vainement. Il perdait sa peine. Héloïse avait le sommeil si dur qu'elle n'entendait rien. A bout de patience, il va regagner sa cabine quand il voit descendre le capitaine. Honteux d'être surpris en solliciteur éconduit à la porte de sa propre moitié, il se réfugie dans la cambuse (office), et ne continue sa retraite qu'après la disparition de celui dont il craint d'avoir à supporter les plaisanteries. Par malheur il passe devant une porte d'où s'échappent les sons d'une voix qu'il reconnait malgré les efforts faits pour en baisser le ton. Une jalousie instinctive, celle de la brute contre le ravisseur de sa femelle, lui monte au cerveau. — « Quoi! une telle audace devant moi, se dit-il à lui-même, et l'on pense que je puis supporter pareille infamie! c'en est trop! » Poussant alors la porte avec impétuosité, il la voit céder à son premier effort.

En deux pas, ou plutôt en deux bonds, il est en face du capitaine, et s'écrie : — Que vois-je? Cette conduite veut du sang! Il était pâle le malheureux comme un trépassé de la veille ; il frémissait de rage, et pourtant malgré ses menaces, il restait désormais immobile. C'est que sa position était horrible. En vain ce qu'il voyait le jetait en fureur, il n'osait user de ses droits, car au-dessus d'eux il y avait le pouvoir du maître, et la tolérance tacite que lui-même avait consentie jusque-là.

Ces sentiments sont moins rares qu'on pourrait le croire chez les gens qui prêtent eux-mêmes la main à leur propre déshonneur. Ils veulent bien souffrir une infidélité, mais ne veulent pas en être témoins. Cette fois le mari buvait la honte jusqu'à voir sa femme dans un lit qui n'était pas le sien.

En entendant cette trombe fondre dans son logis, le capitaine repoussa la tête folle de la comtesse qui disparut sous les draps, et se tournant lentement en se redressant de toute sa hauteur, il regarda droit devant lui avec l'assurance que le marin ne perd jamais en face du danger.

Une petite lampe suspendue entre barreaux éclairait assez cette scène étrange pour qu'on pût distinguer la face bouleversée du comte, en contraste complet avec l'air froid et hautain du capitaine.

— Qui vous a permis d'entrer ici ? dit celui-ci d'un ton de commandement absolu, et que voulez-vous? D'abord, fermez la porte, il est inutile qu'on entende du dehors, et maintenant expliquons-nous. Vous êtes venu sur le *Véloce*, par accident, comme une épave que j'aurais pu rejeter à l'eau en la poussant du pied. J'ai eu pitié de vous. J'ai accepté sans contrôle ce que vous avez bien voulu me dire. Pour vous sauver de l'ignominie peut-être, j'ai commis une contravention, je vous ai caché, et par pure bonté, j'ai écrit sur mon journal, qu'un passager d'occasion avait été découvert à bord en pleine mer. Est-ce vrai cela ? Vous en convenez, puisque vous ne répondez pas. Il s'est trouvé que la passagère, embarquée pour un voyage d'agrément, vous a reconnu pour son mari. Vous vous êtes nommé M. le comte, et j'ai accepté le titre et l'homme. Mais aujourd'hui nous allons atterrir dans un pays français. Seriez-vous flatté, par hasard, que nous fissions une enquête sérieuse sur votre identité, sur vos antécédents? Dois-je dire au gouverneur qui vous êtes, ce que vous faites ici, ce que vous avez fait là-bas ? Voyons, parlez, c'est le moment d'une explication catégorique, et je ne vois pas pourquoi je m'exposerais pour un drôle qui entre chez moi sans frapper et vient sans raisons ni prétexte troubler mon repos dans mon intimité. Et bien ! monsieur ! répondrez-vous ?

— Capitaine, quand je trouve ma femme dans votre chambre, croyez-vous que ma dignité de mari puisse s'accommoder d'une situation pareille ?

— Monsieur le comte, vous êtes un sot ; taisez-vous. A cause de votre compagne et non pas pour vous qui vous conduisez comme un drôle, je vais vous donner l'explication toute naturelle d'un fait qui ne vous offusque que parce que vous n'entendez rien à la vie maritime et aux relations qu'imposent les aménagements des navires. La comtesse se trouvant trop à l'étroit chez elle, je lui ai prêté ma cabine. Moi je couche dans la sienne. Un marin s'arrange de tout. Pour ne scandaliser personne nous avons fait cet échange sans en parler. Quel besoin d'ébruiter une complaisance qui aurait pu faire jaser. Que voyez-vous là de répréhensible? Si vous aimiez votre femme seulement un peu, vous me remercieriez au lieu de me regarder de cet air rogue et ridicule.

— Mon cher capitaine, dit piteusement le comte que la réflexion avait ramené progressivement à son calme habituel et au sentiment d'une réalité honteuse, mais consentie depuis longtemps, que ne disiez-vous cela plus tôt? J'aurais tout compris, tout accepté avec gratitude et ne me serais courroucé de rien. Mais quand on voit sa femme dans une chambre autre que la sienne, quand un homme, fût-il le plus sage, le plus respectueux des hommes, s'approche aussi près d'elle que je vous ai vu, oh alors! malgré soi, malgré toute prudence, malgré la plus entière confiance, on est un peu.... comment dirai-je?

— Oui, oui, je conçois, un peu surpris. Mais tout maintenant est expliqué, et comme il est encore de bonne heure, allons nous recoucher. A propos, votre scène de l'autre monde a dû impressionner la comtesse; elle s'est même peut-être trouvée mal, soignons-la vite.

En effet, Héloïse s'était évanouie. Que pouvait-elle faire de mieux? On lui jeta de l'eau au visage, on lui frotta les tempes avec du vinaigre, on lui fit respirer des sels, on fit enfin tout ce que la circonstance réclamait et la malade revint lentement à la vie.

— Jules, dit-elle d'un ton languissant, en entr'ouvrant un œil, ah Jules, que ta jalousie intempestive me fait de mal! Ne me connais-tu plus? Ne sais-tu pas combien je t'aime ? ingrat que tu es! Tu ne saurais te conformer aux exigences d'un logement un peu exigu et tu me tourmentes pour le plaisir de me tourmenter.

— Pardonne-moi, ma chère amie, soupira l'époux en pressant la main de sa fidèle moitié.

Quelques larmes versées à propos terminèrent la tragi-comédie, et le comte Jules de Clairefontaine rentra chez lui.

— C'est égal, dit le capitaine en souriant, quand le mari fut parti, il est tout de même bon enfant, pour un farouche socialiste. Mais sache-le bien, chère amie, s'il avait fait le méchant, je l'aurais fait mettre aux fers. Il a pris le bon parti, tout est bien qui finit bien.

Quelques heures plus tard, le soleil se levait radieux; le ciel resplendissait d'une pureté parfaite ; pas un nuage n'en troublait l'azur. Tout le monde enchanté regardait la terre dont le navire s'approchait doucement. Vers midi le *Véloce*, orienté au plus près, entrait sans efforts dans le grand lagon, par la passe de Bulary.

IV

LE LAGON. — UN CHEF NÉO-CALÉDONIEN

Héloïse a Eudoxie,

Me voilà donc, ma chère amie, en plein pays sauvage. J'ai dîné hier avec un chef calédonien dont les regards seuls m'ont fait frémir. Pourtant, l'avouerai-je? j'ai été un moment flattée de ce que je regardais comme un hommage à ma beauté, bien que sa galanterie me parût un peu leste, quand il pressait tendrement mes bras, quand il appuyait ses pieds sur mes bottines, quand même il posait sa main sur ma jambe... au-dessus du genou. Moi naïve comme au village, je me figurais qu'il me faisait la cour à la mode de son pays, et imprudente que j'étais je le laissais faire. Eh bien! il paraît que ce scélérat en voulait non pas à mes charmes, mais à mes chairs. Il tenait à frôler mes membres pour juger de leur valeur comme viande de boucherie. Ses claquements de langue, ses grognements de chien qui ronge un os, ses regards incisifs et ardents, que je prenais pour des démonstrations d'un amour un peu brutal, mais sincère, eh bien! tout cela c'était l'expression de l'appétit d'un gastronome expert dans l'art de choisir ses mets. Il se demandait seulement, en me dévisageant avec convoitise, si je vaudrais mieux rôtie que bouillie. En vérité, ma chère, je n'ose plus, de crainte d'attaques de nerfs, m'arrêter à cette pensée que je suis restée à peu près tranquille pendant près de deux heures à côté d'un mangeur d'hommes et, ce qui est bien plus grave, d'un mangeur de femmes. C'est un mauvais tour que m'a joué le capitaine, et j'ai besoin de t'ouvrir mon cœur tout entier, au sujet de mon seigneur et maître actuel. Mais patience! je me vengerai ou je perdrai le nom de Catherine Coquard, dite Héloïse, comtesse de Clairefontaine. Avant de te parler de cette aventure, où j'ai failli laisser un mollet et une partie de mon fémur entre les dents de mon royal amoureux, j'ai besoin de remonter dans mes souvenirs et de te rappeler en deux mots mes faits et gestes depuis ma dernière lettre.

Je t'écrivais de la pleine mer par zéro latitude et 25 ou 30 degrés longitude ouest. Je te prie de croire que je ne sais pas du tout en quoi cette latitude et cette longitude ont affaire dans ce que je t'écrivais. C'est le capitaine qui me conte tous les jours ces refrains-là. Ça l'amuse, paraît-il. Moi je l'écoute pour lui faire plaisir. En définitive, il est bon enfant, je n'hésite pas à le flatter dans ses innocentes manies; à charge de revanche, bien entendu.

Cependant, il faut l'avouer, les qualités héroïques de

Français galant qu'il manifesta d'abord se sont en partie évanouies. C'est maintenant un homme comme un autre, promettant plus qu'il ne peut tenir, ne répondant le plus souvent, aux avances que je lui fais, que par des faux-fuyants ou de petits accès de mauvaise humeur. Il tourne même au mari à me faire de la peine. Le soir, il s'endort près de moi en fumant sa pipe. Il a vite cessé d'obéir, et il commande déjà. Enfin il est jaloux de tous les pas qui m'éloignent de sa personne, de tous les regards qui ne sont pas pour lui.

Figure-toi, qu'il prétend que je fais l'œil au petit lieutenant dont les cheveux blonds bouclent si bien. Est-ce ma faute à moi si le lieutenant est jeune et joli garçon, s'il me regarde avec des yeux amoureux, et si tout ce qu'il dit me flatte et me ravit ! Pense donc, chère sœur, comme une liaison purement platonique avec un amoureux de vingt ans a de charmes ! En même temps que j'en jouis, d'autres en enragent ; double bonheur ! La femme est toujours fière des hommages, même quand elle les dédaigne, à plus forte raison quand ils lui viennent de quelqu'un qui plaît. Pour moi, mon rêve constant est de voir tous les hommes à mes pieds. Après un, un autre et ainsi de suite.

Te dirai-je aussi qu'au fond des choses il y a un petit calcul de ma part. Il faut se ménager un protecteur pour l'avenir quand celui du présent paraît se refroidir et commence à considérer comme une charge, des devoirs qu'il acceptait naguère avec reconnaissance. Qui sait ce que le temps nous réserve ! Pour mon compte, je crois que nous devons forcer un peu la fortune à nous favoriser. Aussi dans toutes les circonstances, solennelles ou légères, gaies ou tristes, je calcule le profit que je puis attendre d'un regard ou d'un salut, d'une poignée ou d'une pression de mains. C'est que, vois-tu, ma chère sœur, nous autres qui n'avons eu d'héritages que ceux que nous avons enlevés à nos adorateurs, nous devons voir le côté sérieux de la vie, au milieu des plus folles équipées tout aussi bien que dans les crises où la caisse est à sec.

Tout s'est passé, depuis ma lettre, d'une manière assez uniforme. Tu ne peux te figurer l'ennui des longues traversées, à part les émotions du départ et celles de l'arrivée. Malgré les efforts de l'amoureux le mieux doué, malgré la meilleure volonté de la femme la plus accommodante, la vie finit par devenir monotone à bord comme dans un couvent. Chaque journée n'est qu'une plate répétition de la veille pendant des semaines et des semaines encore, jusqu'à ce qu'on crie : Terre sous le vent! J'ai fait pourtant tout ce que j'ai pu pour rendre ma liaison avec le capitaine aussi agréable que légère, aussi dorée qu'élastique. J'avais si grand'peur de l'user! Mais, vois-tu, s'il est vrai qu'une amourette est une chaîne de fleurs, il aut des fleurs nouvelles au moins de temps en temps pour la rendre durable. Où donc les trouver en pleine mer? Il ne naît ici sous nos pas que des paquets d'eau salée, des coups de vents ou des coups de soleil, et trop souvent, hélas, des ennuis entremêlés de colères mal dissimulées. J'avais pourtant bien manœuvré, comme disent les marins, pour aiguiser les désirs, pour transformer un simple caprice en une passion véritable, pour captiver tout à fait mon amoureux. Jusqu'à mon arrivée à son bord, il ne pouvait vanter que ma vertu. Si j'avais par moments laissé entrevoir ma défaite, j'avais toujours su la reculer pour lui donner plus de valeur. Quand l'heure fatale sonna, l'amant heureux ne pouvait se rassasier de me voir ni de jouir des faveurs qu'il avait arrachées à ma faiblesse. C'était l'aurore d'un jour d'amour éternel. De plus, nous avions entre nous deux un mari. Quel motif pour nous aimer plus longtemps!

Il est bien vrai que mon Jules paraît dépourvu de toute jalousie; on lui prendrait sa femme à sa barbe qu'il dirait encore : merci. Pourtant il n'est pas poltron, je l'ai vu à l'œuvre. Seulement il est philosophe. Sa femme doit l'aider à faire son chemin. Les moyens qu'elle juge bons d'employer lui sont indifférents. Cependant, par moments, il me vient des réflexions amères. Pourvu que tout cela ne soit pas un jeu cruel et qu'en dernière analyse je ne paye pas les pots cassés! Jules est accommodant, très-accommodant même avec les gens dont il attend quelque chose, mais il est inexorable quand il se sent le plus fort. Il prend aujourd'hui trop bien les choses, pour n'être pas profondément blessé, et ne pas vouloir se venger plus tard. Celte seule pensée me donne froid au cœur. Tout n'est pas roses, je t'assure, avec les maris, qui ne font que prêter à leurs femmes une liberté qui leur profite à eux, et qu'ils retirent juste au moment où on en jouirait le plus volontiers.

Tant que le capitaine me tiendra sous son aile, je n'aurai rien à craindre, mais les liaisons les plus ardentes sont celles qui durent le moins. Déjà mon pouvoir m'échappe. Le temps nous a joué un de ses mauvais tours. Nous nous aimons moins, ou plutôt il m'aime moins, car moi, je ne l'ai jamais plus aimé qu'aujourd'hui. S'il est devenu un peu bourru, s'il s'est goudronné davantage à mesure que nous nous éloignons plus de mon boudoir parisien, je n'en reconnais pas moins toutes ses bonnes qualités. Jamais amoureux n'a été ni plus convenable, ni plus complet. Mais nous sommes en contact si immédiat qu'il perd tout son prestige, c'est presque un mari, et ce nom seul chasse l'amour bien loin.

Ne faudrait-il pas maintenant que je misse un bandeau sur mes yeux quand le lieutenant passe devant moi? Mais c'est de la tyrannie cela! Le cher enfant représente pour moi l'avenir, et c'est dans l'avenir que s'enroulent toutes nos espérances. Tu ne peux te figurer avec quel plaisir je lis les billets que mon jeune amoureux parvient à me glisser de temps en temps dans la main. Mais que de précautions il nous faut prendre! L'autre jour le capitaine a failli en surprendre un au passage, et j'ai souffert plus d'angoisses que si le *Véloce* eût fait naufrage. Tout est sauf jusqu'à présent; nous conservons nos positions. Mais c'est égal, nous sommes sur un baril de pétrole; tôt ou tard il y aura explosion et incendie. Comment me tirerai-je d'affaire? Je l'ignore. Je ne compte plus que sur le dieu des amours. Quoi qu'en dise l'école nouvelle, il faut au moins qu'on me conserve ce dieu-là.

Je m'aperçois qu'au lieu d'écrire l'histoire de mon

voyage, je m'amuse à bavarder de choses qui doivent t'intéresser médiocrement. Pardonne-moi, je vais tâcher d'être désormais plus raisonnable.

Ce n'est pas une petite affaire que de commencer un voyage par un gros temps. Si on ne fait pas peau neuve, on doit se faire un estomac nouveau. On dirait que la mer nous veut vierges de toutes sensations antérieures: elle veut en finir avec la vieille existence avant de nous habituer à une vie nouvelle. Aux premiers pas qu'on fait sur le pont, on glisse; au premier moment qu'on y passe, on souffre. Je ne veux certainement pas te parler du mal de mer, le simple récit que je pourrais t'en faire te donnerait des nausées; qu'il te suffise d'apprendre que, pendant que je supportais plus ou moins mal les accidents que l'Océan impose à ceux qui le visitent pour la première fois, mon Jules comptait ses chemises, au dire du mousse, à quelques pas de moi. C'était un spectacle affligeant; il nous semblait que nous allions mourir; la fonction digestive se faisait à revers. Des bruits extra-parlementaires remplissaient l'atmosphère et l'abomination de la désolation courait dans nos cabines avec la rapidité des mauvaises nouvelles. Une fois notre pauvre nature vaincue, une fois la place complétement nette, on se félicite d'en avoir fini avec pareille scène de deuil, surtout quand on n'a pas été importuné par d'indiscrets témoins.

Le beau temps et l'habitude me guérirent complétement; j'arrivai assez vite à me promener sur le pont, comme si je n'eusse jamais fait que cela. L'appétit était revenu, et je mettais à sac la cambuse du *Véloce*. Je m'étais même faite aux tempêtes et dans les mers australes par les grandes brises qui nous faisaient fuir devant le temps, nos huniers au bas ris, j'avais toujours le nez au vent, au risque de recevoir les embruns dans le dos et d'être renversée par les embardées d'un timonier maladroit.

C'est pendant ces longues traversées, quand mes seules distractions consistaient à regarder le ciel, où le capitaine lisait sa route et la mer qui déchaînait, chaque jour, de nouvelles fureurs contre le *Véloce*; c'est pendant ces interminables journées de calme ou de tempête que je me sentis tentée du démon. Je jouai de la prunelle avec le petit lieutenant; je lui accordai quelques pressions de main. Un jour même que nous étions bien seuls, je me laissai voler un baiser sans me fâcher. A l'heure qu'il est, le brave amiral en herbes est amoureux fou de ton humble servante. Tu vas me gronder, peut-être. Mais que veux-tu? l'oisiveté est la mère de tous les vices, et je fais ici œuvre ni de mes doigts ni de ma tête. Et puis, te l'avouerai-je? j'étais fière de reconnaître que ma puissance sur le sexe fort n'était pas encore sensiblement diminuée. Dans le petit espace qu'un navire de commerce abandonne à une passagère, je n'étais pas fâchée de faire tournoyer, selon mon bon plaisir, trois hommes poursuivant le même but avec des chances inégales, mais avec d'égales espérances, mon mari, le capitaine et le lieutenant; l'un voudrait faire valoir des droits que le temps a fait périmer, l'autre parle en maître parce qu'il est le plus fort, le dernier n'a pour lui que des soupirs, mais il a vingt ans. A lui la pomme, ma chère amie.

Ce sont là des niaiseries, n'est-ce pas? Je ne devrais pas même t'en parler, à toi qui es la sagesse même; mais que veux-tu? on ne saurait se refaire. J'aime à varier mes plaisirs, et je ne me délasse des peines de la vie qu'en tourmentant un peu le sexe qui prétend nous asservir.

C'est au milieu de cette existence incolore, malgré mes efforts pour l'accidenter un peu, que nous avons donné dans la passe de Bulari, le lendemain d'une scène où mon pauvre Jules a joué un rôle trop ridicule pour que j'ose t'en parler.

Avant d'être venue jusqu'ici, je ne me doutais pas de ce que pouvait être un lagon, avec ses rochers recouverts de corail, comme d'un manteau blanc à fleurs roses, ses eaux transparentes qui laissent voir un fond garni d'une véritable végétation aux formes, aux tailles et aux teintes diverses; ses coquillages dont les bénitiers géants et les hélices microscopiques sont les extrêmes de grandeur, et toute sa population de mollusques, de serpents gris à queues plates, ou verts à anneaux dorés, de poissons à écailles brillantes, à mouvements rapides ou bien à l'immobilité la plus complète. Tout cela est à la fois un parc comme ceux que nos riverains de France préparent à grands frais pour engraisser les huîtres, un musée où tous les habitants de la mer semblent s'être donné rendez-vous, un champ où les zoophytes poussent comme les plus élégants arbustes dans nos jardins, enfin un monde où la vie se présente sous toutes les formes, sous tous les aspects. C'est le spectacle le plus curieux, le plus saisissant, le plus attachant qu'on puisse imaginer.

Au sud-ouest de la grande terre derrière le récif qui se prolonge au delà de l'île des Pins, il y a dans l'espace de 8 ou 10 lieues carrées, un semis de rochers qui donne à la mer les aspects les plus extravagants. Entre autres choses, au milieu d'une petite île de sable, j'ai vu un lac dont je garderai toujours le souvenir. L'eau en est d'un vert émeraude, avec reflets chatoyants et irisés. Par moments, quand la brise frôle la surface, il se forme des plis qui se succèdent et se renouvellent sans cesse. On dirait un pré dont l'herbe ondoie au souffle d'un zéphir amoureux (vieux style), et les nombreux oiseaux, qui voltigent au-dessus de cette prairie d'un nouveau genre, qui semblent se jouer entre les tiges des herbes, se poursuivre, s'abattre dans leurs nids et se relever pour continuer leurs jeux, ajoutent encore à l'illusion. C'est un spectacle féerique.

Un peu plus loin, un îlot mince et élevé figure un navire. Pour peu que l'imagination soit inventive et à mesure que la vue se porte plus avant vers l'horizon, on découvre de ces faux navires en plus grand nombre. Par endroits, c'est une vraie flottille qui naît, s'évanouit et renaît à mesure qu'on avance davantage dans le Lagon. De là passe au mouillage dans le port de Noumea, nous avons mis près d'un jour, poussés que nous étions par une brise à peine sensible. C'était une suite d'enchantements que cette marche lente sur eette mer unie, au milieu de ces rochers si nettement dessinés, si bien plantés dans l'eau, qu'on eût pu les prendre pour des balises, pour des arbres, pour des maisons.

Il était nuit quand nous arrivions au mouillage au pied de Port-de-France, et la ville, que je voyais du reste assez mal, fut loin de me paraître au premier aspect une brillante capitale. En revanche nous avions longé avec plaisir la petite île *Nou* ou île Dubouzet. C'est là qu'a été établi le premier pénitencier, juste dans le recoin où les seuls projets de résistance à l'invasion française, qui auraient pu devenir sérieux, ont eu leur point de départ et leur triste dénoûment.

A ce sujet je te dirai deux mots d'un capitaine anglais de Sidney, qui n'avait pas craint de s'établir tout seul au milieu des anthropophages, et qui sut, grâce à ses talents et à son courage, devenir le personnage le plus considérable de l'île. En bon Anglais et en bon marchand qu'il était, il fournissait aux naturels des armes européennes, des munitions et quelques bijoux faux. En échange il recevait surtout du bois de sandal. Après avoir traité d'égal à égal avec les chefs, il leur devenait chaque jour supérieur. Il marchait tout doucement à la conquête pacifique de toute l'île à son profit. Si, un jour, on l'eût acclamé roi de la Nouvelle-Calédonie, il eût pu, en arrondissant sa fortune particulière, faire le plus grand bien au pays. Ce ne sont jamais que des hommes isolés qui peuvent civiliser les peuples nouveaux.

L'histoire de chaque peuple nous montre au commencement de ses époques héroïques un législateur, un héros, un être supérieur à l'humanité, venant du dehors pour civiliser et instruire ,ses concitoyens d'adoption. Toujours et partout ces hommes d'élite ont été considérés au moins comme des envoyés de la divinité, quand on ne les prenait pas tout à fait pour des dieux, et ce n'était que justice. Les barbares sentent que ces étrangers ne peuvent, à cause de leur faiblesse, leur rien prendre et doivent par leur savoir leur donner beaucoup. Ils les accueillent donc bien, s'en font des chefs et des rois. Si donc notre Anglais eût continué ses bons offices, et surtout si l'île n'avait pas été prise par une force armée supérieure, il eût pu devenir roi.

Les choses eurent un autre cours. La France crut avoir besoin d'une nouvelle colonie, et elle s'empara, en 1853, du groupe principal et de celui des Loyalty, situé à peu près à un degré plus à l'est. Certes, il ne m'appartient pas à moi, qui ne suis qu'une femme de peu de notoriété, malgré mon titre de comtesse, de contester les droits qu'avaient mes chers compatriotes à s'emparer de cette terre, habitée seulement par un tas d'affreux Mélanésiens, quand elle pourrait nourrir et enrichir plus d'un million de blancs; pourtant il faut bien reconnaître que la France ne peut invoquer que le droit du plus fort. Je ne pense pas qu'elle prétende sérieusement être venue pour civiliser les sauvages. Elle est venue les détruire et les remplacer. Seulement, comme on n'ose pas avouer tout haut des intentions d'un radicalisme un tant soit peu cynique, on couvre le projet de mort d'un voile hypocrite de philanthropie ou de charité chrétienne. On fait même précéder les soldats par des missionnaires, par des hommes de paix, dont on expose quelques-uns aux appétits grossiers de ces primitifs enfants de la nature. Si un missionnaire pouvait être tué, quelle chance ! on aurait un prétexte pour intervenir, le chassepot à la main.

« Vous avez tué un prêtre qui venait vous convertir ! dirait-on. A nous de le venger; et pour cela, nous prenons votre pays. Gare à vous si vous n'êtes pas sages ! »

Voilà le plus clair de la civilisation portée en Nouvelle-Calédonie par les Français. Afficher la folle prétention d'avoir agi dans l'intérêt des indigènes serait joindre l'hypocrisie à la force. En vérité, n'est-ce pas un bon moyen de civiliser les gens que d'aller chez eux, avec des soldats armés, prendre et fortifier les points stratégiques qui conviennent ; confisquer les terres qui ne sont pas actuellement cultivées, rogner du territoire de chaque tribu, au risque d'amener la misère et la famine, et puis s'étonner encore de ce que le sauvage ne vienne pas, plein de reconnaissance, baiser la main qui l'affame ? L'histoire est là qui prouve que les immigrations armées ont toujours causé la ruine des institutions régnantes et la mort des populations vivant au moment où elles se font. C'est une loi fatale. Témoin la Tasmanie, où il ne reste pas un seul indigène depuis plus de trente ans, la Nouvelle-Zélande, où la belle race des Maourys s'éteint, malgré ses efforts pour combattre son vainqueur, l'Australie, où l'indigène, passé à l'état de fauve, disparaît trop vite au gré du chasseur d'origine européenne.

Cependant, j'ai hâte de le répéter, je n'attaque pas la colonisation en elle-même. C'est une nécessité du mouvement de la civilisation dans le monde. Je constate le fait, et voilà tout. Les blancs vont remplacer des hommes de races inférieures. Ils feront souche de blancs ; ils suppriment une population de peu de valeur et la remplacent par une autre, valant un peu mieux. Le sauvage meurt au contact du civilisé qui l'aide à mourir, et le dernier venu hérite d'une terre qui n'avait avant lui qu'un possesseur incomplet. Tout le monde sait cela ; tout le monde l'accepte, et les gouvernements, qui le savent aussi bien que nous, n'en prétendent pas moins qu'ils vont civiliser les sauvages. La plaisanterie est de bien mauvais goût. Si les sauvages avaient la force pour eux, ils remercieraient leurs bienveillants visiteurs de manière à leur ôter l'envie de revenir jamais.

Il n'en fut pas ainsi pour la Nouvelle-Calédonie. Ses indigènes, leurs chefs surtout, trouvèrent mauvais, il est vrai, qu'on leur prît leurs terres, après en avoir pris les fruits, et qu'on les empêchât même de vaguer dans les plaines où ils étaient nés. Ils voulurent résister et cherchèrent à se procurer des armes supérieures aux frondes, aux zagaies et aux casse-têtes, dont les nouveaux arrivants se moquaient. Mais leurs efforts échouèrent complétement. On prétend que le capitaine anglais qui, par suite de la conquête, perdait aussi une belle position péniblement acquise, partagea la mauvaise humeur des chefs et leur vendit, malgré défense expresse, des fusils et de la poudre. Cette accusation est-elle vraie, est-elle fausse ? Je ne saurais le décider. Mais fût-elle vraie, que que je n'en considérerais pas moins le capitaine comme coupable seulement de maladresse. Si, au lieu de vendre quelques fusils à de pauvres diables qui savaient à peine s'en servir, il avait pu armer tout entière sa patrie d'adoption ; s'il avait commandé une vraie armée, assez forte pour résister à une invasion, son rôle eût bien changé. On eût compté avec lui, et les envahisseurs, reconnaissant aux naturels le droit d'être maîtres chez eux, seraient partis, après avoir signé un traité d'alliance.

Les choses devaient tourner autrement. Le capitaine fut accusé d'avoir traîtreusement fourni des armes à des révoltés, on le condamna à mort. Ne vois-tu pas là la justice humaine ? Je me souviens de mon délégué qui répétait toujours : *Væ victis*, et qu'il traduisait par : « Malheur aux aristos quand nous prendrons Versailles. » Eh bien ! c'est la seule moralité des choses de ce monde. L'Anglais courait donc le risque de sa tête. Heureusement la mer était ouverte devant lui. Il partit avec deux indigènes dans une pirogue baleinière et se sauva à Sidney, en traversant près de 400 lieues en quelques jours. Son histoire est déjà légendaire et les indigènes n'en parlent, dit-on, qu'avec l'amour que le peuple seul voue à ses bienfaiteurs.

La petite île qu'il habita est disposée pour recevoir des prisonniers. On pense sans doute qu'il y a bien peu de coupables et qu'il y aura par suite peu de condamnés, puisqu'on leur destine un si petit espace ; et je m'étonne qu'on ne se mette pas franchement à l'œuvre pour disséminer les déportés un peu partout, afin, du moins, de tirer parti de leur travail. Mais je crois, Dieu me pardonne! que je fais de l'économie sociale. Voyez donc où la science va se nicher. Je m'arrête vite; je ne me reconnaîtrais plus moi-même et je veux te conserver, telle que tu l'as connue, une sœur qui t'aime toujours, malgré l'éloignement.

HÉLOÏSE.

P. S. — Je viens de relire ma lettre et me suis aperçue que je n'y avais rien mis de ce que je voulais écrire. J'y joins donc une suite ou un *post-scriptum*, appelé ainsi sans doute parce qu'on le met à la poste après l'avoir écrit.

Je voudrais bien te parler de la capitale de la Nouvelle-Calédonie nommée Port-de-France ou Noumea. Le premier nom n'est pas heureux, il ne dit rien qu'on ne sache déjà; le second rappelle au moins la tribu qui végétait encore naguère dans cette partie de l'île. Mais, hélas! que pourrais-je dire d'un pays que je n'ai vu que du navire où je suis restée prisonnière, par prudence. Terrain rouge tellement ocreux, qu'il pourrait servir de peinture; ville en amphithéâtre sur une côte accidentée et aride; maisons en bois, dont bon nombre sont suspendues comme des nids de corbeaux; rues droites, sans égard aux sinuosités du sol; monuments absents; population blanche militaire ou administrative; population indigène, dans le costume du Paradis terrestre, avant le péché. Voilà tout ce que je sais, parce que voilà tout ce que j'ai pu voir du gaillard d'avant, avec la longue-vue du capitaine.

Maintenant, si on se demande pour quelles raisons cette contrée sèche et brûlée, à l'extrémité sud du pays, a été érigée en capitale? quand on a exalté la force de la position militaire et la sûreté du port, on ne saura plus que faire valoir.

Toute la pointe S. de la Nouvelle-Calédonie est constituée, par des collines nues, aux terres rouges où le minerai de fer remplace d'une manière fâcheuse les terres fertiles de tout le reste du pays. L'eau manque absolument, et en attendant qu'on dérive une rivière qui n'existe pas, on n'a d'autres moyens pour se procurer le liquide indispensable, que de conserver les eaux pluviales et distiller l'eau de la mer. On a juste de quoi ne pas prendre de bains. C'est sans doute pour cela que les indigènes sont si sales. Au moins, si on avait les sources de l'île Nou! Mais rien n'est parfait dans le monde, et on compte sans doute, pour embellir cette nouvelle capitale, sur des avantages tout autres que ceux donnés par la végétation, la fraîcheur de l'air, la beauté d'une nature jeune et vigoureuse. Et puis, espérons-le du moins, ce qu'un gouverneur a trouvé bon d'installer sur un point déshérité, un autre gouverneur le portera plus tard sur une côte tout aussi sûre, sans être aussi ingrate. On n'a que l'embarras du choix.

Le capitaine employa une dizaine de jours à débarquer la partie de son chargement qui était destinée à Noumea, et puis, un beau matin, nous reprimes notre volée pour visiter d'autres points du littoral. Cette fois, nous devions naviguer entre la grande terre et le récif; navigation intérieure, sans mouvements exagérés, sans zigzags, sur le pont, au moment des rafales, sans les dangers du séjour à la mer, au moins en apparence.

Le lagon, large à certains endroits de plusieurs milles, se rétrécit un peu plus loin, au point de laisser à peine passage pour un navire. C'est surtout avec le *Véloce* et ses six cents tonneaux de jauge qu'il faut être pilote d'un pareil labyrinthe pour y naviguer sans encombre. Quand on frôle des rochers pointus à l'aspect doucereux et perfide, on s'applaudit d'être conduit par un marin d'une bonne trempe. Nous nous sommes donc frayés une route au milieu des écueils que l'eau couvre et cache aux yeux inexpérimentés, et nous avons traversé ce dédale de pierre et de corail, comme nous aurions fait à terre une promenade au milieu d'obstacles qui donnent du charme à la route sans inspirer de véritables inquiétudes.

Après deux jours de ce petit cabotage, pendant lesquels j'ai fait connaissance avec les indigènes et leurs agents de locomotion, nous sommes arrivés à la baie de Saint-Vincent, le fameux havre trompeur de d'Entrecasteaux. Nous y sommes encore mouillés aujourd'hui, et c'est ici que m'est arrivée l'aventure à laquelle je faisais allusion au commencemeut de ma lettre.

Maintenant que je connais un peu les indigènes, je vais t'en dire quelques mots. Je ne puis craindre que tu trouves flatté le portrait que j'essayerai d'esquisser, et je ferai tous mes efforts pour ne pas trop assombrir le tableau. Ces Mélanesiens sont assez laids, pour qu'on n'ait pas besoin de les enlaidir encore, afin de les rendre plus curieux. Je te dois la vérité tout entière, sans flatterie ni mépris, sans ornement de fantaisie, comme sans esprit de dénigrement.

Pendant que nous voguions au milieu de toutes les merveilles naturelles dont j'ai taché plus haut de te donner une idée, j'ai vu nombre d'embarcations montées par des sauvages qui traversaient le lagon en tous sens, allaient à la pêche, nous offraient du poisson, et nous demandaient en échange des étoffes rouges, des armes et des munitions.

La pirogue de la Nouvelle-Calédonie est bien loin pour l'élégance de celles des îles Hawaï, de Taïti ou de la Nouvelle-Zélande. D'un côté, c'est une œuvre d'art d'un fini qui surprend et charme, de l'autre, c'est l'informe produit d'une industrie dans son enfance. Le pin colonnaire fournit la matière première, et bien qu'il se prête admirablement à toutes les transformations qu'on lui voudrait faire subir, l'œuvre n'en reste pas moins très-grossière. Cet arbre s'élève comme une colonne véritable à de grandes hauteurs. Ses branches, de petites dimensions, sont disposées par étages successifs, sans que leurs nœuds pénètrent sensiblement dans le bois et puissent nuire à sa qualité. Il est facile à travailler, souple et léger en même temps que tenace et résistant. On se garde bien de creuser un de ces arbres dans toute sa longueur, une pirogue trop longue serait trop difficile à manœuvrer. On se contente donc de couper une bille de 8 ou 10 mètres, de la creuser avec des haches de pierre, sans donner aux extrémités une forme quelconque, et l'on met la pirogue à l'eau. On peut juger sans peine de la lenteur avec laquelle s'avance un objet aussi informe. Comme en définitive un arbre aussi grossièrement creusé ne pourrait rendre sur mer un véritable service, les sauvages ont l'esprit de tourner les difficultés qu'ils ne peuvent vaincre. Afin de naviguer non-seulement dans le lagon, mais aussi en plein Océan, pour visiter les îles du voisinage, ou même pour aller tenter fortune au loin, ils accouplent deux de ces pirogues, les relient à l'aide d'un pont de planches juxtaposées, et surmontent le tout de deux mâts gréés chacun d'une voile latine faite de nattes grossières. C'est sur ces espèces de radeaux disgracieux, gouvernant mal, marchant plus mal encore, qu'ils se lancent dans des voyages aventureux. S'ils ne bravent pas les dangers qui les attendent, avec un courage de héros, ils les supportent du moins avec la résignation de sauvages apathiques.

C'est une de ces doubles pirogues qui m'a permis de voir de près les premiers Néo-Calédoniens soumis à mon observation. Sur ce radeau, large de 3 ou 4 mètres, et long de 10 ou 12, il y avait un chef et six de ses sujets armés chacun d'une pagaie assez mal fabriquée. Trois hommes seulement montèrent sur le pont où le chef sauta le premier. C'est un homme d'une cinquantaine d'années, de haute taille, de forte corpulence, et dont les mouvements un peu lourds laissent cependant deviner une grande puissance musculaire. Il se dit grand chef de Yengen et se nomme Bouenone. Il commande à la tribu des Manongœ, dont il est le grand chef. Tu vois que c'est presque un roi. Du reste, il ne se gêne pas plus que les autres chefs de toutes les îles de l'Océanie, pour se donner ce titre, et il dit tout d'abord, en se présentant à ceux qui ne le connaissent pas : I am king. (Je suis roi.) Ses habits ne m'empêchèrent pas d'examiner de haut en bas son individu. Il n'avait pour tout vêtement qu'une veste de matelot français qui témoignait d'un long usage. Le pantalon était sans doute en réparation au palais. Je fus immédiatement frappée de la longueur et de la maigreur de ses jambes. Les mollets étaient si hauts, qu'ils avaient l'air de vouloir se cacher dans ses jarrets. Quant à la caractéristique de son sexe, à la désignation particulière du roi de la création, c'était si grotesque, si inconvenant même dans son arrangement, que je n'oserais pas t'en parler. Je ne suis pas bégueule, comme tu le sais bien; pourtant je ne trouverais pas un mot pour risquer la description. Qu'il te suffise de savoir que la feuille de figuier classique est remplacée ici par une feuille de bananier, et que des fibres de coco sont là pour prévenir la chute des feuilles. Quand je vis cette espèce de grand singe si peu couvert, je rougis et voulus me sauver. Le capitaine me fit observer en riant, que je devais m'habituer à pareil spectacle et à bien pis encore.

« Si la pudeur est un sentiment général, dit-il, ses lois sont de pure convention. Cet homme se considère comme très-convenablement vêtu, et vous en verrez bien d'autres si vous restez ici quelque temps. Après tout, mettriez-vous un voile à votre chien, et ce monsieur, tout grand chef qu'il est, ne doit pas être beaucoup plus qu'un chien pour vous. »

Je réprimai donc mon envie de rire et donnai une poignée de main au roi des Manongœ, qui me salua en mauvais anglais. A quoi servent donc les maîtres d'école que les missions envoient si loin, au risque d'apprendre un jour qu'ils ont été mangés par leurs élèves, s'ils n'enseignent même pas la langue française à ces nouveaux Français? C'est triste, cela, et pourtant c'est bien vrai; non-seulement ici, mais à Taïti, aux Pomotu, aux Marquises, partout enfin où flotte notre pavillon, les indigènes ne parlent que leur langue maternelle et un patois anglais. Ils ne savent du français qu'un mot qu'ils répètent, quand ils veulent nous désigner. Pour eux, nous sommes des *oui oui*, et tout ce qui nous appartient s'appelle comme nous *oui oui*. Cette expression ridicule témoigne de nos moyens d'action sur les peuples auxquels nous nous imposons, et du soin que nous prenons de nous les assimiler. Que les Anglais sont plus adroits et plus puissants sur les autres hommes! Leur langue court l'Océanie, et avec leur langue, leurs marchandises, leurs armes, leurs coutumes, tout enfin ce qu'ils savent imposer aux peuples enfants, comme une nourrice sait insuffler à son nourrisson les mots qu'il bégaye et le lait qu'il boit.

Les manches de la veste du roi étaient trop courtes, d'où je conclus que c'est une espèce d'Artaxercès aux longs bras. Sa figure est d'un noir sale sans avoir rien du brillant du nègre. Il a le front bas, les yeux noirs et creux, le nez épaté, la bouche grande, les lèvres grosses, la barbe noire et frisée. Les cheveux sans être laineux sont crépus et ne doivent supporter les contacts du peigne qu'à la condition que celui-ci n'aura que quelques dents longues et écartées. Cette épaisse toison doit être habitée. Pourtant, vois où la coquetterie va se nicher, il avait mis, pour plaire sans doute, un collier à triple rang de pierres bleuâtres entremêlées de morceaux de nacre. J'oubliais aussi une pipe de terre qui ne quittait la bouche que pour se suspendre à l'oreille.

Les compagnons du chef, ses guerriers ou ses jeunes hommes comme il les appelle, n'étaient pas vêtus du tout; comme ils étaient plus jeunes, ils étaient moins désagréables à voir. Ils représentaient, du moins, la nature dans toute sa simplicité native. N'ayant la prétention de rien cacher, ils n'attiraient l'attention sur aucune partie de leur corps. Le capitaine, qui m'édifie sur tous les aspects de cette région primitive, m'a dit pourtant que les hommes complétement nus sont des exceptions. La feuille de bananier s'étale ou plutôt s'enroule presque partout. Dans certaines parties de l'île ces messieurs usent d'un étui en bambou qn'ils fixent à l'aide d'une ficelle passée au-dessus des hanches. Enfin quelques-uns, les gens tout à fait comme il faut, portent le maro des Polynésiens. C'est presque le caleçon de bain des élégants de Trouville, une femme peut les regarder sans rougir.

Le chef connaissait le capitaine. Il lui avait vendu du bois de sandal et venait encore lui en offrir, profitant de l'occasion pour lui demander des armes. Mon ami se garda bien d'acquiescer à cette demande. Il sait combien la défense de vendre des armes aux indigènes est rigoureuse; et d'ailleurs il n'a que ce qui lui est strictement nécessaire. Il offrit des étoffes en échange du bois, et on finit par tomber d'accord. C'est pour réaliser ce marché que nous sommes encore ici, d'où nous ne partirons que demain.

Le capitaine connaît le monde; il sait que les relations ne se nouent bien qu'à table. En conséquence, pour les rendre traitables, il fit donner à manger à tous les Calédoniens et invita le chef à dîner avec nous.

Le lard salé, le biscuit et l'eau, firent les frais du repas des hommes du peuple, qui tous mangèrent, je t'assure, à belles dents. Belles dents est le mot, car elles sont éclatantes de blancheur; seulement, elles sont pointues comme celles des animaux carnassiers. Tout, ma chère, dans nos organes, s'adapte à nos goûts. Le cannibale mange la viande crue ou peu cuite : inhabile à se servir de nos ustensiles perfectionnés, il y supplée par ceux que la nature lui fournit. Quand un Calédonien tient en mains un tibia ou un humérus de jeune fille, il le nettoie, paraît-il, avec les dents, aussi bien que pourrait le faire le premier chacal venu. Je prenais plaisir à voir manger ces pauvres diables, dont le ventre grossissait à vue d'œil. Avant de commencer, ils l'avaient si creux, que l'extrémité des côtes faisait saillie; aussi avaient-ils un air renfrogné qui faisait peur. Mais, à mesure que leur estomac se garnissait, comme la bonne humeur s'épanouissait sur leur figure! comme ils riaient de bon cœur et bruyamment! comme ils se frappaient sur le ventre avec béatitude! On aurait pu hardiment affirmer qu'ils ne dînaient pas ainsi tous les jours. Qu'on s'étonne encore, si de pareils affamés, quand ils n'ont rien à mettre sous leurs dents pointues, désirent une côtelette humaine!

L'heure de dîner allait sonner. J'avais fait, non à l'intention du roi de la montagne, mais par respect pour mon sexe et par habitude de bonne société, un peu de toilette. Que serait la femme sans son corset, ses dentelles et ses rubans? Que serait la plus gracieuse Parisienne condamnée à montrer ce qu'elle cache d'autant plus que l'imagination fera en sa faveur des suppositions plus flatteuses? Que serait la mère de cinq ou six enfants, sans les secours de sa couturière? une simple Néo-Calédonienne dont je t'épargne la description.

J'avais donc passé une robe qui me va bien; à cause de la grande chaleur, je m'étais mise en décolleté. Je puis dire avec une certaine fierté que j'étais belle et que je fis de l'effet. Quand j'entrai dans le carré avec mes cheveux rejetés artistement sur mon cou, dont ils faisaient ressortir la blancheur, avec mes bras ronds sortant de manches si courtes, qu'on pouvait me demander si j'en avais, avec quelques-uns des bijoux que les hasards du temps ont mis dans ma possession, enfin avec toutes les armes qu'une femme jeune, jolie et habile sait diriger contre la moitié brutale du genre humain, je fus saluée par la plus flatteuse exclamation. Le capitaine s'avança au-devant de moi, me prit la main et la baisa tendrement en m'adressant de ces banalités qui font toujours plaisir. La vanité nous perd, dit-on; eh! mon Dieu non! la vanité, au contraire, nous aide à vivre et fait mourir d'envie celles que nous écrasons de notre supériorité. Je fus donc heureuse du compliment et le reçus avec assez de dignité pour que Jules, loin d'y trouver à redire, vînt en essayer un semblable. Un mari amoureux de sa femme! c'est joli, n'est-ce pas? Eh bien! je crois que Jules en est là aujourd'hui. Ce que c'est que les privations! Mon petit lieutenant, lui, n'osa pas me parler; l'eût-il voulu, qu'il n'eût certes pas pu proférer une seule parole. Il était ébahi; il me dévorait des yeux, et se disait sans doute intérieurement : « Si seulement j'étais capitaine! » Eh bien! je te l'avoue, cette admiration muette qui rayonnait de la figure de l'adolescent fut le compliment qui me flatta le plus.

Tout était donc bien; seulement, je n'avais pas fini avec les hommages. Le roi de la montagne était resté tout d'abord pétrifié à mon aspect; ses yeux s'étaient fixés sur ma gorge que tu sais assez belle et qu'il trouvait sans doute plus blanche que celles de ses épouses. Il paraissait fasciné par ce spectacle inattendu. Après une grande minute de cette extase, sa bouche s'ouvrit comme une porte de cathédrale; il poussa une espèce de rugissement, bondit vers moi, me prit les deux mains, et, baissant sa tête vers mon cou, il appuya ses grosses lèvres sur mon épaule et les y laissa; il reniflait pour aspirer l'odeur qu'exhalaient mes cheveux parfumés de pommade. Il s'approchait, s'approchait toujours. Si je l'avais laissé faire, sa caresse se serait terminée par une morsure. L'ogre avait l'air de dire : « Je sens la chair fraîche, j'en veux manger un morceau. » Je jetai un cri d'horreur au contact de cette bouche brûlante dont les dents effleuraient mon épiderme. Je reculai épouvantée et me laissai tomber dans les bras du capitaine, qui, par hasard, se trouva là pour me recevoir. Le grand roi rit alors de son gros rire sauvage en disant :

« *Good, good, very good lady*, y lowe you mame. »

— Oui, oui, je vois cela, répondit le capitaine ; mais ce n'est pas une raison pour rouler des yeux de possédé. Vous lui faites peur à cette jeune dame ; elle craint que vous ne la mangiez.

— *Hoa no, hoa no!* exclama le roi en se léchant cependant les lèvres ; *mi no act lady* ; *but she very pretty*.

— Allons, allons, c'est bien. Assez de compliments ; asseyons-nous et dînons.

Je ne voulais pas m'asseoir à côté d'un si furieux adorateur ; ses dents me faisaient peur, et il fallut toute l'insistance et toute l'autorité du capitaine pour que je me décidasse à prendre place entre lui et son sauvage convive. Jules, en voyant cette scène tragi-comique, se moqua de moi, mais il riait d'un rire contraint. Je pourrais dire comme nous disions dans notre jeunesse : Jules riait jaune.

Cependant le dîner commença, et le grand chef fit honneur aux mets qu'on lui servit, de manière à me faire croire qu'il n'avait pas mangé depuis huit jours. Il a peu l'habitude de la fourchette, malgré ses fréquentes entrevues avec les Européens; aussi la remplaçait-il souvent par ses doigts, qu'il léchait, pour les salir encore une seconde plus tard. Les plus gros morceaux de bœuf, les volailles entières passaient dans son gosier comme s'il les avait bus.

On dit que les indigènes n'aiment ni le vin ni les liqueurs. Il paraît que celui-là commence à se civiliser; il savoure en connaisseur les liquides les plus alcooliques; le vin, l'eau-de-vie, le rhum, tout lui est bon; il aurait vidé toutes les bouteilles si on l'avait laissé faire. Quoi qu'on fît pour le modérer, il se gorgea tant et tant, qu'il remplit son abdomen au point de nous permettre d'en mesurer la rotondité. A la fin pourtant cet appétit phénoménal se calma; il souffla plus lentement et se contenta, pour s'entretenir, de ronger une moitié de dindon en l'arrosant d'un peu de vin de Bordeaux.

C'est alors qu'alternèrent les redoublements de gaieté et des pauses d'idiotisme. Par instants ses yeux lançaient des flammes et suaient le vice; puis il laissait tomber sa tête sur la table et ses longs bras le long de sa chaise. On croyait qu'il allait dormir, mais le scélérat soulevait ma robe et s'en allait avec impudence chercher mes mollets. J'ignore jusqu'où il aurait eu l'infamie de monter, si, justement scandalisée, je ne me fusse levée de table pour échapper à ce que je regardais comme des manœuvres immorales. Eh bien! il paraît que le coquin n'en voulait pas du tout à ma vertu; s'il caressait ma peau, c'était tout simplement pour se renseigner sur la valeur de ce qu'elle recouvrait : c'est du moins ce que m'a dit le capitaine, qui le sait très-friand des chairs tendres et jeunes encore. Voyez-vous donc, ce monsieur qui voulait se rendre compte non pas de la tendresse de mon cœur, mais de la tendreté de mes muscles. Vraiment, ma chère sœur, je frémis encore rien qu'à t'en parler. J'ai dîné côte à côte avec un mangeur de chair humaine. Quand il me frôlait, il se demandait sans doute à quelle sauce je vaudrais le mieux ; et moi qui croyais tout bonnement que... En vérité j'en avais de la bonté de reste de croire qu'un pareil être pouvait avoir un cœur. Il n'avait qu'un estomac, et quel estomac ! Enfin la nuit venue, il partit. Je me sentais soulagée d'un bien grand poids quand, enveloppée dans ma bonne robe de chambre, je regardais, par-dessus la lisse, s'éloigner la double pirogue qui emportait mon adorateur au point de vue de son alimentation.

Heureusement, nous partons demain. J'espère bien ne revoir jamais le grand chef des Manongoe ; il est en vérité trop laid, trop affamé, trop friand de rôti de jolie femme pour que ses déclarations d'amour me rassurent. Que doit donc être le palais d'un tel ogre ? Un charnier, sans doute.

Cette fois, je termine tout à fait ma lettre et vais me coucher en attendant le jour qui doit éclairer notre départ.

A toi toujours, ma sœur chérie,

Ton Héloïse.

V

L'INTERNATIONALE

Le capitaine Bontemps ne naviguait pas au milieu des cailloux dont le lagon est semé, sans de grandes raisons. Il connaissait presque tous les chefs et faisait avec eux des échanges dont il tirait profit. Il avait aussi pour les missions des provisions prises à frêt, en outre des pacotilles en vin, outils agricoles, vêtements et linge. En visitant toutes les stations et tous les villages du littoral, il pensait avec raison vendre ses marchandises avantageusement. Il mouilla donc successivement dans toutes les baies de la bande ouest et finit, après quinze jours d'une navigation dangereuse pour tout autre, mais seulement pénible pour lui, qui connaissait tout, passes, mouillages, rochers et courants, par arriver à la pointe nord de la grande terre. Une fois rendu à ce bout du monde, il doubla le pays des Minghas et s'en vint abriter le *Véloce* entre l'île de Balabea et le district d'Arama. Il connaissait les missionnaires de cette station, et, en descendant à terre, il se proposait d'y conduire la petite comtesse qui mourait d'envie de quitter le navire, au moins pour quelques jours, avant de reprendre la mer, et de gagner, en passant par Taïti, l'Amérique du sud, où elle comptait dire adieu à son ami dont elle commençait à se lasser.

Le mouillage est à quelques milles de la mission et le passage du détroit, où la brise est constamment debout, s'il n'est pas souvent dangereux, est toujours assez accidenté pour inquiéter une jeune femme aux apparences délicates. Le capitaine, bien qu'il ne fût plus aussi empressé près de sa passagère qu'aux premiers jours, tenait pourtant à lui éviter, autant que possible, l'atteinte des embruns et la peur des secousses trop violentes. On dut donc attendre que le temps se mît au beau fixe pour faire la petite traversée.

Jusqu'à ce qu'elle put se rendre à terre, Héloïse restait à peu près prisonnière à bord et, en tous cas, très-ennuyée. Tandis que le capitaine, suivi de M. le comte, allait chasser dans les marais du voisinage, la jeune femme languissant dans l'isolement se trouvait toute disposée à commettre des imprudences. Vainement le second paraissait avoir été commis à sa garde particulière. Vainement il envoyait le lieutenant en corvées, faire du bois ou de l'eau, acheter des fruits du pays, vaquer enfin à tous les services du bord, il arrivait pourtant que, par moment, le jeune homme se trouvait avec sa chère comtesse.

Je ne saurais dire jusqu'à quel point cette liaison se

resserra, ni par quelles phases elle passa successivement. Tout ce que je puis affirmer c'est qu'au langage muet des yeux avaient succédé de véritables conversations, rendues de plus en plus tendres par des tête-à-tête courts mais fréquents. Les deux amoureux en étaient arrivés à se plaindre ensemble des injustices du sort, à pleurer de compagnie, à confondre leurs larmes en un seul ruisseau, à former des projets de fuite commune, à imaginer enfin les coups de tête les plus excentriques ; toutes belles équipées qui devaient nécessairement amener une crise prochaine. Le capitaine, sans rien voir, savait tout cependant. Le maître a partout des espions complaisants. Il n'y avait pas jusqu'au mousse qui ne surveillât les amoureux, pour rendre compte ensuite de leurs faits et gestes. Aussi l'amant en titre avait-il pris tout à fait le rôle de mari. Il avait perdu complétément sa bonne humeur. Sa complaisance primitive s'était transformée en une froideur que les agaceries les plus séduisantes ne pouvaient faire disparaître. Le cher homme était jaloux, et comme tous les jaloux il ne voyait les choses qu'à un point de vue purement personnel. Il voulait accaparer pour lui seul des faveurs auxquelles il prétendait avoir droit, bien qu'il sût pertinemment les avoir volées à un autre.

La nature est ainsi faite. On veut bien tromper les autres, mais on ne veut pas être trompé soi-même. De là de l'aigreur, des explications pénibles, des justifications incomplètes, des projets de rupture, tout ce qui précède, enfin, un grand changement, un véritable coup d'État.

Sur ces entrefaites, entra dans le lagon, par la passe Jande un navire anglais qui s'avança en doublant les petits îlots qui lui barraient le passage, vers le mouillage où se balançait mollement le *Véloce*.

Sitôt que Bontemps eut reconnu un baleinier, il fit amener une embarcation et se rendit à bord. Lié depuis longtemps avec le capitaine Bentt, ayant même passé avec lui deux ou trois saisons de pêches de Humpbacks dans la baie de Schester-field, en pleine mer de corail, il était enchanté de retrouver un ami, de s'enquérir de l'état de ses affaires, et de sa réussite dans sa périlleuse carrière.

Il avait aussi à demander des nouvelles d'un intérêt tout particulier. Il savait que M. Bentt, à l'exemple de beaucoup de capitaines américains, avait toujours navigué avec sa femme et ses nombreux enfants. Aujourd'hui presque tous ceux-ci étaient mariés; mais une fille restait avec sa mère. Quand il avait quitté la famille pour la dernière fois, la jeune miss avait dix-huit ans. C'était alors la plus jolie personne qu'on pût voir. Avait-elle changé ? et même était-elle encore demoiselle? Il se souvenait bien de quelques promesses en l'air, de quelques engagements téméraires échangés entre le père et lui-même. Mais n'avait-on pas oublié promesses et engagements ? Le temps n'avait-il pas chassé son souvenir, non pas du cœur de son ami, mais de la tête légère de la jeune miss? Les absents ont tort, dit le proverbe, et un prétendant plus jeune, plus aimable, en tous cas, plus assidu que lui, avait peut-être pris la place qui lui était destinée naguère.

Voilà les réflexions qui trottaient dans la tête du capitaine pendant qu'il traversait l'espace qui séparait son navire du baleinier anglais. Si sa passagère lui revenait alors en mémoire, ce n'était que comme un obstacle à la réalisation d'espérances douteuses, il est vrai, mais pouvant à la rigueur se transformer en faits.

« Ma foi, se disait-il entre les dents, tout en gouvernant son *boat* avec son grand aviron de queue d'ancien baleinier, je ne suis pas marié avec elle et ne voudrais certes pas l'être. Si je trouvais un moyen d'en finir convenablement avec ma vie de garçon, je rendrais la dame à son respectable mari. Ce couple modèle pourrait se fixer à la Nouvelle-Calédonie, et, dans toute cette affaire, je n'aurais fait probablement que prévenir le gouvernement qui n'aurait pas manqué de l'y faire conduire d'ici à quelques semaines. D'ailleurs la coquette se fait courtiser par mon lieutenant. Je crois que le gamin a déjà passé le Rubicon. Il ne peut plus désormais reculer, il m'aidera donc à me débarraser. »

A la fin de ce monologue de vieux garçon entaché tant soit peu d'égoïsme, le *boat* accosta le navire anglais. Le capitaine Bentt reçut son collègue au haut de l'échelle, en le serrant cordialement dans ses bras. Madame Bentt vint faire accueil à son *dear master* Bontemps et mademoiselle Jenny, aussitôt qu'elle eut terminé sa toilette, ce qui ne dura pas beaucoup plus d'une demi-heure, vint serrer la main de son ancien ami, de celui dont on parlait souvent à table, dont on n'avait oublié ni la gaieté, ni la bonté, ni les avances permises d'une galanterie honnête. Il fut convenu que Bontemps dinerait à bord. Nous serons en famille, exclama Bentt sans trop de réflexion. Le *boat* fut donc renvoyé, pour ne revenir chercher le convive qu'entre dix et onze heures du soir.

Je laisse à penser tout ce que nos deux amis eurent à se dire. Les amitiés des marins ont cela de particulier, qu'elles ne vieillissent pas. Quand on se retrouve après trois ou quatre ans de séparation, on reprend la vie où on l'avait laissée. On n'a jamais le temps de se connaître trop, par suite de s'estimer moins et de voir naître ces points noirs qui, grossissant d'un jour à l'autre, finissent par mettre entre des amis d'enfance, vivant côte à côte, des nuages assez épais pour qu'on cesse de se voir à tout jamais. Le marin a aussi, il faut le dire, plus de naïveté que le terrien. Ses émotions sont plus vives, parce que peut-être elles sont plus fugitives. Toujours est-il que deux amis se rencontrant aux antipodes du pays où ils se sont connus se retrouvent avec bien plus de plaisir, plus de bonheur que deux simples habitants des terres, à plus forte raison, que deux habitués des grandes villes. Nos deux hommes ne tarissaient donc pas, après le dîner, de parler de tout ce qui leur était arrivé de bon et de mauvais, depuis leur dernière rencontre, des voyages faits, des résultats obtenus, des pays visités et de tant d'autres choses encore. Les dames, que la fumée des pipes ne gênait nullement, avaient pris leur ouvrage de couture, et, levant la tête de temps en temps, elles souriaient entre elles, en regardant les causeurs. Elles semblaient même dire : « On nous appelle bavardes ; mais eux, que sont-ils donc ? » Puis, prenant intérêt à ce qui se disait, elles écoutaient avec attention, plaçaient leur mot et se remettaient à la besogne.

Les événements contemporains vinrent à leur tour figurer dans la conversation. Bentt avait été élevé en France. Il aimait le pays qu'il avait connu jeune. Tout bon Anglais qu'il était, il sut donc ménager la susceptibilité de son ami. Il finit même par lui dire :

Ne vous désolez pas, mon cher, c'est une manche perdue, mais la revanche sera pour vous et vous finirez, soyez-en certain par gagner la belle. C'est ma conviction, c'est celle de tous mes compatriotes, celle du monde entier. Malheureusement vos querelles intestines vous empêchent de reprendre votre équilibre, aussitôt que vous le devriez. Votre plus grand ennemi est chez vous.

— Il est un peu partout, repartit le Français. La Commune de Paris n'a été qu'une émanation de l'Internationale, et l'Internationale a son siége principal à Londres. Ses affliés sont dans toutes les grandes villes de l'Europe. C'est une lèpre qui ronge tout le vieux monde, qui le ruinera, le détruira ou au moins le transformera..

— Voyons, mon cher ami, parlez-moi de cette fameuse société internationale des ouvriers. Je ne suis pas allé en Europe depuis dix ans, je ne suis plus au courant de ce qui s'y passe. J'entends parler chaque jour d'une révolution sociale qui menace de culbuter les anciennes institutions, et je suis très-désireux de savoir à quoi m'en tenir sur la probabilité de cette révolution, sur ses chances de succès, sur les résultats qu'elle pourra avoir.

— Hélas! mon ami, peut-on savoir ce qui arrivera de ce grand mouvement démocratique qui travaille la société européenne et même celle de l'Amérique quand, non-seulement les affiliés, mais les chefs eux-mêmes du mouvement ne savent pas où ils vont.

On ne saurait nier cependant que le monde est en travail ou, au moins, en souffrance d'une grande transformation analogue à celle qui s'est produite à la naissance du christianisme. Nous avons devant nous des abus semblables à ceux qui existaient dans ce temps-là. Nous avons des inégalités moins grandes, mais des haines aussi fortes. Eh bien! l'ancienne société, si solide qu'elle fût, est tombée et tombée devant des convictions. Des convictions aussi fortes fermentent dans beaucoup de têtes. La grande différence entre la position actuelle et l'ancienne est le manque de foi. Vienne une croyance en quelque chose, une religion capable de remuer les masses, de les passionner, et la société, aujourd'hui ébranlée jusque dans ses bases les plus profondes, s'écroulera comme un château de cartes.

Heureusement pour ce qui existe, les novateurs se vantent d'être athées et l'athéisme ne peut rien fonder. Je pense, du reste, qu'ils se vantent et ne croient pas eux-mêmes à leur profession de foi. Ils ne sont pas si athées qu'ils le disent : D'ailleurs le véritable Athée existe-t-il? L'homme à quelque condition, à quelque époque de la civilisation, à quelque degré de l'échelle sociale qu'il appartienne, admet toujours et même à son insu l'existence de Dieu. C'est du moins ma ferme conviction. Il croit en Dieu comme en lui, sans raisonner sa croyance, sans écouter autre chose que son sentiment. Or, vous le savez, les athées sentent aussi bien que nous ; seulement ils appellent nature, force, nécessité, fatalité ce que nous appelons Dieu. Quand ils ont effacé un mot, ils croient avoir détruit l'être qu'il représente. A les entendre, l'affaire est réglée à l'amiable. Le grand Pan est mort, la matière qui était animée par lui s'anime toute-seule. Au lieu de la croire soumise, ils la supposent toute puissante. En tout cas, il y a toujours puissance et matière, et ces philosophes nouveaux se contentent de faire une confusion.

Mais laissons ces idées abstraites. Elles sont trop au-dessus de la possibilité de la discussion pour qu'on ose les discuter. Je reviens donc à l'appréciation de notre époque.

Une révolution métaphysique se prépare. Elle se fera sûrement, elle se fait déjà. Si l'idée de la divinité, quelque nom qu'on lui donne, est éternelle, celle des formes religieuses n'est que passagère. Il en est des religions, comme des nations, comme des hommes, comme de tout ce qui a vie sur la terre, elles naissent, progressent, déclinent et meurent.

Quand le christianisme apparut, il avait un grand et beau rôle à remplir. Il devait remplacer dans tout l'empire romain, les allégories ingénieuses, mais usées du paganisme, le polythéisme par l'unithéisme, par l'opinion des sages de tous les pays et de tous les temps. Le polythéisme devait être vaincu, et il succomba sous l'étreinte de la raison. Aujourd'hui le paganisme est revenu dans le monde sous des formes nouvelles, mais traînant à sa suite un polythéisme aussi varié, aussi compliqué que l'ancien. Sans parler de cent attributs de la divinité dont on a fait des entités, n'a-t-on pas peuplé le nouvel olympe avec des divinités de diverses natures et d'ordres divers. Nous avons même les dieux méchants, notre mythologie est au grand complet.

Le catholique fervent n'a rien à envier à l'Asiatique, il a aussi son grand Lama. Il admet l'infaillibilité d'un homme. La dévote qui porte des chapelets bénis, des scapulaires, des morceaux de bois consacrés par la légende et autres objets d'idolâtrie, ne pourrait se moquer des amulettes, des fétiches, des manitous enfantés par la superstition, si elle raisonnait ses propres actes. Elle a les mêmes idoles et les mêmes pratiques. Seulement les noms sont différents. La religion chrétienne, si pure un moment, si exempte d'idolâtrie, si philosophique, a donc vieilli vite et elle perd chaque jour de ses adhérents parmi les gens qui pensent. A dessein, je ne dis pas parmi les libres penseurs. Ces mots représentent trop souvent ceux qui ne croient à rien ou du moins ceux qui affectent de ne croire à rien. Cet affaissement du christianisme est si vrai qu'une réforme est venue retremper la foi de ceux qui voulaient croire tout en voulant réfléchir. Les partisans de cette forme religieuse nouvelle ou renouvelée valent mieux que ceux qui ferment les yeux, ou pour tout croire ou pour tout nier sans réflexion.

Cependant les esprits élevés qui sont restés, comme on

dit, dans le giron de l'Église, s'efforcent de modifier sinon les croyances, du moins les explications qui sont trop en contradiction avec les grandes vérités naturelles. Après avoir nié tout net les découvertes de la science moderne, on cherche à les mettre d'accord avec le dogme. On abandonne la lettre des textes pour n'en plus lire que l'esprit, ce qui revient à abandonner les énoncés positifs pour des paraphrases, des éclaircissements, des explications, des à peu près. Il n'en est pas moins vrai que la forme religieuse avec laquelle l'Europe a vécu à peu près quinze siècles, loin d'être éternelle, est en pleine décadence et doit mourir bientôt.

Elle a pourtant de bien beaux préceptes, cette religion! L'amour du prochain, la charité, l'égalité des hommes devant Dieu, l'obligation d'aider les autres, c'était là les plus grandes idées morales qu'on eût popularisées jusqu'à elle. Ce n'est pas cependant qu'il n'y ait rien à dire sur ces bases des dogmes chrétiens; la liberté et l'égalité qu'ils ont prêchées, n'étant pas de ce monde, n'avaient pas ou du moins avaient peu d'avantages actuellement réalisables. Ainsi, quand j'entends dire que le christianisme a tué l'esclavage, je doute fort ou plutôt je nie formellement. Est-ce que l'esclavage n'a pas vécu côte à côte avec le christianisme? N'a-t-il pas été remplacé par le servage quand l'adoucissement des mœurs le chassa; et l'affranchissement des communes fut-il autre chose qu'une conquête des serfs ou du peuple sur les seigneurs, clercs et laïques, faite par les armes ou par l'argent? Enfin le pire des esclavages, celui des nègres achetés comme marchandise et transportés bien loin pour servir de bêtes de somme, n'est-il pas né dans un pays essentiellement catholique? Aujourd'hui encore, en plein XIXe siècle, la traite des Chinois fleurit dans des contrées que nous connaissons tous deux. Pour être temporaire, cet esclavage n'en est que plus barbare. On veut tirer parti de son esclave tant qu'on a la main sur lui, et on appuie si fort sur sa tête, que bien souvent on l'écrase. Eh bien, où transporte-t-on les Chinois? dans des pays chrétiens, et le christianisme a l'air de n'avoir rien à faire dans cette question.

L'abolition de l'esclavage est bien plutôt l'effet d'un calcul que d'une croyance. Le maître a fini par craindre l'esclave qui levait la tête un peu haut; il a reconnu que le travail libre est plus abondant et meilleur que le travail servile; il s'est dit que la société en général gagnerait à l'affranchissement, et il a donné, d'assez mauvaise grâce, une liberté que l'esclave aurait fini par prendre. Loin d'agir dans ce sens, le christianisme, en prêchant l'humilité, dit à l'esclave : Reste esclave; au serf : Reste serf; au petit enfin : Reste petit. Il ne doit donc pas plus être glorifié pour avoir chassé l'esclavage de la terre que pour avoir proclamé la vraie liberté et la vraie égalité. Cependant il a énoncé le premier cette vérité que tous les hommes sont égaux devant Dieu, tandis qu'avant lui on faisait des dieux avec les hommes morts, quelquefois même avec des hommes vivants. Ç'a été, si on peut s'exprimer ainsi, la première étape de la longue route qu'il y avait à parcourir pour atteindre le but que nous poursuivons encore.

Quant à la charité, cet épanouissement d'un cœur généreux sur tout ce qui l'entoure, cette jouissance de partager sa dernière bouchée de pain, de se dépouiller de sa dernière chemise pour couvrir son frère, certes, c'est un sentiment admirable, surtout quand la main gauche ignore ce que donne la droite. Mais, hélas! comme elle est rare, cette charité véritable qui veut qu'on se dépouille, qu'on se prive du nécessaire, qu'on renonce tout à fait à soi pour ne penser qu'aux autres! On appelle saints ceux qui ambitionnent cette perfection, sans pourtant jamais l'atteindre.

Dans l'ordre naturel, voici comment se passent les choses. L'aumône remplit d'orgueil celui qui la donne; elle abaisse, avilit même souvent celui qui la reçoit. Avec quelle orgueilleuse suffisance certaines bonnes dames parlent de *leurs pauvres!* avec quel sentiment de leur dégradation certains pauvres tendent la main! La charité jure donc avec l'égalité; bien plus, elle enlève toute liberté.

Il était réservé aux temps modernes de proclamer une devise qui répond à tout; elle se résume en trois mots : liberté, égalité, fraternité. C'est le code le plus complet qui puisse régir l'humanité; seulement il faut s'entendre sur la valeur de ces trois mots.

La liberté est-elle absolue? Oui, mais à la condition de ne pas nuire à la liberté des autres, de respecter les institutions sanctionnées par la volonté des majorités. Une société ne vit légalement que si elle s'appuie sur les convictions, les vœux, les volontés de la majorité de ses membres; de là une conséquence pratique d'une importance capitale. Il n'existe pas plus de forme de gouvernement que de forme de religion au-dessus de la discussion et pour ainsi dire de droit divin ou de droit naturel. Quoi qu'en puissent dire les sectaires passionnés de l'un ou de l'autre parti, il n'y a pas, il ne peut y avoir de forme s'imposant par sa vertu propre; rien n'est au-dessus de l'opinion exprimée d'une majorité légalement constituée. Il serait donc tout aussi absurde de prétendre *à priori* que nous avons le devoir strict de vivre en monarchie, parce que nous avons eu une longue suite de monarques, qu'il le serait d'admettre que la république s'impose à tous sans discussion possible, sans examen préalable, par la seule raison que c'est le gouvernement de tous par tous. De pareilles prétentions engagent non-seulement le présent, mais aussi l'avenir sur lequel le présent n'a aucun droit.

En résumé la majorité décide de ce qu'elle veut et la minorité s'incline en restant avec le devoir de conversion par la persuasion. Voilà le droit. Voilà la liberté telle que l'homme raisonnable doit l'entendre. Respectons les autres dans toutes leurs croyances et même dans l'absence de croyance. Laissons-les libres de penser et d'agir autant que nous n'avons pas à en souffrir, et la loi étant la même pour tous, nous aurons tous conquis la *liberté*.

L'égalité n'est pas et ne peut pas être ce que rêvent les envieux qui n'admettent personne ni plus grand, ni plus fort, ni plus beau qu'eux-mêmes. Admettre l'égalité des talents, des fortunes, des salaires, etc., c'est rêver un nivellement qui ne convient qu'aux êtres inférieurs qui peuvent à peine atteindre le dernier degré de l'échelle. L'égalité véritable c'est l'égalité des droits et des devoirs. On a déjà répété cela bien des fois et on ne saurait trop le redire. Les priviléges de naissance, de classe, de profession, doivent disparaître plus complétement encore qu'ils n'ont fait jusqu'aujourd'hui. Déjà les droits d'aînesse et de caste ont fait leur temps et avec quelques nouveaux efforts nous arriverons à l'égalité possible, sans jamais arriver au nivellement complet, ce qui serait le comble de l'absurdité. J'admire cette maxime d'une secte qui n'a pas toujours été aussi bien inspirée : *A chacun selon ses capacités. A chaque capacité selon ses œuvres.* Le christianisme n'admet l'égalité des hommes que devant Dieu. C'est un acheminement vers l'égalité telle que nous la comprenons. C'est un premier pas, mais ce n'est que cela.

Reste à comparer la fraternité à la charité et je sens ici combien le sujet est brûlant. Tant de gens pensent que rien n'est au-dessus de la charité chrétienne, qu'attaquer cette manière de voir c'est risquer d'user ses dents sur une lime d'acier. Cependant, j'ai devoir d'exprimer ce que je pense et vais le faire.

La charité, je l'ai dit déjà, place le donateur et le donataire à deux niveaux différents, la fraternité les conserve tous deux égaux. — Unissons-nous comme des frères, dit l'une. — Oui, répond l'autre. Mais aussi, traitons-nous comme des frères, et n'agissons pas même en vue d'une reconnaissance à laquelle nous n'avons pas droit.

Vous poussez à l'ingratitude, me direz-vous.

Non certes. La reconnaissance naîtra toujours dans l'âme honnête après un bienfait reçu. Les actes de dévouement seront toujours des sources d'affection. Mais il n'en reste pas moins vrai, qu'en faisant le bien, nous remplissons seulement un devoir et n'avons droit à aucune reconnaissance, seulement comme tous ont les mêmes devoirs, si tous s'en souvenaient toujours, il en résulterait une heureuse réciprocité.

Les choses sont ainsi faites, à ce que je crois. Nous avons en nous, d'abord l'amour de nous-mêmes, puis l'amour de l'enfant qui est un autre nous-mêmes, celui de toute la famille, de la nation, de la race et enfin de l'humanité. C'est là, je crois, la loi naturelle. Eh bien! la société bien constituée doit amener, autant que faire se peut, tous ses membres à se traiter et à s'aimer en frères. Il ne faut pas plus rencontrer la vanité de la générosité que l'affectation de l'égoïsme. Il faut s'aimer, s'entre-aider, s'appuyer les uns sur les autres. C'est ce qui constitue la *fraternité.*

Pour réaliser au profit de tous, le programme posé par notre devise, la démocratie moderne n'a trouvé et ne pouvait trouver que l'association. Il n'y a en effet que l'association qui puisse réaliser, dans la mesure du possible, l'aspiration des hommes à être libres, égaux et frères, ou mieux fraternels. Les frères sont du même sang, les hommes fraternels sont du même esprit. Quant aux gens aisés, ils se moquent en général des *frères et amis,* quand ils ne leur déclarent pas la guerre. Cela ne les empêche pourtant pas d'avoir en eux une certaine dose d'amour pour leur prochain. Seulement ils font le bien, mus par la charité. J'ai déjà dit combien cette vertu était insuffisante. Je retourne donc aux moyens imaginés par les pauvres eux-mêmes pour combattre et détruire la pauvreté.

Avant d'exposer les moyens de résoudre le problème de l'amélioration du sort du plus grand nombre, il est bon, je crois, d'étudier un peu *une société* qui prétend avoir tous les éléments de la solution, et de dire avant tout quelques mots sur sa naissance et les conditions dans lesquelles elle s'est développée. Je veux parler de la *société internationale des ouvriers.*

De tout temps, les ouvriers des villes, les gens de métiers, les salariés, par opposition aux habitants des campagnes qui vivent un peu en égoïstes, se sont associés pour s'entr'aider. Ces associations, très-légitimes en principe, ont réussi et rendu des services. Celui qui n'a pour patrimoine que ses bras, pour capital que son travail journalier, quand il est isolé, souffre vite de son isolement. Pour peu que le travail manque, que la santé et la force fassent défaut, il est rapidement et invinciblement porté à envier celui qui possède, en dehors du travail actuel, des moyens de pourvoir à ses besoins, des économies enfin. De là vint une pensée de prévoyance qui, sans parler des institutions des anciens, fit naître les sociétés autorisées, tolérées ou secrètes qui ont fleuri dans l'Europe depuis des siècles, et dont le compagnonnage français est un des types le mieux définis. Son nom, plein de bonnes promesses, était du meilleur augure, il s'appelait *le devoir*. On ne parlait pas encore de droits alors. Les compagnons s'aidaient entre eux, pour travailler, pour se déplacer, pour soigner les malades et enterrer leurs morts. Ces sociétés ont certes fait beaucoup de bien. Seulement leur action était limitée, leur constitution appelant les rivalités et même les haines, elles devaient mourir quand les relations de province à province, de peuple à peuple, deviendraient plus faciles.

La navigation à vapeur, les chemins de fer surtout, en multipliant à l'infini les rapports des hommes, en réalisant des contacts qui sans eux n'auraient jamais eu lieu, durent changer la nature des associations, tendre à les rendre plus nombreuses, plus générales et plus puissantes. Les expositions industrielles, destinées à remplacer les anciennes foires où ne se rencontraient, le plus souvent, que des intermédiaires, mirent cette fois en contact le producteur et le consommateur. Elles facilitèrent même la réunion des exécuteurs de l'œuvre matérielle, des outils vivants. L'autorité dans la pensée d'élever le niveau de ces producteurs d'ordre inférieur et de leur permettre de passer plus facilement dans la catégorie supérieure, à savoir dans la classe des producteurs de l'idée, organisa les ouvriers, paya leur déplacement, les constitua en commissions d'études, en jurys d'examens, etc. Ceux-ci comprirent l'importance qu'on leur accordait; ils l'exagérèrent bien vite, considérèrent leur rôle non-seulement comme indispensable, mais comme le seul utile dans la production et se dirent :

« Toutes ces merveilles, c'est nous qui les avons faites; sans nous, rien n'existerait de tout cela. Nous sommes donc les hommes de l'époque, et c'est à peine si nous comptons dans la société. Eh bien! si jusqu'à présent nous n'avons rien été, à partir d'aujourd'hui, nous serons tout. »

L'homme est très-disposé à s'estimer au-dessus de sa valeur réelle. Le simple manœuvre qui remue la pierre, le bois et le fer, fait facilement abstraction du génie qui le fait mouvoir; parce qu'il sait cuber un bloc ou ébaucher un plan, ils se croit capable de produire les chefs-d'œuvre auxquels il a travaillé. Je sais bien que d'habiles ingénieurs ont commencé par n'être que de simples ouvriers, que de modestes filateurs sont devenus des manufacturiers de premier ordre; mais ce sont là des exceptions rares, qui ont escaladé, malgré tous les obstacles, la place à laquelle ils avaient droit. Cela ne prouve nullement que tous les ouvriers puissent et doivent devenir des manufacturiers ou des ingénieurs. Cependant, tous indistinctement croient à leur haute intelligence, à leur haute faculté de production, enfin, à leur droit au commandement.

De l'inégalité des conditions et des profits est née l'envie, ce ver rongeur de l'inférieur. Aussi, en s'associant, les ouvriers n'ont plus cherché seulement à s'entr'aider, mais bien à combattre ce qu'ils appellent l'ennemi commun, à savoir le patron, la pensée dirigeante, le moteur premier qui les a mis en œuvre. Comme ils se croient tous aptes à devenir patrons, ils voulurent supprimer celui qui l'est, pour, disaient-ils, n'en plus avoir, produire en commun, partager la peine et le profit par portions égales, mais, au fond, pour occuper la place qui deviendrait vacante.

Le capital leur faisait défaut. Ils n'ont pas voulu voir que ce n'était qu'un outil, et ils ont dit : Supprimons le capital, revenons au système des échanges directs. Cependant, comme quelques-uns des meneurs sont intelligents, ils ont modifié la formule en disant : Si le capital est nécessaire, rendons-le commun, prenons-le au nom de la société des travailleurs. Assez d'exploitation de l'homme par l'homme. Liquidons une société vermoulue. Enlevons à celui qui possède ce que notre travail a accumulé entre ses mains, et reconstituons une société nouvelle où il n'y aura plus de riches, mais où la richesse appartiendra à la communauté. Ce sera l'âge d'or. De là, les projets d'une révolution radicale et d'une reconstitution sur de nouvelles bases. Voyons plutôt quelques-uns des statuts de la trop fameuse société.

Affranchissement définitif de la classe ouvrière.

La société a le droit d'abolir la propriété individuelle du sol, et de faire rentrer le sol à la communauté.

Il y a nécessité de faire rentrer la propriété du sol à la propriété collective.

L'alliance de la démocratie socialiste à Genève se déclare athée; elle veut l'abolition... du mariage... du droit d'hérédité, etc., etc.

J'en passe, et des meilleurs. Vous voyez qu'elle n'y va pas de main morte, l'Internationale. Elle veut toucher à tout, pour tout détruire. Plus de capital, et alors les transactions par échanges directs; ou bien capital commun, et alors impossibilité de le faire circuler; par suite abolition de ce même capital. Plus de mariage, par suite plus de famille. Plus de droit d'hérédité; formule inutile quand il n'y a pas de propriété individuelle. Je ne vois pas bien ce qu'on pourrait fonder avec ces belles théories; mais je vois ce qu'on peut détruire, c'est tout ce qui existe... Par conséquent, c'est un retour certain au chaos.

Entre autres déclarations, l'Internationale se déclare socialiste. Or, je me demande avec une certaine anxiété : Qu'est-ce qu'un socialiste? qu'est-ce que le socialisme? Jamais mots peut-être n'ont prêté plus que ceux-là aux interprétations les plus diverses. Grammaticalement, je crois que socialisme voudrait dire science de la société; à ce compte, nous en serions tous plus ou moins les adeptes. Les définitions que nous en lisons dans les livres spéciaux et dans les journaux sont bien moins précises, et par cela même ont plus de prestige.

« C'est l'amélioration du sort de la classe la plus nombreuse et la plus pauvre par le concours des efforts substitué à leur antagonisme, par l'association substituée à la lutte, » dit un homme autorisé du parti radical. Ici je ne vois pas matière à collisions, à luttes sanglantes et mortelles. Mais il y a d'autres définitions bien plus obscures et par suite plus dangereuses.

Entre autres buts que se propose le socialisme figure celui de faire cesser le prolétariat. Ici encore un mot sans signification précise, comme il en faut aux faiseurs de révolutions. Prolétariat venant du latin *proles* veut dire : création d'enfants, augmentation de la famille. Notre société actuelle s'ingénie déjà assez pour diminuer la famille sans que le socialisme s'en mêle. Les prolétaires sont les producteurs d'enfants. Par extension, on nomme ainsi ceux qui n'ont que leurs enfants pour toute fortune. Qu'on ne s'y trompe pas, la famille est la seule fortune véritable. Elle n'exempte pas du travail sans doute ; car rien n'en exempte, ou du moins n'en devrait exempter. Mais on produit d'autant plus qu'on a plus de bras à mettre en œuvre. Une nation ne peut donc s'enrichir, et s'accroître en force et en grandeur qu'à la condition de l'accroissement des familles, sinon arrivent successivement et nécessairement la faiblesse, la misère, la défaite et en fin de compte la substitution sur son sol d'une race plus prolifère. A cet égard prenons garde à nous, c'est aux Français que je m'adresse, car vous autres Anglais vous êtes à cet égard bien autrement logiques.

D'une association destinée à s'entr'aider à une conspiration dont le but avoué est le bouleversement complet de la société, parce que celle-ci renferme des abus, il y a un abîme, et cependant c'est ce chemin extravagant que l'Internationale a parcouru en quelques années. Liquider la société, c'est la détruire ; enlever le capital à ceux qui le détiennent, c'est semer la misère partout ; supprimer les chefs d'atelier, d'usine, etc., c'est décapiter l'industrie. Et tout cela c'est, comme je l'ai déjà dit, le retour au chaos. Une société constituée dans une nation, y faisant de la politique, y discutant la valeur des institutions du pays où elle réside est une conspiration permanente; l'autoriser c'est contribuer à sa propre ruine, ne pas la détruire c'est travailler à sa propre destruction. L'Internationale est donc fatalement destinée ou à mourir de mort violente en laissant partout des tronçons qu'il faudra écraser avec le plus grand soin, ou à détruire tous les gouvernements de l'Europe. Or, je l'avoue hautement, malgré leurs nombreux défauts, je préfère ceux-ci que je connais et que je crois encore perfectibles, à un inconnu ténébreux qui marche, non pas la lumière, mais la torche à la main.

De ce que l'Internationale est une institution dangereuse et vouée au mépris des honnêtes gens, ce n'est pas à dire pour cela que l'association en général ne doive pas contribuer à l'amélioration du sort des classes déshéritées. Je crois même que là est seulement le remède efficace aux maux dont nous souffrons.

L'association a deux buts à poursuivre. Elle réunit le capital pour secourir ses membres, ou elle concentre ses forces pour travailler.

L'association de secours mutuels, si elle était généralement adoptée, si elle était fondée non-seulement par les pauvres qui en ressentent le besoin actuel, mais aussi par les riches qui peuvent en avoir besoin dans l'avenir, remédierait sûrement aux maux occasionnés par l'incapacité au travail provenant de maladie, infirmité ou vieillesse. Qui ne voit la misère impossible, la charité inutile, la mendicité supprimée, si tous, hommes et femmes s'associaient, depuis le moment où commence jusqu'à celui où cesse la possibilité du travail. Les secours aux incapables deviennent des droits pour ceux-ci. Les cotisations sont les devoirs pour les valides. Chacun travaille pour soi et pour tous, chacun a droit aux secours et personne ne reçoit d'aumône. La dignité de l'homme est respectée, tous ont les mêmes droits, le pauvre d'aujourd'hui qui sera riche demain comme celui qui nage dans le superflu et que la misère guette pour l'avenir. Pourquoi cette idée si simple, si pratique, n'a-t-elle pas été adoptée d'emblée et avec enthousiasme par tout le monde? Bien des raisons expliquent le peu de faveur avec laquelle ont été accueillies ces institutions et les difficultés qu'elles éprouvent à se répandre. J'en citerai quelques-unes.

1° *Le défaut de prévoyance.* On ne croit pas à sa propre incapacité pour le travail, tant qu'on est jeune et bien portant. Vainement on voit des vieillards traîner leur impuissance et leur misère. On croit devoir être toujours fort. On se dit en riant : « Je mourrai avant d'être infirme. Menons la vie joyeuse.

2° *Le dédain de l'homme riche pour des institutions fondées par les pauvres.* C'est un mauvais sentiment, bien éloigné de la charité chrétienne, plus éloigné encore de la fraternité républicaine. C'est aussi un défaut de calcul. Qui peut compter sur la constance de la fortune?

3° *La coopération des riches, à titre de membres honoraires ou donateurs.* Cette proposition paraîtra peut-être un paradoxe. Cependant, en y réfléchissant bien, on verra que c'est une vérité. Les membres honoraires prennent volontairement, ou même à leur insu, une position différente de celle des membres participants : ils affectent de la supériorité, ils se posent en protecteurs. C'est un retour à l'aumône, par suite, c'est un excitant de leur vanité, une pression morale sur les autres membres. Payant sans droit à recevoir, ils font un don pur. Leur position est fausse. Vienne le malheur les frapper, ils auront contribué à créer un capital dont ils ne seront pas copropriétaires, et où ils ne pourront pas puiser. Sans compter qu'ils compteraient en vain sur de la reconnaissance qu'on ne leur devra pas. Ils auront fait une duperie. Qu'ils auraient bien mieux agi en acceptant le titre de membres participants, tout en renonçant aux secours tant qu'ils auraient été au-dessus du besoin ! Ils se seraient ménagé une ressource éventuelle.

4° *Enfin l'ingérence du gouvernement et les embarras qu'il impose.* En France, l'État fourre le nez partout, même et surtout où il n'a que faire. Dans le cas présent, il a arrêté l'essor des associations plus que toutes les raisons précédentes ; il a empêché bien des créations et déterminé bien des dissolutions. Il lui eût été si facile de laisser faire ! Sans la loi de mars 1853, la mutualité serait entrée bien plus avant dans nos mœurs. Serons-nous plus raisonnables désormais? Je le souhaite, mais je n'ose l'espérer.

L'association des forces actives ou coopération se divise en deux classes.

1° La coopération dans les dépenses ou sociétés de consommation. Ces sociétés ont des magasins ou des fournisseurs communs, elles diminuent les intermédiaires, obtiennent des conditions meilleures, constituent des clients toujours solvables et gros consommateurs; elles amènent un bien général, au préjudice de quelques petits marchands qu'elles suppriment et mettent dans l'obligation de faire autre chose.

2° La coopération dans la production. Parmi les nombreux essais de sociétés de cette sorte, bien peu ont réussi. Cependant là est l'avenir de bien-être que nous devons souhaiter aux travailleurs pauvres. La grande cause d'insuccès est l'absence de capital; et jusqu'à présent les capitalistes se sont presque tous refusés à participer à ces institutions. Or si le capital est indispensable à toute production, comment des bras nus, si forts qu'ils soient, pourront-ils produire sans cet outil? Quelques hommes énergiques ont pourtant surmonté les premières difficultés, en général insurmontables, et quelques sociétés ont prospéré. Ce sont là de très-rares exceptions. Quelques chefs d'ateliers, comprenant enfin que le capital et le travail sont faits pour s'aider et non pour se combattre, ont remplacé le salaire par une part dans les profits. En intéressant les ouvriers, ils n'ont pas supprimé les patrons, ils ont au contraire supprimé les salariés, dont ils ont fait autant de patrons. Leur industrie a prospéré à souhait, en enrichissant tout le monde. On fait pourtant ici des objections sérieuses. Toutes les industries, dit-on, ne sont pas susceptibles de coopération: qui le sait? Et d'ailleurs, il y en a bien quelques-unes qui pourraient en profiter; si on commençait par celles-là, on verrait ensuite.

Le grand obstacle jusqu'ici vient du capitaliste, de celui qui se croit le maître de la situation. Le jour où il comprendra que l'ouvrage sera mieux fait par des intéressés que par des salariés, que la surveillance deviendra inutile, que le *coulage* sera amoindri d'abord et bientôt annulé, que le prix de revient diminuant, les profits pour être partagés n'en seront pas moins augmentés pour le capital, comme pour le travail, il se décidera à tenter l'aventure. Quand les ateliers de cette nature seront répandus un peu partout, la révolution industrielle sera faite, sans bruit, sans collision, sans effusion de sang, sans révolution proprement dite. Alors plus de grèves ni de grevistes. Il n'y aura d'inoccupés que les fainéants ; leur nombre même diminuera tous les jours. Les incurables mourront sans laisser de leur graine.

Le jour où riches et pauvres comprenant mieux leurs intérêts adopteront en principe l'association du capital et du travail remplaçant leur antagonisme, le jour où, animés d'une noble émulation, ils étudieront, de bonne foi, les voies et moyens de réaliser ces institutions vraiment fraternelles, le problème sera résolu. A l'œuvre donc d'un côté comme de l'autre. Ceci ne vaut-il pas mieux que de dire :

« Les ouvriers sont ingouvernables ; ou bien : « Le capital est l'exploiteur de l'ouvrier ?

Toutes ces récriminations sont des paroles de haine

qui conduisent à la guerre, à l'extermination. Le travail commun amènera au contraire l'entente et le progrès. Je sais bien qu'il y aura toujours de mauvais riches et de mauvais pauvres; il y en a toujours eu. Mais les bonnes institutions contribuent à améliorer les hommes. C'est donc à l'amélioration des institutions que les hommes doivent travailler.

L'Internationale attaque une question bien brûlante quand elle veut transformer la propriété individuelle du sol en propriété collective. Elle ignore sans doute qu'elle retourne tout simplement à l'état primitif, à la barbarie. Ici où nous sommes, à la Nouvelle-Calédonie, le sol appartient au district. L'individu reçoit sa part en naissant; il n'a qu'un simple usufruit. Cette constitution est à la rigueur possible chez un peuple qui croupit dans l'ignorance et l'abrutissement. Elle s'oppose à l'élévation des individualités, aux progrès dans les méthodes de culture, à l'augmentation des produits, à l'amélioration de la terre et des hommes. Le communisme existe encore non-seulement chez les peuples enfants, mais aussi dans certaines sociétés de célibataires. On connaît ses résultats partout : production insuffisante, tyrannie d'un chef sous quelque nom que ce soit, abrutissement des masses. Du reste il est incompatible avec la famille. Or, quoi qu'on en dise, la famille est la base des sociétés humaines, comme elle en est le type. Sans elle, rien qu'un troupeau de moutons, avec un loup pour berger.

La propriété individuelle du sol, la seule possible, n'est cependant jamais absolue. Elle a pour correctifs l'expropriation pour cause d'utilité publique, les impôts au profit de la communauté et les droits de mutation. Cette part de la propriété du sol appartenant à tout le monde est variable selon les temps et les lieux, mais elle ne doit jamais dépasser une certaine proportion. Là est la justice. Là est la vérité.

Quant au droit à l'hérédité, c'est un corrolaire de la propriété individuelle. L'admission ou le rejet de celle-ci entraîne nécessairement le rejet ou l'admission de celui-là. Le droit à l'hérédité, comme on en use en France, a pourtant de graves inconvénients. La propriété, après avoir été dans trop peu de mains, tend à se diviser et se subdiviser en morceaux trop petits. A ce morcellement exagéré, l'association coopérative agricole est appelée à remédier d'une manière efficace. On héritera d'une part, d'un tiers, d'un quart de part dans une exploitation, et la terre ne sera plus subdivisée à l'infini.

Vous le voyez; tout cela est pratique et ne demande que des gens sensés, procédant progressivement aux améliorations possibles et profitables. Rien de bien au contraire ne pourrait sortir des théories subversives de gens qui prêchent l'égalité pour commander, l'expropriation des riches pour s'enrichir, l'abolition du capital pour s'en emparer.

— Vous avez peut-être raison, dit M. Bentt, mais vous avez soulevé tant de questions qu'il me serait difficile de les discuter toutes. Nous ferons mieux, je crois, de prendre notre grog, que nous avons oublié et qui, Dieu me pardonne! s'est refroidi.

—Et puis, riposta Bontemps, il se fait tard. Le mieux est de nous séparer. Déjà les dames nous ont quittés, lassées sans doute de nos discussions politiques et sociales. Ainsi fit-on. La suite de la conversation fut remise à une autre occasion.

VI

UNE CHAINE ROMPUE

Le second du *Véloce* attendait son capitaine ; il eut avec celui-ci un entretien sérieux sur ce qui s'était passé depuis le départ du maître ; puis on alla se coucher, et tout rentra dans le silence jusqu'au branlebas du lendemain matin.

Pendant qu'on dort, causons un peu de cette demi-journée qui eut une importance si capitale sur la destinée des principaux personnages de notre connaissance. La belle Héloïse, en voyant le capitaine quitter le bord avec une certaine précipitation, sans lui proposer de l'accompagner, sans seulement la prévenir, comme c'était son devoir selon elle, fut prise d'un accès de fureur féminine de la plus belle venue.

« Les hommes sont tous les mêmes, se prit-elle à se dire à elle-même, oublieux et ingrats. Comme il était différent il y a trois mois ! Dans la communication qu'il a eue à l'ouest du cap avec un navire de l'Inde, il m'a fait presque violence pour m'emmener avec lui. Que les temps sont changés ! et que cette affection immortelle est morte promptement ! Soit. Monsieur le capitaine, allez voir vos amis, amusez-vous, poursuivez quelque Anglaise aux cheveux rouges et aux longues dents; moi, je vais me concentrer dans ma douleur, je vais me morfondre d'ennui ; c'est assez bon pour moi, l'isolement et l'abandon, n'est-ce pas? D'ailleurs, n'ai-je pas un mari ? Voilà qu'on nous permet des entretiens aussi intimes que nous les voulons. En vérité ! c'est bien heureux ! A moi de vous remercier de votre bienveillante sollicitude. Soit ! vous voulez rompre, eh bien, tout sera rompu. S'il survient quelque chose qui vous blesse, tant pis pour vous, vous l'aurez voulu. »

Comme elle finissait son triste monologue, son mari vint près d'elle, cherchant à entamer un de ces entretiens légers qui, partant des petites familiarités permises entre époux, vont, la bonne humeur aidant, jusqu'aux plus intimes rapprochements; mais la dame avait ses nerfs, elle reçut très-mal le galant, malgré le bien fondé de ses prétentions. Tout ce qu'elle voulut faire pour donner une espérance plus ou moins équivoque au pauvre mari... mal reçu, fut de lui promettre un baiser s'il voulait aller à terre et lui rapporter un ou deux canards tués de sa propre main. Le noble paladin accepta galamment l'épreuve en vue de la récompense. Qu'eût-il pu faire de mieux ? se quereller, avoir une scène de ménage, ou bien se morfondre sur le pont à fumer et maugréer ? Le voilà donc qui se fait jeter à la côte par une pirogue qui doit l'aller reprendre à l'heure du dîner, et il se met en chasse en vue de plaire à sa femme et aussi dans l'espoir d'avoir un rôti de gibier.

La dame savait fort bien ce qu'elle demandait, quand elle proposait à son mari de s'absenter. Le lieutenant était en corvée à faire de l'eau au fond d'ûne crique, où se jetait une petite rivière. Grâce à la longue-vue, elle savait que les pièces étaient déjà en chapelet. La corvée allait finir. En effet, après moins d'une demi-heure, le jeune soupirant rentra. A peine à bord, il rôda près de la chambre de la comtesse. Cette chambre s'ouvrit, la porte, poussée avec précaution, se referma avec mystère, et le silence le plus complet parut régner dans le carré du *Véloce*.

Tout était pour le mieux sur le meilleur des navires possibles. Le capitaine faisait sa cour à la jeune miss Bentt; le comte Jules de Clairefontaine tirait des canards, et la sensible Héloïse épanchait ses mélancoliques émotions au sein d'un véritable ami, d'un fidèle confident de vingt ans. Certes je n'aurais pas trouvé à redire d'un ïota dans un arrangement où chacun trouvait à peu près son compte.

Tout le monde ne partagea pas mes bienveillantes dispositions. Il y a des gens qui voient tout en noir ou en jaune; ils feraient battre des montagnes sous prétexte que ceci n'est pas bien, que cela serait mieux; enfin ils ont toujours des *si*, des *mais*, des *non* à opposer à tout. Cette fois, ce fut la morale que prit à partie le second, saisi tout à coup d'un redoublement de rigorisme. Il était inconvenant que, dans la même cabine, fussent enfermés une jolie femme et un charmant garçon ; comme si, de ce voisinage un peu intime, il eût pu résulter rien que de tout naturel ! Mais, je le répète, il y a des gens qui trouvent à redire à tout, que l'envie ronge et qui ne peuvent voir les autres avec quelques chances de bonheur sans crever de dépit. Tel avait toujours été le second et tel il fut encore ce jour-là. Il trouva bon de renvoyer un *boat* à terre et de ramener le mari, même avant qu'il eût tué le plus petit canard. Madame l'appelait immédiatement, lui avait-il fait dire. Il regardait cela comme un bon tour, monsieur le second, et il ne se doutait pas des conséquences possibles de sa coupable indiscrétion.

Voilà donc M. Jules de Clairefontaine qui revient enchanté de retrouver sa noble épouse, et frappe discrètement à sa porte pour se faire ouvrir. Mais, oh malheur ! la porte reste close, et Jules frappe et refrappe en vain. Décidément le pauvre comte n'était pas heureux dans ses tentatives de réunions conjugales. La mystérieuse retraite de sa femme ne s'ouvrait pas souvent devant lui. Croyant d'abord à une plaisanterie, il prit assez bien la chose, en rit même, autant qu'on peut rire quand on se croit berné. Mais bientôt le rouge lui monta à la face ; la colère sourde d'abord se fit jour avec une entière furie ; il secoua la cloison à tout rompre. Enfin, n'arrivant à rien et avisant une hache, il se mettait en position de faire voler la porte en éclats, quand elle s'ouvrit quasi spontanément. Il était temps, elle allait être brisée. Mais, oh honte ! derrière cette faible barrière qui venait de tomber, au lieu de celle qu'il cherchait, Jules aperçut le lieutenant dans une contenance assez piteuse.

— Que faites-vous ici? vociféra le mari, hors de lui.

— Vous le voyez, je vous ouvre la porte.

— Vous plaisantez, je crois. Eh bien! que faisiez-vous avant? où est ma femme?

— Je cherchais une voie d'eau pour l'étancher. Quant à madame la comtesse, je ne sais où elle est.

Au premier moment, le comte eut l'idée de lancer sa hache à travers le corps de celui qui l'outrageait et semblait encore le narguer. Il recula cependant devant un assassinat public qui pouvait le compromettre, s'arrêta et du ton le plus froid qu'il put prendre :

— Monsieur, dit-il, l'embarcation qui m'a amené nous attend. Nous allons immédiatement retourner à terre, et chacun de nous emportera son revolver, à moins que vous ne préfériez que je vous tue comme un chien, avec cette hache.

— Soit, monsieur, partons.

Et le lieutenant sortit. Sans chercher à voir si Héloïse était là morte ou vive, Jules prit son arme chargée et retourna au *boat* où son ennemi l'attendait. Demi-heure plus tard, les deux adversaires placés à trente pas de distance, en présence des matelots qui les avaient conduits, s'avançaient l'un contre l'autre, avec toute liberté de manœuvre. Six coups à tirer d'un et d'autre côté sans conditions. C'était un duel à mort. En vérité chacun d'eux voulait la vie de son ennemi.

Certes, Jules savait bien que sa femme lui avait joué

plus d'un mauvais tour. Il affectait de répéter que le mariage était une institution ridicule et que les époux ne se devaient aucune fidélité. Mais ici, l'insulte reçue était publique ou allait le devenir. Grâce au second, il serait la fable de l'équipage. Le capitaine lui rirait au nez, ajoutant à l'épithète de sot dont il l'avait gratifié celle de lâche qu'il ne voulait pas accepter. Donc par amour-propre surtout, par vanité et puis, il faut bien le dire aussi, par un sentiment instinctif, que ne s'expliquent pas les fanfarons de la liberté illimitée, dans le mariage, il ressentait une blessure profonde faite à son cœur, tout dépravé qu'il fût. Cette femme qui portait son nom, qui avait reçu ses caresses pendant dix ans, il la trouvait dans les bras d'un autre, et malgré ses opinions cyniques sur la légitimité de l'infidélité, malgré ses complaisances honteuses vis-à-vis des gens dont il attendait quelque chose, il était furieux, hors de lui, jaloux enfin comme un tigre dont on volerait la femelle.

Quant au lieutenant, il aimait Héloïse comme on aime à vingt ans, avec frénésie, avec délire, sans égards pour les droits de l'époux, pour les lois sociales, pour les simples convenances ; il voulait d'abord supprimer ce qui n'était pour lui qu'un obstacle, quitte ensuite à maudire sa mauvaise action, même à la pleurer.

Dans l'espace de quelques secondes, les deux combattants s'avancèrent l'un vers l'autre en courant. Une suite non interrompue de coups de feu retentit, et le lieutenant tomba. Le comte, qui s'avançait encore pour achever son œuvre, s'aperçut que son revolver était complétement déchargé. Il avait tiré six fois, et avait été touché légèrement. Le lieutenant, moins heureux, avait reçu deux blessures dont la dernière, assez grave, l'avait étendu sur le sol.

Voilà ce que le second avait raconté au capitaine à la rentrée de celui-ci à bord, et voilà pourquoi, en dînant tout seul à la table veuve de ses convives habituels, l'imprudent et curieux marin s'était demandé s'il n'avait pas commis une bien mauvaise action par son intervention indiscrète. Cependant quand il eut constaté que le blessé dormait et qu'il ne surviendrait probablement rien de bien grave, il se consola et fit son rapport avec tous les développements qu'on donne à un acte officiel. Le capitaine se contenta de répondre :

— C'est bien, ce sera une leçon pour notre jeune homme. Cela lui apprendra à aller sur les brisées de ses supérieurs. Puis on alla se coucher.

Le lendemain, après le thé, le capitaine pria Héloïse de passer dans sa chambre et lui tint à peu près ce langage :

« Madame, je ne suis pas votre mari, et n'ai par conséquent pas le droit de vous reprocher votre conduite. Cependant si j'avais cru pouvoir compter sur vos protestations : si j'avais ajouté foi à des promesses si spontanées et pourtant si tôt faussées, je pourrais peut-être vous demander un compte sévère. Depuis longtemps déjà, j'étais fixé sur votre légèreté. Pourtant j'avoue à ma honte que je vous aimais. Quand j'ai fait la folie de vous embarquer avec moi, j'aurais fait beaucoup plus, les yeux fermés, si vous me l'aviez demandé. J'étais aveuglé par une folle passion. Je vous aimais jusqu'à vous enlever à votre mari, qui à la rigueur y aurait peut-être prêté la main, jusqu'à vous enlever même pour toujours à la France qui, je le crois bien, vous réclame pour vous rendre la justice qui vous est due. Et cependant, je vous le répète, j'avais ma conviction faite à votre sujet et elle ne vous était pas très-favorable. Vous avez feint de partager une passion dont vous ne soupçonniez même pas l'étendue. Vous aviez besoin de fuir le théâtre de vos anciens exploits, vous vouliez vous dépayser. Je me suis trouvé là, vous avez profité de l'occasion et vous êtes venue aux antipodes, non pas par affection pour moi, mais tout simplement pour fuir la prison de Saint-Lazare. Fou que j'étais de me croire pour quelque chose dans votre détermination ! Je m'imaginais même parfois lire sur votre joli visage des sentiments correspondant à ceux que je ressentais pour vous. Je me suis trompé. Si j'avais pu conserver la moindre illusion, elle se serait évanouie après votre équipée d'hier. Notre chaîne est donc rompue, il faut nous séparer.

« Avant pourtant de vous adresser un dernier adieu, laissez-moi vous donner un conseil. Il sera court. C'est dans votre intérêt seulement que je vais vous parler. Vous êtes jolie, Héloïse, très-jolie même, je serais tenté de dire : trop jolie pour votre bonheur. Bien que vous approchiez de trente ans, vous en paraissez vingt à peine. Vous êtes la coquetterie incarnée. Sans grande prévision de l'avenir, vous vous persuadez sans doute que vous rencontrerez toujours un amoureux assez faible pour vous obéir aveuglément, et assez fort pour vous protéger contre la misère, contre la justice humaine, contre les fureurs de votre mari. Détrompez-vous. Un jour viendra et ce jour est proche, peut-être, où vous resterez seule en face de vos défauts, de vos besoins et de l'être abject qui vous ménage aujourd'hui, parce qu'il a besoin de vous, qui vous livre à ceux dont il attend quelque profit, mais qui ne vous en aime pas moins avec la passion furieuse dont il est susceptible. Plus tard il vous fera payer cher les fautes qu'il vous fait commettre aujourd'hui. Son duel barbare d'hier me donne la mesure de son énergie, comme sa conduite avec moi m'a donné celle de sa bassesse.

« Prenez garde à vous. Vous êtes mal accouplée. Si le crime n'est pas encore entre vous deux, il y viendra certainement et vous n'aurez pas alors un second capitaine à vos ordres pour vous emmener dans un monde nouveau. Voyez ce qui pouvait arriver à votre dernier amant. Le pauvre jeune homme est fou de vous, et son amour a failli lui coûter la vie. Si je le laissais aux prises avec votre mari, ce ne serait que partie remise. Celui-ci le tuerait en se battant face à face ou en l'assassinant. En tous cas il le tuerait. Comme, jusqu'à un certain point j'ai charge d'âme à l'égard du jeune homme, il faut que vous ne le revoyiez pas plus que moi. Je sais bien que, lui mort et après l'avoir pleuré modérément pendant une heure, vous prendriez facilement votre parti de sa disparition. Vous lui chercheriez un successeur, et tout serait bientôt dit. La constance n'est pas votre fait. Mais j'aime cet enfant, malgré le mauvais tour qu'il m'a joué. Je veux qu'il reste avec moi et devienne un bon marin, faisant honneur à son pays.

« Vous voyez, madame, que vous ne pouvez rester ici. Vous irez donc chercher fortune ailleurs. Justement le temps est beau aujourd'hui. Le calme est plat. Nous pourrons aller en pirogue jusqu'à la mission d'Arama. J'en connais les habitants. Nous serons bien reçus, parce que ce sont de braves gens, et que nous sommes leurs compatriotes. Quand des Français se rencontrent au bout du monde, ils deviennent, pour ainsi dire, amis en quelques heures, au risque de se fâcher bientôt après. Agissez donc en conséquence de cet avis. Tâchez de séduire ces sages, en tout bien, tout honneur, bien entendu. Ils vous offriront peut-être l'hospitalité.

« Une fois à terre, vous aurez l'avenir devant vous. Vous pourrez acheter des terres au chef du district. Vous trouverez des indigènes pour les cultiver en payant. On connaît déjà la valeur de l'argent, et je sais que vous en avez. Il vous en faudra peu pour devenir grands propriétaires. D'ailleurs votre mari peut travailler de ses mains. Vous-même, si la raison finit par vous venir, vous pourrez vous occuper dans votre intérieur, traire vos chèvres, élever des poulets, cultiver des fleurs. Vous n'aurez pas la vie orageuse de Paris, mais vous n'en aurez plus non plus les vices. Vous reviendrez aux occupations salutaires de la campagne, où votre première jeunesse s'est passée. Votre position première a été, si je ne me trompe, plus que modeste, et vous pourrez bien mieux qu'alors vous procurer des jouissances douces et tranquilles que l'argent donne partout. Seulement gardez-vous de vous-même. Combattez vos mauvais penchants; soyez une honnête femme si c'est possible et tâchez surtout que votre mari devienne un honnête homme.

« J'ai vu déjà en Océanie des ménages enlevés à des pays civilisés où ils avaient été des drôles de la pire espèce, devenir, grâce à l'éloignement des occasions, à l'isolement et à la nécessité, des gens presque vertueux. L'homme est comme les animaux et les plantes. Après qu'un séjour trop prolongé sur la même terre l'a fait dégénérer, il peut s'améliorer si on le transplante. Il lui suffit de payer le tribut à l'acclimatation. Une fois habituées au nouveau milieu dans lequel le sort les dépose, ces graines vieillies, gâtées même, donnent des plantes pleines de santé et de vigueur. C'est une loi de la nature. Laissez faire cette mère commune. Oubliez vos idées subversives de toute société, et vous pourrez trouver le bonheur; bonheur modeste mais sain. Il n'aura pas le scintillement des sphères démoralisées, mais il n'en aura pas les dangers. Pensez y donc. Réfléchissez mûrement. Causez-en avec votre mari. Après déjeuner nous partirons. Vos bagages iront vous retrouver dans quelques jours.

Héloïse n'essaya même pas de renouer une liaison qu'elle sentait définitivement morte. Elle quitta le capitaine avec une froideur qu'elle voulut vainement envelopper d'une fausse dignité. Tous ses fils étaient rompus, tous ses piéges éventés. Elle se résigna et sortit avec une grande sérénité apparente.

La conférence qu'elle devait avoir avec son mari lui pesait bien un peu. Comment entamer un sujet où il serait nécessairement question de l'aventure de la veille? La position était délicate, et si bonne comédienne qu'elle fût, la jeune femme ne savait trop que dire. Heureusement M. Jules de Clairefontaine était revenu à son calme habituel. Il fut jovial et galant, ne fit aucune allusion à l'affront dont il aurait eu droit de se plaindre, s'il avait mérité qu'on le respectât, et alla au-devant de toutes les explications qu'on voulut bien lui donner.

Le flair des femmes les trompe rarement. Héloïse avait deviné que le navire anglais renfermait un personnel qui devait lui être hostile. Elle avait entendu dire par les matelots du boat du capitaine, qu'il y avait des dames sur le bâtiment étranger. Elle avait deviné une rivale et surtout une rivale contre laquelle elle ne pouvait rien; en un mot, une future épouse pour celui qui la veille encore l'appelait sa chère amie. Elle fit donc un conte à son mari, et il se trouva que cette supposition était la vérité.

— M. Bontemps va se marier, à ce qu'il paraît, dit-elle d'un ton assez indifférent. Les deux capitaines s'étaient donné rendez-vous ici, depuis quelques années, pour régler cette union importante. Il y a là une grande blonde foncée qui va probablement devenir madame Bontemps. Nous serions, je crois, des trouble-fêtes de rester sur le *Véloce*, quand nous pouvons le quitter sans inconvénients. Si nous allions à Taïti où il y a un gouverneur, des officiers, une garnison, nous serions condamnés à nous cacher comme nous avons fait à Nouméa. En Amérique nous tomberions en plein pays civilisé. Les consuls, les officiers de marine, tous les représentants de l'autorité française sortiraient des pavés où nous poserions le pied. Pour ce qui est de rentrer en France avec le *Véloce*, ce serait se jeter dans le feu pour éviter l'incendie. Ne vaudrait-il pas mieux, pour notre tranquillité, pour notre sécurité surtout, nous installer à petit bruit, dans cette extrémité à peu près ignorée d'un pays qui en droit est français et en fait n'est habité que par de simples sauvages, dont nous n'aurons rien à craindre si nous savons leur en imposer. Les missionnaires sont, dit-on, tout-puissants dans ce district. Le jeune chef a été leur élève. Il parle français. Nous pourrions peut-être, en nous faisant amis des prêtres, nous faire admettre comme citoyens amateurs. Avec un joli petit boniment sur nos grandes familles, notre attachement à la religion de nos pères, notre dévouement au roi légitime, nous ferions un peu l'effet de rois déposant le sceptre pour la houlette. Si nous savions surtout persuader aux missionnaires qu'il y a de l'argent à gagner avec nous, et au chef que nous pouvons lui procurer la protection spéciale et particulière du roi Henri quand il sera remonté sur le trône de ses ancêtres, nous prendrions de suite dans la tribu une position inattaquable. Vois, mon ami, le parti que tu peux tirer de l'avis que je te donne et agissons avec ensemble et suite dans les idées.

— Tu es un ange, ma chère petite Hélo, exclama le gentilhomme de récente formation; si un bon conseil peut venir de quelque part c'est certainement de ta bouche. Grâce à tes révélations lumineuses, je vois clair dans notre position critique. Le brutal de capitaine a bien voulu nous amener jusqu'ici, parce que nous charmions les ennuis d'une longue traversée, par le brillant de notre conversation, par les saillies de notre esprit, nos bonnes habitudes de la haute société. Désormais il a de nouvelles distractions à se procurer. Il veut se débarrasser de nous; pour un peu, si nous ne débarquons pas de bonne grâce, il est capable de nous faire sortir comme nous sommes entrés, par-dessus bord.

« Une poussée est bientôt donnée du haut du couronnement; dans un moment de demi-sommeil, par une belle nuit d'été, le passager fait un plongeon dans les vastes plaines de la mer; il a eu un étourdissement, il est tombé à l'eau pendant qu'il regardait l'heure à sa montre, on a entendu sa chute qu'il était loin déjà. La bouée de sauvetage a été jetée en vain, toutes les recherches ont été inutiles; il s'est noyé, tout est dit; le malheur est consigné sur le journal, le portefeuille du mort est inventorié, les billets de banque passent dans la poche du capitaine et le tour est joué. Avec de pareilles finesses on fait de bons voyages, un beau jour même on cesse de naviguer. On achète un château; on devient maire de son village, marguillier et que sais-je encore! Ah! le gueux de capitaine! comme il voudrait bien se défaire de nous et garder notre argent!

« C'est là le monde, ma chère amie ! Quel siècle! quel siècle! Si j'étais seulement un tant soit peu marin, comme je lui jouerais volontiers le tour qu'il veut nous jouer, le scélérat! Nous verrions bien après comment il se débrouillerait dans la gueule des requins.

« Mais au fait, j'aime mieux débarquer, et cela pas plus tard qu'aujourd'hui. Voilà qui est décidé, nous allons à la mission; je donne des cigares aux curés, je leur vante ma généalogie, je sers la messe s'il le faut. Toi, tu vas à confesse, tu parles de tes œuvres de charité, tu fais dire des neuvaines. Nous sommes des modèles de dévotion; nous édifions le district. Le chef nous donne des terres, grâce aux missionnaires dont nous graissons la..... main. Enfin nous restons propriétaires châtelains à Arama, département de la Nouvelle-Calédonie, France, *extra muros*.

VII

NEUF ANS PLUS TOT

Le district d'Arama termine au nord la grande terre de la Nouvelle-Calédonie. Limité au sud par l'extrémité des montagnes centrales formant l'arête de l'île, au nord-ouest par le détroit qui le sépare de Paoba, une des îles Nenema habitées par une tribu belliqueuse, au nord par le détroit de Devarenne qui le sépare de Balabea, au nord-est par le golfe où se jette le Diahot, et à l'est par la tribu de Tiari, ce district, sans présenter une grande surface, a nourri, dit-on, jusqu'à trois mille habitants. Malgré la grande étendue de leurs côtes, malgré l'attrait de la mer intérieure et le voisinage des îles, les Aramiens ne sont pas plus navigateurs que tous les autres Calédoniens. Ils aiment à vivre de longues heures dans l'eau, ils traversent de larges espaces à la nage, mais il naviguent sur les canots dont j'ai déjà parlé et qui sont d'une construction pitoyable.

Les terres qui bordent la mer sont fertiles, seulement

la bande en est étroite et la montagne plonge souvent son pied dans l'eau. Les habitations sont disséminées par groupes de trois ou quatre sur de petits plateaux provenant d'alluvions, dans des gorges et des vallées au fond desquelles coulent des ruisseaux.

En face de la mission elle-même, une rivière large de vingt mètres environ a son entrée fermée par une barre qui est complétement à sec à mer basse. Est-ce un bras du Diahot, ou le Diahot tout entier qui se perdrait ainsi en partie dans le sable? Je ne sais, mais je penche pour la première hypothèse.

Avant de conduire nos personnages dans une contrée où des événements d'une certaine importance les attendent, je désire édifier le lecteur sur le pays et ses habitants, en empruntant à un livre publié il y a quelques années des renseignements positifs puisés à la source même. J'extrais donc les lignes suivantes du récit de la visite faite en août 1863 à la mission d'Arama par l'auteur du journal d'un baleinier :

« Chercher l'embouchure de la petite rivière d'Arama et remonter son cours jusqu'au jardin de la mission : telle était notre instruction. Une troupe de naturels qui nous attendaient sur la grève nous apprirent que nous touchions notre but. Curieux de nous voir et désireux de nous être agréables, ils se jetèrent tous à l'eau et s'élancèrent bravement à la rencontre des pirogues qu'ils portèrent pour leur faire franchir la barre. Nous laissant alors un peu plus libres de nos mouvements, ils ne nous en escortèrent pas moins, halant sur la bosse, poussant sur les avirons, s'accrochant aux lisses et nous offrant leur dos, pour que nous pussions descendre sans nous mouiller les pieds...

« Une fois à terre, nous suivîmes, sous bois, un petit sentier qui conduisait vers un hangar couvert d'herbes sèches, où bourdonnaient de nombreuses voix. Une vingtaine d'hommes quittèrent le travail auquel ils étaient occupés pour nous voir arriver. Deux se distinguaient surtout dans ce groupe. Le premier chaussé de pantoufles éculées, à demi vêtu d'un pantalon trop court et d'une chemise bleue à raies qui témoignait d'un service honorable mais trop prolongé, et enfin coiffé d'un chapeau à larges bords, marqueté de taches de chaux, nous parut appartenir à la race blanche, malgré la teinte foncée qu'il devait au climat. Sa barbe longue, sa figure bienveillante mais commune, ses cheveux ébouriffés, sa large bouche armée d'une pipe en terre, tout annonçait un homme de condition modeste; mais il nous eût été impossible de deviner son âge, sa profession, ni sa position sociale sans la circonstance suivante... Pendant que nous lui adressions quelques compliments, un gamin accourait, une soutane sur son bras. Le missionnaire l'endossa immédiatement, remplaça les boutons absents par des épingles, et, se redressant sous son costume officiel, reprit l'aplomb et la sérénité qui lui avaient d'abord fait défaut.

« Derrière le représentant modeste de la France se tenait un beau Calédonien à la figure noire et luisante, aux yeux grands, intelligents et hardis, au nez aplati sans être épaté, à la bouche large, mais ornée de dents blanches, aux cheveux noirs et frisés sans être crépus, aux jambes charnues, bien modelées, qu'il semblait montrer avec une certaine fierté. Sa taille dépassait de beaucoup celle de tout son entourage. Ses pieds nus étaient petits et cambrés; ses mains aux doigts effilés étaient d'une propreté recherchée. Une pipe de terre neuve, tenue entre les doigts comme nous tenons nos cigares, n'effleurait ses lèvres que de temps en temps pour l'aspiration de la fumée qu'il lançait en spirales élégantes au-dessus de sa tête, tout enfin décelait un sauvage aristocratique, un grand seigneur primitif... et je ne fus pas étonné quand le missionnaire nous le présenta comme le régent du district d'Arama.

« Hâtons-nous maintenant de suivre notre hôte qui nous presse de monter à son habitation dont il veut nous faire les honneurs.

« En suivant pendant deux minutes un sentier tracé au milieu des broussailles, nous arrivons à un petit plateau qui domine les terrains environnants, et d'où la vue s'étend sur la mer intérieure et sur la jolie petite île de Balabea. C'est vers la limite sud de ce plateau que s'élève l'habitation du missionnaire.

« Ce qui attire d'abord les regards, ce n'est pas la maison, mais bien un magnifique figuier à caoutchouc. Ce respectable représentant du règne végétal ombrage une surface de quinze à vingt mètres de rayon. Ses feuilles petites, mais pressées, interceptent complètement les rayons du soleil. Elles tombent deux fois l'an, mais elles repoussent assez vite pour que l'ombre ne manque jamais. Cet arbre présente la même disposition que le pandanus. Il a son collet à 8 ou 10 pieds au-dessus du sol, et pénètre dans la terre par de grosses racines disposées de manière à laisser au milieu d'elles un vide assez considérable pour loger un Calédonien et sa famille...

La maison n'était qu'une petite portion de ce qu'elle devait être, de ce qu'elle sera bientôt sans doute. Elle se composait d'une aile présentant son pignon sur la place et contenant deux pièces, un atelier et une chambre à coucher. En face de cette partie à peu près terminée, l'aile parallèle et symétrique s'élevait déjà d'un mètre au-dessus du sol. Là devaient être la salle à manger, la cuisine et le four. Enfin, ce petit palais devait être complété par un bâtiment principal faisant face au figuier, et où devaient se trouver la salle de réception et la chambre d'amis. Une cour intérieure se trouvera fermée de trois côtés et s'ouvrira par derrière sur un énorme jardin...

« Le terrain de la mission comprend une étendue d'une centaine d'hectares. Il est limité au sud-est par les terres du village, et dans le reste de son périmètre par la mer, une lagune et une haute montagne qui l'abrite des vents du sud. On a déjà commencé à creuser dans la lagune un canal qui permettra aux embarcations de venir à deux pas de la maison... La rivière par où nous étions arrivés traverse la propriété du sud-est au nord-ouest, et en augmente la fertilité. Une longue allée un peu sinueuse part de la limite sud-est, vient gagner le plateau où s'élève la maison, et suivant une petite crête qui sépare la lagune d'une belle plaine déjà couverte de plantes comestibles, s'avance en se contournant gracieusement vers le nord, et se prolonge à travers une végation luxuriante, jusqu'au promontoire où s'élève la croix que nous avions vue en arrivant...

« Derrière la maison, un grand jardin entouré de haies en bois sec renfermait des spécimens de quelques-unes des nombreuses cultures qui peuvent réussir dans le pays. Un carré de cotonniers présentait de nombreuses gousses du précieux textile (virginien longues soies)... Des ignames, des bananiers, des cocotiers végétaient à côté des laitues, des choux et des haricots. Les légumes et les fruits de tous les climats semblaient s'être donné rendez-vous sur ce coin de terre naguère encore vierge du travail de l'homme. Un ruisseau provenant d'une prise d'eau faite à la rivière arrosait le jardin, fournissait à plusieurs réservoirs et alimentait un bassin placé tout près de la maison, et que le missionnaire appelait sa pièce d'eau. A l'extrémité du jardin logeaient les animaux. Un parc solidement construit renfermait une cinquantaine de porcs à l'engrais. Une grande loge couverte d'herbes sèches abritait des chèvres, des vaches et un taureau...

« Le P. G. m'avait rejoint. Nous allâmes ensemble visiter son église. L'édifice est plus que modeste ; il est misérable. On ne peut expliquer cette négligence qu'en réfléchissant aux difficultés de construction... Qu'on se figure une grange percée à jour, dont la charpente est en bois mal assemblé, la toiture en branchages recouverts de chaume, les murs en treillages, recrépis par places d'un peu de mortier; le tout de 20 à 25 mètres de long sur 10 de large. La porte en planches disjointes s'ouvre dans le pignon sur une petite place. L'autel, adossé au pignon opposé, se compose d'une table, au-dessus de laquelle un coffre de bois peint remplace les tabernacles dorés de nos cathédrales; des tableaux de lecture élémentaire témoignent de la double destination du monument. C'est alternativement une église et une école.

« Notre établissement d'Arama est beau, dit le père G., et si Dieu bénit mes travaux, il le deviendra encore davantage. Avant de vous parler de notre installation, quelques mots des habitants et de leurs mœurs. Le district entier se compose d'un millier de personnes, hommes, femmes ou enfants. L'autorité est aux mains d'un chef héréditaire de mâle en mâle, d'un sous-chef ou régent, commandant militaire, héréditaire aussi, et d'un conseil de nobles ou anciens, analogue à nos conseils municipaux. Pendant la minorité du chef, le régent cumule les fonctions de chef civil et militaire, et je ne sache pas qu'il y ait eu jamais d'exemple d'usurpation. Seulement si le chef meurt sans enfant mâle, la chéferie revient au régent et la position de celui-ci est donnée au plus puissant des membres du conseil des nobles.

« Vous voyez qu'il existe une hiérarchie bien marquée, une organisation bien complète dans ce pays, si sauvage qu'il soit. Un chef ou roi, un régent ou général, des nobles et le peuple. Toutes les tribus de l'île ont une organisation analogue. Les terres appartiennent au district et sont divisées en un certain nombre de lots, s'appliquant à chacun des membres de la communauté. Lorsqu'il naît un enfant on lui attribue une part en rapport avec sa position sociale. Lorsqu'un homme meurt, sa part retourne à la communauté. Les cases et les armes seules appartiennent aux familles des morts.

« Avant l'introduction du christianisme, les Néo-Calédoniens n'avaient, à proprement parler, pas de culte établi. Ils admettaient l'existence d'un Dieu suprême, mais c'est surtout aux génies bons ou mauvais qu'ils adressaient leurs prières... Sans se rendre bien compte de l'immortalité de l'âme, ils croyaient à sa persistance après la mort, ou plutôt à sa transformation en une ombre. Selon eux, les ombres ou mânes avaient l'apparence des corps, elles habitaient les grottes de l'île Balabea, et revenaient visiter les lieux où leur vie s'était passée, causaient avec les vivants pendant les nuits d'orage, prédisaient l'avenir et inspiraient un respect profond mêlé d'une crainte excessive.

« Le mariage ne paraît consacré par aucune cérémonie religieuse. Mais il n'en est pas moins une union très-sérieuse. Le peuple est monogame, les chefs ont plusieurs épouses. Le mari tient sa femme presque dans l'esclavage. Il exige avec la plus grande rigueur, l'obéissance et la fidélité. Il punit l'insubordination par de mauvais traitements, l'adultère par la répudiation. La violence de sa jalousie le pousse même quelquefois jusqu'au meurtre. La femme répudiée rentre dans sa famille et on peut dire que, malgré les exigences et la méchanceté de l'homme, la femme respecte en général la sainteté de l'hymen. Par amour ou par crainte elle est fidèle. Sa conduite tient sans doute à ce qu'elle se considère comme la propriété d'autrui dont elle ne peut disposer sans autorisation spéciale. Aussi, jeune fille, veuve ou répudiée, elle use et abuse de sa liberté jusqu'à l'extrême licence. La virginité est une dot qu'une fiancée n'apporte jamais à son mari et celui-ci ne s'en préoccupe nullement. Il ne fait pas remonter son droit de possession exclusive au temps où il n'était pas connu.

« Les enfants suivent toujours la mère, en dehors du mariage, après répudiation, et dans le veuvage.

« Il y a cinq ans environ, deux de nos missionnaires vinrent, sur l'ordre de notre supérieur, proposer au chef d'Arama l'établissement d'une mission dans le district. En outre de la prédication de l'évangile, ils s'engageaient à instruire les enfants, à leur montrer à lire et à écrire dans leur langage maternel, à donner aux adultes une instruction professionnelle, agricole et industrielle, etc. Le chef accepta notre proposition et, pour rendre notre établissement durable, il nous concéda à perpétuité le terrain que nous occupons et la petite île de Pam, située à deux milles d'ici. Cette île n'était pas habitée et ne donnait aucun produit. J'y ai maintenant un troupeau de porcs, un de chèvres et un de vaches.

« Quant au plateau où nous sommes, c'est l'emplacement d'un ancien village, détruit pendant une des guerres que se faisaient continuellement les indigènes. La terre en fut maudite et resta inculte...

« Voici quelles sont les conventions faites entre le chef, assisté de son conseil, et moi. Je fais l'éducation religieuse de toute la population qui reste, bien entendu, libre de recevoir ou de refuser mes instructions. Tous les dimanches, je dis la messe où se rendent les catholiques au nombre de cinquante environ ; dans le milieu du jour, je fais une instruction à l'usage des catéchumènes, et enfin dans la soirée une nouvelle instruction réunit tous les habitants de bonne volonté...

« Les autres jours de la semaine, je fais l'école aux enfants des deux sexes séparément. Chaque sexe a environ deux heures de classes par jour, je leur apprends à lire leur langue maternelle. Quant à l'écriture, nous n'allons pas loin, le papier est rare ; il faut le ménager.

« J'assiste les malades qui veulent mes conseils, je prie pour les morts. Dans le fait, nous n'avons guère de conversion que *in articulo mortis*, et nos seuls catéchumènes sont nos écoliers, qui, leur instruction terminée, nous échappent bien souvent. Pour attirer des âmes à Dieu et les y retenir, j'ai eu l'idée de profiter d'une coutume païenne qu'il serait difficile de détruire et que nous avons conservée en la rendant profitable...

« A la mort d'un des membres et surtout du chef de chaque famille, une coutume immémoriale a établi comme cérémonie religieuse le repas des funérailles. Les naturels attachent une telle importance à ce témoignage de deuil que ceux qui sont contraints d'y renoncer sont voués au déshonneur. C'est, en outre, pour eux une très-grande privation, car, il faut bien le reconnaître, ces repas, qui commencent avec une apparence sérieuse, se terminent toujours par des désordres. On y danse, on y chante, on y commet des actes honteux, ce sont des orgies. Malgré tout, cette coutume est si chère aux indigènes que nous ne pouvons pas la proscrire formellement. Nous fermons donc les yeux, nous la tolérons. Mais il a été décidé par le chef, que je devais être appelé au chevet de tout moribond, pour que le repas des funérailles fût autorisé. Cette obligation met les parents en éveil, on me prévient presque toujours. Si j'arrive trop tard, je tiens compte de la bonne volonté. Si j'arrive à temps, je baptise le mourant et Dieu fait le reste...

« Parmi mes écoliers j'en choisis sept ou huit entre lesquels je partage les soins de mon ménage : l'un est chargé de ma cuisine, l'autre lave la vaisselle; celui-là fait mon lit, un autre mon pain, un dernier trait les vaches et les chèvres. Ce sont des emplois de confiance; je les donne et les reprends selon que j'ai à m'applaudir ou à me plaindre de mes élèves. Je fais passer successivement ceux-ci dans tous les postes afin de les former à tous les travaux domestiques, enfin je les civilise, je leur donne des enseignements pratiques et tire naturellement un petit profit des tracas dont m'accablent ces bambins...

« Les travaux de la terre sont faits par le peuple au profit de tout le district. Chacun cultive son champ; mais, il faut le reconnaître, c'est la petite partie de la besogne. Il y a aussi à cultiver les champs des malades, des orphelins, des vieillards et surtout des chefs. En qualité de chef, d'instituteur et de prêtre, je reçois toute l'année le travail de quatre hommes, c'est une espèce de corvée.

« Nous sommes aujourd'hui dans un temps de régence effective. Le chef qui a favorisé notre établissement est mort depuis quelques années, il est mort chrétien et assisté de tous les secours de l'église. Son fils, âgé de treize ans, est au nombre de mes élèves de prédilection, c'est lui qui pourvoit cette semaine ma table de pain frais. Vous avez pu le voir au moment où nous prenions notre café, il est venu préparer son levain.

« — C'est là une éducation modeste, monsieur l'abbé, et l'enfant ne s'apercevra pas beaucoup, à ce compte, qu'il est né sur les marches d'un trône.

« — Sans doute je l'élève modestement, mais n'ayez nulle inquiétude sur son avenir, les idées de domination lui viendront assez vite. A sa majorité aura lieu l'inauguration de son règne. A cette fête seront conviés non-seulement tous les habitants du district, mais tous les nobles des districts amis. On se prépare longtemps à l'avance à ces solennités qu'on nomme Pilu-Pilu. On plante des ignames pour avoir une double récolte, on envoie et on reçoit de nombreux cadeaux, parmi lesquels figurent les perles, qui font partie du trésor de la couronne, ou mieux du trésor communal. Tous les invités arrivent dès la veille au lieu de la fête; ils y trouvent des coquillages, des ignames et des lits de verdure. Les fêtes commencent le lendemain avec le jour pour ne finir qu'avec lui. Les danses, les chants alternent avec les luttes et autres exercices militaires. La zagaie, la fronde, le tomawack donnent lieu à des jeux variés et souvent, hélas! à des rixes déplorables, à des combats sanglants. Ces dans ces occasions qu'on se livrait naguère encore au cannibalisme. Maintenant les choses ne vont pas jusque-là, mais il n'y en a pas moins des blessures graves, des morts mêmes. C'est au milieu de ces fêtes turbulentes que le nouveau chef est acclamé. On entoure le lieu qu'il occupe de guirlandes de fleurs et de corail rouge. On le couronne de perles et ses sujets lui jurent obéissance; les voisins lui promettent amitié et assistance. Vous voyez qu'on ne saurait trop lui prêcher la modestie! l'orgueil lui poussera toujours assez vite au cœur.

« Le jeune chef, élève du Père G. et que celui-ci habituait si bien aux travaux domestiques, en attendant qu'il prît les rênes du gouvernement, était bien loin de présenter un beau modèle de la race noble. Petit et grêle, il avait les jambes arquées, les pieds et les mains de race commune, la figure sans distinction, bref, son ensemble était disgracieux et trivial. Des cicatrices rondes et saillantes que j'avais vues sur sa poitrine m'avaient d'abord donné une triste idée de la pureté de son sang. Je fus rassuré en apprenant que c'était le résultat de brûlures pratiquées à l'occasion de la mort de son père. Tous les sauvages s'impriment sur le corps des tatouages indestructibles, à l'occasion des événements malheureux. Aussi arrive-t-il que leur peau témoigne d'un deuil qui est déjà bien loin de leur cœur.

VIII

ARAMA EN 1871

Quelques jours se sont écoulés depuis que le capitaine Bontemps a donné congé à sa trop sensible passagère, et nous retrouvons nos voyageurs installés à la mission, où ils prennent des poses de citadins pur sang en villégiature. Le monsieur parle d'agriculture en maître; il propose des engrais artificiels pour la culture des terres; il connaît la taille des arbres, le pinçage, la greffe, comme s'il avait suivi les cours de tous les arboriculteurs de Paris. Bref, il veut prendre l'air d'un propriétaire terrien et il y réussit en partie. Madame suit une autre méthode. Elle s'étonne et s'émerveille de tout. Les choux et les carottes qui poussent dans le jardin la plongent en extase. Elle fait des questions d'une telle naïveté qu'on croirait qu'elle n'a jamais vu traire une vache ni brouter une chèvre. Les porcs à l'engrais lui inspirent un tendre intérêt, elle demande pour eux de la paille fraîche et des auges propres, comme si elle s'apitoyait sur leur sort, comme si elle n'en avait pas vu en France se vautrer dans la fange, tout comme ceux de la Nouvelle-Calédonie! Avec une application constante, avec une tension d'esprit suffisante, Jules et Héloïse ne jouent en définitive pas trop mal au comte et à la comtesse. Tout va donc selon leurs désirs.

Au moment même où nous parlons, se tient un conseil entre des personnes que nous allons indiquer en quelques mots. Le sujet en discussion est de la plus haute importance, et nos voyageurs y sont trop intéressés pour que nous ne présentions pas au lecteur les nouveaux acteurs qui vont entrer en scène.

Le capitaine avait retrouvé son ancienne connaissance, le Père G., tout aussi bienveillant qu'à son précédent voyage. Seulement le respectable personnage avait sensiblement amélioré sa position. Il était mieux pourvu au dedans et au dehors, pour lui-même et pour ce qui l'entourait; enfin il était tout autrement vêtu, logé et nourri que huit ans plus tôt.

Sa maison était achevée depuis longtemps. L'ameublement, sans être luxueux, était confortable et brillait d'une grande propreté. Le parloir avait des rideaux aux fenêtres. Une table et des chaises en dissimulaient la nudité, et un enduit à la chaux bien blanc, encadré dans des bandes noires obtenues avec du charbon pilé, donnait à la pièce un air sévère qui ne lui messeyait pas. Un grand crucifix témoignait de la foi et surtout de la condition sociale de ses habitants. Le jardin était plus grand et mieux entretenu que naguère. Les orangers portaient des fleurs et des fruits. Les allées étaient larges, bordées de gazon et sablées. Le bassin de la cour intérieure avait toujours la même eau claire, fraîche et limpide qu'autrefois, mais on l'avait de plus encadré dans une bordure de plantes vertes, orchidés, iris et autres, qui balançaient doucement en l'air leurs tiges garnies de fleurs blanches, bleues ou roses. Quelques arbres lui prêtaient déjà même leur ombrage et augmentaient la fraîcheur de l'eau, tout en troublant de temps en temps le cristal de sa surface par la chute de quelques feuilles sèches. Les parcs des animaux étaient mieux tenus et plus nombreux que jamais. En somme, l'habitation respirait l'aisance; tout son ensemble annonçait une pleine prospérité.

Si nous entrons au parloir, nous retrouvons tout d'abord notre ami le Père G... Mais comme il est changé! C'est désormais un personnage tout à fait grave et sérieux, même un peu compassé. Il ne se vante plus de sa propre pauvreté, quand il glorifie cette vertu évangélique. Il est vrai de reconnaître que toute trace de pauvreté a disparu de sa personne. Sa soutane est brillante et lustrée. Son menton est frais rasé tous les jours et il ne promène plus sa sordide pipe toute la journée à sa bouche. On ne fume même plus dans la mission que le soir et encore sous la varanda. Tout a pris un assez grand air de dignité, froide c'est vrai, mais inspirant le respect aux plus indifférents et tout à fait en rapport avec la destination de l'établissement.

Le personnel, en se modifiant, s'était aussi augmenté.

Le Père G... est secondé depuis quelques années dans son dur apostolat. Le nombre des catholiques s'est augmenté, sans doute, puisqu'il a à ses côtés un frère de 25 ou 26 ans appelé à le seconder, à le suppléer, au besoin même à le remplacer dans son œuvre de civilisation chrétienne. Ce jeune prêtre est grand et mince. Il paraît modeste; je dirais presque, si j'osais : il affecte la modestie. Ainsi, il tient toujours les yeux baissés, sans pour cela oublier de regarder tout ce qui peut l'intéresser. Parlant doucement et d'un ton onctueux, il n'en prononce pourtant pas moins des paroles sévères, alors que la conversation paraît prendre un tour un peu trop léger.

Les deux missionnaires, comme on le voit, ne se ressemblent pas. Cela n'en vaut peut-être que mieux, ils se complètent pour ainsi dire l'un par l'autre. Leurs qualités différentes s'ajoutent sans se combattre, et la mission, avec pareil personnel, est appelée à faire de grandes choses, si de fâcheuses influences ne viennent pas contre-carrer sa volonté de bien faire ou paralyser ses efforts. L'ancien en âge et en fonctions conserve sa bonhomie passée dans sa dignité actuelle de supérieur. Le plus jeune, malgré son humilité plus apparente que réelle, reste plus partisan de la règle et s'applique à l'imposer partout. Ces deux hommes de Dieu semblent, du reste, fortement préoccupés de la question sérieuse qui se traite devant eux, avec leur concours et leurs conseils. Voici ce dont il s'agit :

Le capitaine avait conduit madame la comtesse et son mari à la mission, comme deux passagers qui faisaient autour du monde un voyage d'agrément et d'instruction. Ils venaient visiter le district d'Arama après avoir parcouru déjà un certain nombre de points de la Nouvelle-Calédonie. Sans qu'on pût rien affirmer de bien positif à leur égard, on les savait bien pourvus d'argent et on avait eu soin de le dire. De leur position sociale il n'avait pas été question, sinon qu'ils disaient appartenir à une famille noble et haut placée. En définitive la chose était possible. Pourquoi même ne serait-elle pas? Le capitaine, comme on voit, voulait se débarrasser à tout prix, et sans mentir trop ouvertement il manœuvrait peu franchement pour arriver à ses fins. Les impies appelleraient sa conduite jésuitique.

Présentés par un ami, les voyageurs avaient été accueillis comme des amis eux-mêmes. Ils se présentaient, du reste, sous d'excellents auspiees. Ils avaient l'air de ne manquer de rien; c'était une grande raison pour qu'on leur fît des offres de toutes sortes. Pour commencer, ils furent invités à vivre à la mission pendant tout le temps de la relâche. Comment des personnes de cette condition, de cette délicatesse dans leurs habitudes, pourraient-elles camper en plein air, sous une voile tendue sur des espars ou sous une pirogue renversée? Ce sont là des campements à l'usage des marins ou des voyageurs rompus aux misères de la vie. Mais une jeune femme aux membres délicats, à la peau fine et transparente, aux apparences si séduisantes et si frêles, comment la loger ailleurs que dans la meilleure chambre de la mission, la coucher dans un autre lit que le plus complet, le plus moelleux, le mieux garni de moustiquaire? Pour un peu, le révérend père G... eût donné son propre lit, sa vaste chambre, son oratoire, tout ce qu'il n'offrait plus jamais à personne depuis que son intérieur était si bien réglé, tant l'occasion lui paraissait exceptionnelle et pressante. D'ailleurs, deux ou trois nuits sont bientôt passées; il ne s'agissait que de se gêner un peu pour un moment. Est-ce que, après avoir visité la langue de terre tout étroite qui constitue le district d'Arama, la belle comtesse n'a pas dit qu'elle retournerait bien vite à bord du *Véloce*? Elle y a les mille futilités qui sont les indispensables accompagnements de la vie d'une jeune Parisienne et surtout d'une femme de sa condition. Elle n'est, du reste, qu'à la moitié de son voyage. Elle a l'intention de passer une revue générale de toutes les républiques de l'Amérique du Sud.

De grands sujets d'étude l'attirent dans ces pays où les révolutions se succèdent à de si courts intervalles, qu'on se demande si le désordre n'est pas leur état normal. Elle veut constater de ses propres yeux la beauté des femmes créoles et la dégénérescence des filles des incas ou des astèques ; elle tient à comparer la finesse des pieds des deux races pour savoir quelle chaussure convient le mieux au pied, de la bottine au talon haut ou du mocassin indien.

C'est à une série de travaux de ce genre qu'elle compte employer son temps. Il y a tant à faire partout pour l'observateur dans l'examen de la meilleure forme de corset, de la crinoline la plus avantageuse, de la meilleure et de la plus commode des chevelures, de celle qui pousse lentement ou bien de celle qu'on plante sur la tête dans toute sa longueur! M. le comte, en vrai chevalier français, était aux ordres de sa femme; il proclamait tout haut que, s'il avait, pour suivre son épouse adorée, parcouru la moitié de la circonférence du globe, il se sentait de force à faire l'autre moitié d'une seule traite, si la comtesse le désirait. Il aimait tant à lui plaire! Pourtant il ne dissimulait pas, le cher comte, qu'il était fatigué, et qu'après trois mois et demi de mer, il ne dédaignerait pas un repos de quelques semaines, à terre, dans une chaumière, avec de l'eau claire et un peu de vin pour boisson, de simples fruits et quelques ailes de volaille pour toute nourriture. Du reste, c'était un homme énergique, tout mince et pâle qu'il était. Il se sentait capable de supporter toutes les fatigues, de s'abreuver de toutes les privations que les caprices de la comtesse voudraient lui imposer.

A voir ces deux êtres affectant les belles manières et singeant en vérité les gens du monde assez bien pour en imposer au naïf père G..., on n'aurait certainement pas pu s'imaginer qu'avec leur délicatesse pseudo-native ils avaient passé bien des nuits à la belle étoile, soit dans leur jeunesse, quand l'un n'était que le gars au vieux Lecomte, le maraudeur poursuivi constamment par le garde champêtre, le voleur présumé dont les gendarmes avaient le signalement en portefeuille, ou bien quand l'autre, petite gueuse dépenaillée, traînait son existence maladive le long des routes, où elle était, pour les voyageurs, une assez mauvaise rencontre, soit à l'époque tourmentée du siége de Paris, où toutes ces vermines sociales, profitant du désordre et de la détresse de la patrie, se remuaient pour envahir les sommités, mais n'en étaient pas moins condamnées, par la force des circonstances, à passer partie de leur vie dans la rue, de nuit comme de jour. La transformation superficielle avait été si complète, que, pour reconnaître derrière le voile de point d'Angleterre, sous les airs dignes et un peu affectés de la jeune femme comme à travers l'aplomb impertinent du gentilhomme un peu négligé, mais toujours grand seigneur, la petite Laïs de grands chemins ou le jeune pillard de fruits verts, il eût fallu plus de perspicacité qu'on en peut supposer chez deux hommes simples et habitués aux positions franches et nettes.

Cependant, j'ai besoin de faire une réserve. Le jeune missionnaire, appartenant à la classe bourgeoise et étant un peu soupçonneux, ne retrouvait rien dans les allures du ménage voyageur qui lui rappelât la douce harmonie, la tranquille honorabilité qu'il avait vues régner dans sa famille et dans celles de tous ses amis. Ce jeune noble qui courait le monde sans savoir pourquoi; cette jeune femme qui se promenait à cinq mille lieues de son boudoir pour des prétextes futiles et inadmissibles, tout cela lui paraissait étrange. Il voyait un mystère qu'il aurait bien voulu pénétrer, un problème qu'il désirait bien résoudre. Il est bien vrai que de temps en temps, perdant le fil de ses investigations, il se disait à part lui, et comme pour se consoler de ses échecs :

— Après tout, cela ne me regarde que très-indirectement; je ne suis pas le supérieur. Si le père G... veut leur offrir la chambre de réserve pour deux ou trois jours, que puis-je dire à cela? Si, malgré leur affectation à faire sonner leurs titres, ils ont quelque chose de heurté, d'étrange dans leur allure, que je ne puis comprendre, pourquoi me creuser la tête pour expliquer pareille anomalie? Je m'y perds, je ne comprends rien à tout cela; mieux vaut admettre pour vrai ce qu'on nous dit que de taxer tout le monde de mensonge. Ce sont sans doute des originaux, des nobles de mauvaise société, dont les familles se débarrassent en leur payant une forte pension, à la condition qu'ils seront toujours en voyage; sans compter qu'il pourrait bien y avoir là une mésalliance, sans qu'on puisse dire pourtant lequel des deux s'est mésallié. On dirait que tous deux ils ont grimpé subrepticement l'échelle sociale et qu'ils s'y cramponnent avec la rage de parvenus. Enfin ce sont peut-être tout de même de vrais grands seigneurs aux caprices fantasques, aux boutades extravagantes. Il y a tant d'originaux dans le monde! Cette folie de voyages m'étonnerait moins pourtant chez des Anglais, tandis que chez nos compatriotes, cela cache peut-être un mystère important à éclaircir. Enfin l'avenir nous éclairera.

C'est ainsi que le jeune prêtre, après avoir vu, observé et réfléchi, se faisait des questions auxquelles il ne pouvait répondre.

Cependant, madame la comtesse avait daigné accepter l'hospitalité qui lui avait été offerte. Le capitaine avait envoyé le lendemain les bagages nécessaires au séjour des nobles voyageurs à la mission pendant quelques jours; dix-huit malles, ni plus ni moins. C'était un peu roide pour quarante-huit ou soixante-douze heures à passer à terre. Le capitaine ne pouvant distinguer ce qu'il devait envoyer, de ce qui devait rester sur le navire, et pour que sa passagère ne manquât de rien, avait tout fait voyager.

Mais voici bien une autre affaire. Le lendemain matin un boat était arrivé à l'embouchure de la rivière. Un pilotin était venu apporter une lettre au père G... et, sans attendre de réponse, il s'en était allé. Le père G... sentit un petit froid courir sous sa soutane en ouvrant ce pli.

—Pourquoi, se dit-il, l'ami Bontemps qui doit venir demain reprendre sa passagère m'écrit-il aujourd'hui? Voyons.

Il vit en effet, le pauvre père G..., et resta tout déconfit après la lecture de la lettre. Le capitaine présentait ses excuses à son ami, mais il ne pensait pas pouvoir retourner à la mission ni le lendemain, ni les jours suivants. Une affaire de la plus grande importance l'appelait à Port-de-France, où il se rendait avec son ami Bentt. Il aimait à croire que ses passagers n'embarrasseraient pas trop. Ils pouvaient parfaitement payer la prolongation de leur séjour, ayant en argent et objets de valeur plus même que la raison ne conseille d'emporter dans un voyage lointain. Si l'habitation commune ne pouvait se prolonger, il comptait sur la bienveillance du père G... pour obtenir du chef du district un terrain que les époux pourraient regarder comme leur propriété, et une case qui leur permettrait d'attendre qu'on leur construisît une maison à l'européenne. S'il paraissait difficile au premier abord d'élever un château dans un coin aussi sauvage, il était persuadé qu'on y arriverait sans autre miracle que de répandre de l'argent. La mission avait été construite dans des conditions bien plus difficiles, et pourtant elle était aussi bien exécutée que bien conçue. Si ses passagers voulaient retourner à Noumea ou en France, aller à Sidney, à Taïti ou à la Nouvelle-Zélande, ils en auraient journellement l'occasion. Il ne se passe pas une semaine sans qu'un caboteur au moins ne vienne mouiller à Arama.

« Avec de l'argent, disait le capitaine en terminant, on fait des prodiges; comme je sais que le comte en a, je suis sans inquiétude. Quant à ma conduite et à ce qu'elle peut avoir d'étrange, je vous donnerai, à notre prochaine rencontre, une explication catégorique, et vous me comprendrez. Pardon et au revoir! »

Or, la grande raison qui faisait agir le capitaine, c'était d'abord d'alléger son navire de gens compromettants, et lui-même d'une liaison qui avait fait son temps; ensuite c'était le besoin impérieux de donner suite à des projets de mariage nés quelques années plus tôt, suspendus par la séparation, repris avec une nouvelle ardeur depuis la réunion et paraissant si convenables, que desormais rien ne pouvait en retarder la réalisation. L'ingrat! il allait épouser mademoiselle Bentt à Port-de-France. Quand reviendrait-il à Arama? Jamais, peut-être ; et les missionnaires avaient sur les bras un comte dont ils ignoraient complétement l'origine, et une comtesse capable de mettre le feu à un couvent. Pauvres missionnaires ! que je les plains! surtout le jeune!

Le père G... envoya immédiatement un naturel sur la montagne voisine pour se renseigner positivement sur la gravité de la position. Une demi-heure plus tard, le sauvage racontait qu'il avait vu les deux navires s'éloigner dans l'ouest. Ils allaient doubler l'île Jande, et sans doute sortir du lagon par la passe qui fait face à l'île. Ainsi tout était clair, rade vide, navire parti et passagers abandonnés à la mission. Comment et quand ceux-ci pourraient-ils continuer leur voyage?

A cette nouvelle foudroyante les Clairefontaine jetèrent les hauts cris. Madame la comtesse eut presque une attaque de nerfs. Heureusement une crise de larmes fit tomber l'érétisme nerveux qui aurait pu amener de graves accidents. On se calma; on s'expliqua et on réunit le conseil que nous avons vu siéger dans le parloir de la mission.

Les deux missionnaires étaient assis sur deux fauteuils rustiques, mais enfin sur deux fauteuils placés sur une estrade qui les élevait tout naturellement un peu au-dessus de l'assemblée. Le crucifix accroché derrière eux semblait dire : Ici la religion du Christ commande seule. La table qui s'étendait en avant figurait assez bien le bureau d'un tribunal. C'était le jeune frère Jean qui avait fait adopter cette disposition du parloir. L'importance des missionnaires y gagnait. A côté de la table, et étendue sur un fauteuil à bascule des pays chauds, la comtesse se laissait aller à une douce mélancolie. Involontairement elle se berçait comme pour s'endormir et s'éventait pour s'éveiller. Le comte, en possession d'une chaise, n'était jamais ni debout, ni assis. Il se jetait sur son siége, se relevait violemment, marchait avec impétuosité, se frappait le front et s'écriait :

— Mais c'est une infamie, c'est une abomination que la conduite du capitaine. Il ne sait donc pas, le malheureux, que je puis lui faire perdre son commandement quand je voudrai. Ma famille est puissante. Mon oncle, le marquis, connaît intimement le ministre de la marine, et certes celui-ci ne nous refusera pas la destitution d'un homme qui se conduit d'une manière si honteuse avec moi. Croiriez-vous, messieurs, que ce voyage m'a coûté déjà plus de vingt mille francs. J'avais fait modifier les dispositions du logement de manière à disposer pour la comtesse un véritable appartement. J'avais embarqué une infinité de conserves, et mon voyage était toujours payé d'avance. De France ici, dix mille francs, d'ici en Amérique... Ah ! par exemple, il n'aura pas cette portion de nos conventions. Si je perds mes moyens de transport, du moins je vais faire des économies. Mais n'importe ! le capitaine, malgré ses raisons urgentes et occultes pour nous quitter, n'en a pas moins une conduite sans nom. Il mérite d'être signalé à toutes les chancelleries, et fiez-vous à moi du soin de me venger. Bientôt il pleurera sur la destinée qu'il vient de se préparer pour l'avenir.

C'est ainsi que le comte exhalait sa bile, qu'il se levait, marchait, frappait du pied, se rasseyait et puis recommençait son manége.

Deux autres personnages assistaient à la conférence, le chef et le régent du district. Le lecteur les connaît déjà par les extraits que nous avons rapportés plus haut. Mais leur portrait date de loin, les originaux se sont modifiés depuis.

Le chef a vingt et un ans. Il y a peu de temps qu'il a pris les rênes du gouvernement. Les fêtes de son couronnement ont eu lieu en 1870, et il espère fêter bientôt ses fiançailles. Orphelin à dix ans, il a été confié aux soins du père G... qui lui a donné l'instruction pratique que nous connaissons, comprenant surtout les soins du ménage, la fabrication du pain, les travaux culinaires. Le temps vint pourtant où il fallut quitter le tablier de cuisine pour le tamawack, la casquette de coutil pour le masque du guerrier. Aujourd'hui, il est roi ou du moins, il est grand chef. Sans l'habitude d'obéir au père G... qu'il a conservée malgré lui, il signalerait déjà sa puissance par des actes de tyrannie. Il donnerait par là aux populations du district une haute idée de leur nouveau tea. C'est ainsi que les chefs se font respecter à la Nouvelle-Calédonie. Quand un tea mange un de ses sujets, les autres s'inclinent et disent tout haut : Le tea est un grand homme. Bien qu'il appartienne à la première noblesse du pays, c'est un échantillon assez laid de l'aristocratie néo-calédonienne. Sa taille est au-dessous de la moyenne, ses jambes sont tordues, ses pieds plats, ses mains courtes et épaisses, son buste sans ampleur, sa tête mal plantée sur ses épaules et sa figure rappellent plutôt le type ignoble des gens du peuple que noblesse des chefs, qui semblent descendre d'une race supérieure. On lit sur cette physionomie vulgaire la bassesse des instincts, l'hypocrisie et l'ardeur pour les passions honteuses. Après l'avoir bien regardé, on ne s'étonnerait pas de le voir mordre dans un membre humain, sanglant et à moitié cuit.

Il est chrétien pourtant, et affecte même de se dire bon catholique. Il se souvient que son père a appelé les missionnaires dans son petit État, mais s'il désire les conserver, ce n'est que pour s'appuyer sur eux pour voir grandir sa puissance. Comment le père G..., qui l'a dirigé pendant dix ans, lui a enseigné les préceptes d'une religion de charité, les lois et les coutumes des peuples civilisés, qui même par exception, lui a appris le français, n'a-t-il pas pu lui inspirer l'amour de l'humanité, le respect des droits de l'homme, les règles de la justice? Il a eu affaire, sans doute, à une nature par trop rebelle. Peut-être même, le sauvage à peine dégrossi, à qui on a trop prêché l'égalité, à qui on a imposé pendant sa jeunesse des occupations presque serviles, pour le rendre humble, veut-il prendre sa revanche aujourd'hui? Il rougit d'avoir lavé la vaisselle de son maître. Il veut désormais reprendre son rang en répandant la terreur autour de lui, jusqu'a ce que le courage lui venant, il fasse trembler même celui auquel il a jusqu'ici obéi servilement. Comme un jeune tigre qu'on aurait voulu apprivoiser, qui même a caressé la main qui le corrigeait tant que ses dents étaient courtes, mais qui sent croître sa férocité avec ses forces, le sauvage adulte se révèle à mesure que l'enfant soumis s'émancipe. La bête commence à secouer sa chaîne, elle va la briser bientôt. Ses yeux aux reflets jaunes, quoique baissés encore devant le missionnaire, brillent parfois d'un feu sinistre; ils lancent des éclairs où le sang ruisselle. Le vernis de civilisation se dessèche, craque et se fend. Bientôt cette enveloppe d'emprunt tombera en poussière, et le naturel reviendra tout entier, hypocrite, brutal et féroce.

Quelle différence de cette nature rampante et cruelle, à la douce et honnête nature du régent, qui compte aujourd'hui une quarantaine d'années, et qu'on peut regarder comme un des beaux spécimens d'une race inférieure sans doute, mais où se rencontrent pourtant des types relativement très-beaux. Deuxième chef de la tribu, le régent pendant la minorité du tea a concentré dans ses mains toute l'autorité, et, à la majorité de celui-ci, il a abdiqué franchement pour ne plus être que son premier lieutenant.

Sur cette tête aux cheveux frisés mais assez longs, mettez le casque indigène; enlevez de ce corps bien proportionné les habits européens, placez dans sa main le tomawack, la fronde ou la zagaie et vous aurez un des plus beaux modèles de guerrier néo-calédonien. Mais plutôt laissez-lui sa chemise de calicot bien blanche, son pantalon de coutil, ses souliers minces, son paletot d'étoffe bien lustrée. Il porte tout cela avec grâce et bonheur. Il accepte les bienfaits de la civilisation avec reconnaissance, il veut devenir un blanc, et vraiment quand on a échangé avec cet homme, naïf comme un enfant et doux comme un quaker, quelques mots en anglais, la seule langue européenne qu'il parle, on oublie presque sa couleur, on le prendrait volontiers pour un beau mulâtre des Antilles que le croisement rapproche de la race supérieure et les instincts honnêtes poussent vers les Européens.

Tels étaient les deux personnages auxquels le père G... expliquait la position embarrassée où se trouvaient les passagers abandonnés par le capitaine Bontemps. Le régent, bon et affectueux pour tout le monde, proposa un parti naturellement en rapport avec les dispositions bienvaillantes de son esprit.

« Pourquoi les deux Français ne vivraient-ils pas dans le district comme s'ils l'avaient habité toujours? Il y a des terres libres et rien n'empêche de leur en abandonner deux lots de chefs, puisqu'ils étaient des chefs dans leur pays. »

Il ne laissait percer dans ces paroles aucune arrière-pensée de profit pour lui, ni de dommage pour les autres. Il ne voyait qu'un ménage de plus. Il lui paraissait tout naturel que le comte s'établît à Arama, qu'il y cultivât la terre qu'on lui donnerait; il offrait même de faire élever une case, dont la forme indigène cacherait des dispositions en rapport avec les habitudes des étrangers, en attendant qu'on pût leur construire une véritable maison. Tout cela lui paraissait possible, facile même, et dans cette espèce d'adoption, le brave régent n'envisageait que le bonheur de ses nouveaux administrés. Venez avec nous, leur disait-il, prenez dans nos terres communes ce qu'il vous faut pour travailler et vivre. Payez le droit de jouissance si vous pouvez, sinon, prenez toujours et vous payerez plus tard. Nous vous aiderons dans vos premiers efforts, moi du moins, je vous aiderai.

Le chef était bien loin de juger la question d'une façon aussi simple et surtout aussi honorable. Il était jeune encore, comme nous savons; mais le vice, pas plus que la vertu, n'attend pour naître et grandir le nombre des années. Parmi ses nombreux défauts, figurait une dose exagérée de dissimulation. A plusieurs reprises il avait regardé Héloïse, l'avait trouvée de son goût, et s'était dit :

— Cette femme me plaît, je la prendrai. Si son mari est un chef dans son pays, j'en suis fâché pour lui. Pourquoi est-il venu chez nous ? Ici je suis le maître. Ce que je veux, je le fais. Ce qui m'arrête je l'écarte. A moi donc la femme blanche! C'est un morceau de roi. Si le mari me gêne, il disparaîtra. Dussé-je le manger, je m'arrangerai pour qu'il contribue à la satisfaction de mes appétits, et n'apporte aucun obstacle à mes jouissances. Ne suis-je pas grand chef? Et quoi qu'en dise le père G..., qui commence à me peser lourdement, je veux faire mes volontés tout entières et rien que mes volontés.

Il faisait ces réflexions peu charitables pour un chrétien, peu loyales pour un roi, mais très-compatibles avec son naturel et les habitudes séculaires de ses compatriotes, pendant que le père G... parlait et parsemait son discours de nombreuses fleurs de rhétorique, pour mieux disposer son auditoire en faveur des Parisiens contrariés dans leur voyage. Si le chef écoutait peu, il réfléchissait beaucoup, et regardant Héloïse à la dérobée, tout en l'embrassant tout entière du regard, il inventoriait, si je puis parler ainsi, tous ses charmes, toutes ses séductions, et se confirmait de moment en moment dans ses projets. Ce qu'il n'aurait que désiré tout à l'heure, il l'eût exigé, imposé maintenant avec toute l'énergie de sa volonté.

De son côté, la belle comtesse qui n'avait l'air que de se dodiner pour appeler le sommeil, n'était pas restée sans faire travailler son imagination et sa prunelle. Elle avait examiné avec une attention scrupuleuse les quatre hommes qui posaient devant elle, et s'était positivement demandé sur lequel elle jetterait son dévolu pour en faire son esclave ou, au moins, le complice de sa vie irrégulière. Le père G... lui parut une trop bonne nature pour accepter jamais un rôle dans les trames qu'elle pourrait ourdir contre tel ou tel de ses meilleurs amis. D'ailleurs, il vieillissait le bon père. Malgré sa belle soutane, il était loin d'inspirer la moindre velléité de jouissances illicites. Enfin, comme il respirait la bonté et la franchise, on n'avait rien à craindre de lui; on pouvait par conséquence le mettre hors de cause, et le laisser de côté comme on fait de tous ceux qu'on ne craint pas.

Elle en pensa à peu près autant du régent. Il est bien vrai que comme Mélanésien, il était admirable, et si jamais elle eût voulu se passer la fantaisie d'une liaison tant soit peu excentrique, elle n'aurait pas pu mieux choisir. Mais le moment n'était pas aux caprices. Elle sentait la situation critique. Il ne s'agissait pas de s'amuser. Elle avait bien autre chose à faire! Pour commencer, il lui fallait d'abord faire son choix, puis subjuguer complétement celui qu'elle aurait choisi, et le faire travailler à son propre bien-être, avec toute la force dont il serait capable.

Restaient le grand chef et le jeune missionnaire. Ce dernier lui avait paru tout d'abord fin, un peu dissimulé, incrédule et disposé à tout approfondir. Un tel homme pouvait être à craindre, et par suite devait être ménagé. De plus il était jeune et beau, elle pouvait avoir barre sur lui. En conséquence, elle commença l'attaque de ce côté. Chaque fois que son regard rencontrait celui du jeune prêtre, elle le prévenait en sa faveur par un air mélancolique et tristement résigné. Son œil naturellement égrillard se voilait pour les besoins du moment. Comme une chatte qui demande des caresses, elle faisait patte de velours et dos rond, affectant l'humilité, et surtout les allures mielleuses d'une grande dévote, les tristesses d'une pénitente, les extases d'une illuminée, toutes les poses enfin, tous les airs pouvant émouvoir le cœur du jeune prêtre, y semer la rêverie, y jeter le trouble; elle revêtait tous les costumes, prenait tous les masques, jetait tous les jalons, pour atteindre son but. Ce manége avait lieu sans qu'un seul mot fût prononcé. La belle connaissait son métier, elle savait que les yeux sont souvent plus éloquents que la bouche. Il lui suffisait de savoir les faire parler.

Pour ce qui est du jeune chef, elle l'avait jugé du premier coup d'œil pour ce qu'il était réellement. Elle s'était dit en recevant en pleine face ses regards gros de désirs impurs, et en y répondant de manière à l'enflammer encore :

— A nous deux, mon grand chef, nous pouvons nous entendre. Tu es laid, affreusement laid même, mais tu es puissant et méchant. Quelle grande raison pour qu'on te fasse la cour! Tu veux que je t'appartienne, et c'est toi, j'espère, qui m'appartiendras bientôt. En tout cas, nous sommes faits l'un pour l'autre, nous nous comprenons. Mon cher Jules nous fera la partie belle. D'ici à quelque temps, j'espère, je serai la maîtresse favorite du sultan néo-calédonien.

Avec de pareilles dispositions, la comtesse dut faire une assez grande dépense de regards lascifs, de poses provocantes, d'excitations de toutes sortes. Après une demi-heure de simple voisinage, sans autre conversation qu'un échange, à bâtons rompus, de quelques mots indifférents, le grand chef sauvage et la chefesse trop civilisée s'entendaient à merveille et s'étaient déjà frôlé les genoux et pressé les mains. Ce que c'est que la sympathie! Ces deux êtres se valaient; aussi s'entendirent-ils vite. Dès le premier jour de leur connaissance, en présence de témoins qui ne virent que feu et fumée, ils procédèrent à des fiançailles muettes qui n'en étaient pas moins sérieuses pour cela.

Quand le père G... eut fini de parler, quand son assistant et le régent eurent exprimé leur manière de voir sur ce qu'il y avait à faire dans une circonstance qui n'était pas sans gravité, le jeune chef prit à son tour la parole et dit à peu près ceci :

—Monsieur le comte est un chef dans la terre de France, je suis chef à Arama; nous sommes donc frères, et c'est à moi de lui venir en aide. Voici ce que je compte faire; je suis sûr d'avance d'avoir l'approbation de mon cher maître : Les ministres de notre sainte religion ne vivent pas en état de mariage, et ne peuvent par conséquent pas recevoir madame la comtesse même assistée de son mari. Ce serait une dérogation aux règles des missions catholiques où les femmes ne peuvent pas vivre. Il sera donc convenable que madame quitte la mission, sinon aujourd'hui, du moins demain au plus tard.

En qualité de grand chef, j'ai, comme vous savez, une case dans chacun de mes villages, je puis donc en prêter une, à *Amate*, par exemple, à mon frère le chef français. Il y restera jusqu'à ce que celle qu'il va faire construire, sur un grand terrain que je lui céderai, soit à même de le recevoir. D'ici là, il sera chez moi comme s'il était chez lui. Quant à son épouse, elle ne peut pas rester dans la même case. Nos coutumes s'y opposent. Un chef doit avoir et a toujours une case pour lui et une pour sa femme ou pour ses femmes, selon qu'il est chrétien ou idolâtre. Si j'étais marié, j'offrirais à madame de partager avec mon épouse la case que celle-ci occuperait. Je suis encore célibataire, et ne puis pas par conséquent offrir la case de mon épouse. Cependant, j'ai aussi une case de femmes dans chaque village. Jusqu'à présent, j'y loge mes parentes et les veuves de mes guerriers qui n'ont pas encore été choisies par des époux nouveaux.

« C'est dans une de ces cases que nous conduirons madame. Elle vivra de la vie calme et décente de nos Néo-Calédoniennes. Nous pourrons, de cette manière, attendre la maison européenne que nous allons lui édifier. Par notre manière de faire régulière, nous aurons respecté la morale catholique et nos coutumes immémoriales. Tout sera bien. C'est donc ainsi qu'il faut faire; c'est ainsi que nous ferons, si mon cher maître n'y trouve pas à redire; ce qui me paraît impossible, à vous parler franchement. »

L'assemblée vit dans la proposition du chef un plan arrêté irrévocablement, et comme on le connaissait déjà pour être très-entier, les missionnaires et le régent se rangèrent de son avis; Héloïse consultée accepta sans objection, à l'étonnement de tout le monde. Le noble comte de Clairefontaine, qui avait d'abord dressé les oreilles et s'apprêtait à se récrier, sur un signe imperceptible de son épouse adorée, acquiesça aussi à la proposition, en faisant la simple observation suivante :

— Si j'accepte l'hospitalité de mon frère le grand chef d'Arama, si je reçois des terres de sa munificence, si je me laisse construire une maison, je dois à ma dignité de grand chef français de payer tout ce qui a une valeur vénale. Je n'en resterai pas moins très-reconnaissant envers mon frère le chef d'Arama.

— Votre observation est trop juste, répondit le père G..., pour qu'on n'y fasse pas droit. Vous ferez un cadeau au chef, pour l'occupation de ses cases par madame la comtesse et par vous. Vous payerez la terre qu'on vous cédera. Votre habitation sera faite par les corvéables, sous notre direction. Les prix de la terre et de la main-d'œuvre iront dans la caisse commune du district.

Tout étant terminé à la satisfaction générale, la séance fut levée et l'on alla dîner.

IX

MISSIONS DE LA NOUVELLE-CALÉDONIE

Après un dîner simple, mais abondant, les grâces furent dites par le père G... à haute voix et écoutées avec une parfaite convenance par tout le monde, comme l'avait été le bénédicité au commencement du repas. Le frère Jean fit seulement une petite réflexion critique. Nos deux voyageurs avaient fait le signe de la croix avec une affectation qui contrastait furieusement avec les habitudes de la jeunesse française; mais ce n'était là qu'un indice bien fugitif, qui même, à la rigueur, ne prouvait rien. Bientôt toute la société quitta la salle à manger.

Les deux chefs échangèrent quelques paroles amicales avec les missionnaires, donnèrent une poignée de main à la ronde et se retirèrent dans leur village. Les sauvages se couchent de bonne heure et se lèvent matin ; ils n'ont pas l'habitude de veiller la nuit pour dormir le jour, et sont, sous ce rapport du moins, bien plus raisonnables que nous.

Après leur départ, les pères conduisirent leurs hôtes sous la varanda, où des écoliers avaient disposé des siéges, une table rustique, des tasses à café, du lait, du rhum, des pipes et du tabac. Si le jeune prêtre, formaliste sévère, avait obtenu de son supérieur qu'on ne fumât plus dans l'intérieur de la maison, il n'avait pu arracher au bon père G... la complète réforme d'un passe-temps précieux qui avait si longtemps charmé ses heures de solitude.

M. le comte fut donc invité à prendre une pipe, et on demanda à madame la comtesse la permission de fumer devant elle.

— Non-seulement je vous y autorise, avait dit la charmante femme, mais je vais même vous donner le mauvais exemple. L'usage du tabac est si répandu maintenant, que, pour ne pas être incommodée par la fumée des autres, je me suis décidée à en produire moi-même; seulement je ne le fais qu'en petit comité. Ma belle-mère, la comtesse douairière, m'a souvent fait la guerre à propos de cette innocente récréation; mais il faut bien être de son temps. Le cigare a franchi le seuil des salons les plus aristocratiques de Paris; on fume maintenant dans le meilleur monde, et pour ne pas me singulariser, pour ne pas affecter un rigorisme hors de saison, j'ai cru devoir sacrifier au goût général.

« C'est bien mal, n'est-ce pas, monsieur l'abbé ? dit-elle en souriant et regardant le jeune prêtre. Mais pourquoi dissimuler et nier les défauts qu'on a ? On fume beaucoup au noble faubourg; je sacrifie à la mode, et cela une seule fois par jour. Je dois vous déclarer même, pour ma justification, que j'avais des scrupules ; je les ai soumis au directeur de ma conscience, l'abbé ***, premier vicaire de Sainte-Clotilde. Le cher abbé est si charmant, qu'il a trouvé le moyen de me faire un compliment en me donnant la permission que je lui demandais.

« Fumez, fumez, m'a-t-il dit ; chère madame, fumez, je vous connaîtrai du moins un défaut.

« Seulement, je l'avoue avec toute la franchise qui me caractérise, je ne conçois pas qu'on puisse fumer du tabac commun dans de misérables pipes de terre. Des pipes culottées ! du tabac de caporal ! fi donc ! c'est infect ! c'est un empoisonnement qu'on ne peut autoriser que dans un cabaret, comme le petit vin bleu. Mon mari n'achète que des cigares de la Havane des meilleures marques et de premier choix. Tenez, voilà des brevas que nous a procurés un riche planteur de nos amis ; ils ont séché pendant un an dans un meuble en bois de sandal fait exprès pour eux. Ils ont un double parfum maintenant ; on pourrait les fumer même dans la chambre d'un malade. Monsieur le supérieur, vous qui paraissez connaisseur, daignez en accepter une douzaine et en essayer un avec nous. Quant à monsieur l'abbé, je n'ose pas lui en offrir.

— Et vous avez raison, madame, je ne fume jamais ; mais je répéterai le mot de votre confesseur : fumez, madame, et je constaterai un premier défaut chez vous.

— Sans préjudice de ceux que vous découvrirez plus tard, reprit en riant la comtesse. Ah ! ah ! monsieur l'abbé, que vous êtes sévère pour les pauvres pécheurs! C'est parce que vous êtes un juste et que vous ne comprenez pas même l'idée du péché.

— Hélas! madame, toute chair est faible, et je me sens de chair comme tout le monde; seulement, je le dis hautement, je résiste. Vienne la tentation, et elle me trouvera armé pour la combattre.

La conversation tomba sur ces mots à l'adresse de la dame; les armées en présence se recueillaient, tout en se mesurant.

Cependant le père G... avait allumé un des cigares que la comtesse lui avait offerts; il le fumait avec béatitude. Ainsi faisaient M. le comte et sa chaste épouse. Celle-ci soufflait avec art de petites couronnes de fumée qui s'élevaient en l'air en décrivant des spirales de l'effet le plus pittoresque. On reconnaissait vite une habituée du péché qu'elle défendait; on aurait même pu dire qu'elle sacrifiait à la mode moins qu'à une passion invétérée et invincible. En même temps elle humait de petites gorgées d'un excellent café récolté dans le pays et dont le bon missionnaire vantait avec raison l'arome et la saveur. Puis vint le tour du rhum et encore du rhum. Le père G... buvait volontiers un petit verre; il recommençait même au besoin et sans besoin. Pour éviter de trop nombreuses accolades à ce dangereux tonique, le jeune abbé fit enlever les tasses et la bouteille. Les jeunes gens sont puritains tant qu'ils se croient forts, et notre abbé voulait la résistance, non-seulement pour lui, mais aussi pour les autres.

Quand tout fut enlevé, on se remit à causer. M. le comte, pour faire plaisir aux maîtres de la maison, mit la conversation sur les œuvres et les bienfaits des missions catholiques à la Nouvelle-Calédonie. Il admira ces pieux propagateurs de la foi, qui allaient semer les saines croyances dans les cœurs des hommes primitifs, au risque d'arroser de leur sang, les champs qu'ils venaient cultiver. Il renchérit sur tout ce qu'il avait entendu dire, ou ce qu'il avait lu touchant le dévouement des pères maristes en particulier, touchant leur ardeur à affronter le martyre, leur charité inépuisable, leur amour immense de l'humanité tout entière, et il finit par prier le père G... de raconter les faits et gestes de tous les héros chrétiens venus dans ce pays sauvage pour y planter le symbole de notre salut, et y tenter la plus importante des conquêtes, celle des âmes.

Depuis un moment, le père G... était dans la jubilation; exalter les missionnaires, faire l'éloge des prêtres de son ordre, l'exagérer même un peu, c'était porter sa joie au comble. Aussi ne se fit-il pas prier quand on lui demanda l'histoire de la mission. Il enfourcha son dada favori avec bonheur, et parla ainsi :

Depuis longtemps, Mgr Pompallier, évêque de Maronie, catéchisait la Nouvelle-Zélande, et formait un noyau de catholiques qui eût certainement neutralisé les efforts des missionnaires protestants sans l'entente de l'autorité militaire anglaise avec leurs missionnaires, avantage que nous autres nous n'avons jamais eu, quand on décida en haut lieu de fonder une nouvelle mission pour tenter la conquête religieuse de la Nouvelle-Calédonie.

Ce fut le 25 décembre 1843 que Mgr Douare, évêque d'Amata, vint planter la croix dans ce pays de cannibales. Ainsi, c'est le jour de l'anniversaire de la naissance du sauveur du monde que se fit ici la première tentative de l'introduction du catholicisme.

Dire toutes les épreuves traversées par nos premiers missionnaires me serait impossible. Depuis le jour où la gabarre *le Bucéphale*, capitaine Laferrière, déposa Mgr d'Amata, les RR. PP. Rougeyron et Viard avec quelques frères laïcs à Balade, jusqu'en 1847, époque où il fallut quitter cette première station apostolique, quand la maison fut pillée et brûlée, le père Blaize assassiné et d'autres missionnaires blessés, que de misères endurées! que de travaux exécutés sans grands résultats obtenus! que de peines et de prières pour bien peu de conversions!

Nos courageux apôtres ne se rebutèrent pas cependant. Notre principal établissement fut transporté à l'île des Pins, et c'est là que je pus joindre mes premiers efforts à ceux de mes frères en Jésus-Christ. Depuis, on s'établit de nouveau près de Balade, pour être forcé bientôt après de s'éloigner encore. A la fin pourtant nous avons pu créer un certain nombre de stations, depuis que le gouvernement français en 1853 prit possession du groupe entier dans le but d'en faire surtout une colonie pénitentiaire.

Maintenant nous pouvons nous abriter derrière le drapeau français, et les naturels, s'ils ne nous aiment pas beaucoup plus qu'autrefois, nous craignent davantage et nous respectent. Mais je me trompe, ils nous aiment, nous, ministres de l'évangile. Ceux qu'ils craignent, et surtout qu'ils haïssent, sont les soldats.

La question de savoir si les missionnaires doivent s'appuyer sur les baïonnettes, ou bien s'ils doivent exposer leurs poitrines nues aux coups des sauvages en opposant seulement la foi à la force, a été bien souvent débattue depuis que nous avons fait nos premiers pas dans cette île, et elle n'est pas encore résolue; moi, je suis partisan de la douceur comme le seul moyen de propagande féconde, et je suis persuadé que nous devons surtout les malheurs que nous avons éprouvés au déploiement de l'appareil militaire, aux menaces faites aux naturels en cas de mauvaise conduite et de rébellion, à la crainte enfin que nous avons inspirée, et par suite à la haine qui fut semée en notre nom, sinon avec notre consentement.

Les sauvages de la Nouvelle-Calédonie sont comme les sauvages de tous les pays et de tous les temps. Ils donnent volontiers ce qu'on leur demande, quand ils pensent avoir affaire à des amis. Non-seulement ils donnent ce qui leur est inutile actuellement, mais même ce qui peut leur faire défaut prochainement. A plus forte raison, donnent-ils ce qui ne peut leur servir que dans un temps plus ou moins éloigné. Leurs terres vagues, par exemple, ils vous les abandonnent avec désintéressement, avec dédain presque; et ils reçoivent avec bonheur en retour des cadeaux de peu de valeur, quelques haches, quelques morceaux d'étoffe, ou de simples bijouteries de cuivre doré. Mais ils exigent l'abandon de ce qui leur plaît dans ce que vous possédez et n'employez pas. Ils sont essentiellement communistes, comme tous les peuples primitifs, comme toutes les sociétés naissantes. Du reste, ils n'ont pas la pensée de vous donner ou vendre rien à perpétuité. La propriété perpétuelle n'existant pas chez eux, ils ne peuvent, en vous abandonnant une terre par exemple, vous la donner qu'en usufruit; et même, si vous êtes étrangers, ils ne vous la cèdent qu'autant qu'ils n'en auront pas besoin pour eux-mêmes. Ils vous la prêtent, et s'imaginent dans leur sincère naïveté, qu'ils ont droit aux fruits qui croissent sur cette terre, quand vous en récoltez au delà de vos besoins.

C'est de cette idée fausse qu'ils ont de la propriété, que sont nés la plupart des conflits survenus entre eux et les Européens établis parmi eux. Mais ce n'est pas la seule cause de ces conflits; il y en a encore beaucoup d'autres parmi lesquelles je citerai les suivants : 1° les richessses relatives des nouveaux venus ; 2° les actes de force, justes ou injustes qu'on se croit permis à leur égard ; 3° les entraves que les étrangers apportent à l'exercice de leurs coutumes, et les froissements amenés par des habitudes différentes ; 4° enfin les disettes que leur imprévoyance leur ménage si fréquemment.

Chaque fois que les Européens ont découvert un nouveau pays, ont communiqué pour la première fois avec des sauvages, ils ont été bien accueillis. Les naïfs enfants de la nature, qui voyaient arriver sur des vaisseaux ces grands châteaux ailés, comme ils les appelaient, des êtres qui leur paraissaient supérieurs à l'humanité, restaient émerveillés, et étaient bien plus disposés à adorer qu'à combattre. Ce n'est pas en Océanie seulement que ce phénomène s'est présenté, c'est partout. Si nous nous reportons à la conquête de l'Amérique, nous le constatons sur une bien plus grande échelle. Les hommes blancs sont d'abord pris pour des dieux, et ce n'est qu'à mesure qu'on les connait mieux, qu'on souffre davantage de leur présence, qu'on constate mieux leurs défauts et leurs vices, qu'on se décide à les reconnaître pour des hommes. On eût pu, trop souvent hélas! les considérer comme des démons vomis par l'enfer.

A la Nouvelle-Calédonie comme partout, les premiers blancs qui débarquèrent à Balade, les Cook et Forster, qui restèrent seulement quelques jours en contact avec les sauvages les plus brutes du monde peut-être, n'eurent qu'à se féliciter des rapports qu'ils eurent avec eux. Ils reçurent des présents en fruits du pays, quand les vivres y sont toujours rares. Ils firent quelques cadeaux qui furent acceptés avec tous les témoignages de la plus grande reconnaissance. Ils firent leur eau, s'isolèrent, visitèrent les cases, sans qu'on leur reprochât leur indiscrétion, ni qu'on entravât le moins du monde leurs mouvements. Ils partirent enfin, persuadés qu'ils avaient eu affaire au peuple le plus hospitalier, le plus bienveillant, en un mot le meilleur qu'on pût rencontrer.

Les rapports avaient été de trop courte durée pour que, de part et d'autre, les mauvais penchants eussent pu être reconnus et appréciés. Si l'expédition eût séjourné plus longtemps, les Anglais se seraient aperçus que les sauvages qu'ils avaient trouvés jusque-là si doux étaient anthropophages; attendu qu'ils ne pouvaient pas ne pas l'être, et qu'eux-mêmes, tout Anglais qu'ils étaient, vivant dans les mêmes conditions, le seraient tôt ou tard devenus aussi. L'île ne renfermait pas de quadrupèdes, à part la chauve-souris (vampire). A peine y avait-il quelques oiseaux, et pour manger de la viande on ne peut en prendre que là où il y en a. Mais les Anglais n'auraient pas fait cette réflexion en atténuation de ce que les Européens considèrent comme un grand crime. Sitôt qu'ils auraient découvert l'appétit des naturels pour la chair humaine, et cette découverte fût venue vite, ils auraient voulu combattre et détruire une coutume dont ils auraient craint surtout de devenir les victimes. De là, des conflits inévitables.

D'un autre côté, les sauvages, naturellement fainéants et qui avaient donné beaucoup de leurs provisions, n'auraient pu supporter une certaine prolongation du séjour des blancs sans être affamés et sans éprouver de grandes privations. Bien plus, ils auraient eu certainement à se plaindre assez vite de griefs véritables. Ils auraient pu reprocher avec raison à leurs visiteurs de prendre, sans assez de scrupules, tout ce qui leur convenait, de pénétrer dans leurs cases sans aucune retenue, de courtiser leurs femmes avec trop de sans-façon, de prendre enfin trop facilement leur place, sans tenir assez de compte d'eux-mêmes, de leurs droits et de leurs habitudes. De là, le désir de leur faire la guerre, de s'en débarrasser enfin, malgré tout le plaisir qu'ils avaient éprouvé à les voir d'abord. Or, de la guerre pour tuer un ennemi qu'on redoute, ou tout simplement un importun qui gêne, au plaisir de manger celui qu'on a tué, il n'y qu'un pas, et ils l'eussent fait bien vite.

Ce que Cook n'avait pas constaté fut reconnu par celui qui le suivit à dix-huit ans d'intervalle. Ce second visiteur était le Français d'Entrecasteaux. Dans l'intervalle des deux visites, les sauvages avaient eu le temps de penser à toutes les richesses que les blancs avaient étalées devant eux, en vêtements, armes, outils, métaux brillants ou utiles, et que sais-je encore? La vue de toutes ces belles choses avait fait germer en eux le désir d'en avoir de semblables, ou plutôt celui de s'approprier celles qu'ils avaient vues. Quel sentiment peut éprouver celui qui, donnant volontiers ce qu'il a, voit dans les mains des autres des objets qui le flattent, qu'il désire et qu'on lui refuse, sinon celui de les prendre? Les étrangers le nomment alors un voleur, et voilà la guerre allumée. Cependant, il faut bien le reconnaître, il est impossible qu'un homme voie pour la première fois des objets brillants ou utiles sans désirer se les approprier. Comment cet homme, qui n'a aucune idée de la propriété personnelle et perpétuelle, qui ne demande pas qu'on respecte ce qu'il possède lui-même, respecterait-il ce que possèdent les autres? Voilà comment les richesses des nouveaux venus ont dû nécessairement exciter des convoitises, semer la division et en fin de compte amener des guerres suivies de morts violentes et de festins de chair humaine. Cette issue malheureuse était forcée, et elle est venue.

Que les Européens aient eu le droit de repousser par la force des prétentions qu'ils ne pouvaient pas admettre, je ne pense même pas à le nier; mais il est certain que plus on a été sévère avec des sauvages et plus ceux-ci sont disposés à se venger. Les actes de violence provoquent la violence. S'ils épouvantent d'abord, s'ils produisent un calme apparent, ils enveniment au fond des cœurs les haines qu'on dissimule; ils conduisent aux guerres d'extermination.

L'obstacle à la pratique des coutumes consacrées par le temps est une des plus grandes causes de guerre. Les sauvages n'ont pas des idées morales semblables à celles des peuples civilisés. Ainsi le sentiment d'égalité, qui prend dans les sociétés européennes une si grande place, n'existe pas chez eux; le peuple n'est pas considéré comme étant de la même nature que les chefs. Ces derniers, avant tout guerriers, doivent avoir une force supérieure à celle des autres hommes; ils peuvent donc avoir et ils ont en effet des appétits que n'ont pas ou du moins que n'osent pas avouer ouvertement leurs sujets.

Un grand chef a droit plus que tout autre aux festins de cannibales. Comme il est plus solide, mieux armé et plus exposé dans les combats que l'homme du commun, il tue aussi et mange plus d'ennemis que lui. Personne ne lui conteste ce droit; il est chef, il a partout et toujours la part du lion. Bien plus, comme il n'a pas toujours de guerres et qu'il a des habitudes prises, des appétits d'ogre qui peuvent augmenter, mais non pas s'amoindrir, il prend de la chair humaine sur ses propres domaines quand ses ennemis ne lui en fournissent plus. Le grand chef Bouarate tuait en moyenne un de ses sujets par semaine; il se procurait ainsi des provisions de bouche régulières. Aussi faisait-il remarquer son embonpoint à son jeune parent, le chef d'une tribu voisine, qui, ne tuant personne, restait d'une maigreur misérable. Eh bien! si on faisait aux victimes de cet ogre l'observation qu'ils étaient mangés par leur chef, ils répondaient: « C'est vrai, mais Bouarate est un grand chef et tout est bien. »

Que des blancs, pleins d'une horreur légitime pour des pratiques aussi odieuses, veuillent en imposer la suppression par la persuasion, et leurs conseils seront très-mal reçus. Qu'ils soient eux-mêmes sans défense, et ils pourront bien être appelés à figurer sur la table du grand chef comme morceaux de choix. Faire ce qu'on a toujours fait ne peut être considéré comme un mal par un sauvage, et chaque fois qu'il sera entravé dans ses pratiques, ennuyé par des obligations nouvelles qui contrediront ses habitudes, il sera froissé et cherchera à s'affranchir. Si l'étranger cesse un moment d'être le plus fort, il court donc nécessairement le risque d'être tué et mangé. Le grand chef fera d'une pierre deux coups, comme on dit, il se débarrassera d'un importun et fera un bon dîner.

Les pratiques nouvelles, soit qu'on les lui impose, soit

qu'on les pratique seulement devant lui, étonnent d'abord le sauvage et lui inspirent bientôt des soupçons. Il croit aux sortiléges et par conséquent aux sorciers. Qu'un prêtre, dans les meilleures intentions du monde, vienne prier au chevet d'un mourant; que ce malade meure quelques jours et surtout quelques heures après que les sacrements de notre religion lui auront été administrés, et les parents du mort manqueront rarement d'accuser le prêtre de sortilége. Vienne une épidémie dans une tribu au moment où s'implantent les cérémonies de notre culte, et les prêtres auront appelé l'épidémie. C'est par leur mort seule qu'on pourra chasser l'enchantement, détruire le maléfice. C'est ainsi que, dans l'intérêt commun et surtout dans celui des malades, on sacrifie des prêtres, parce que l'on soupçonne ou tout simplement parce qu'on méconnait leur conduite et leurs intentions. Ces espèces d'exécutions expiatoires seront d'autant plus fréquentes qu'elles auront plus de chances de rester impunies.

Viennent enfin les disettes qui apportent leurs contingents de misères et de risques aux étrangers qu'on accuse de diminuer les provisions en mangeant plus que leur part, et sur lesquels on n'est pas fâché de faire tomber la responsabilité des maux publics. Les Calédoniens ne sont pas seulement imprévoyants, ils sont aussi et surtout fainéants. Ils ont certes, en terres fertiles beaucoup plus qu'il ne leur en faut pour suffire à leurs besoins, si ces terres étaient à peu près convenablement cultivées. Il est bien loin d'en être ainsi.

L'assolement de la terre est le même dans tous les pays primitifs, la plus grande partie reste inculte, et chaque année une toute petite portion reçoit le travail de l'homme et les graines qu'elle doit reproduire. Le seul amendement employé partout, est la combustion des herbes qui arrêteraient le travail, et dont la cendre constitue un excellent engrais. Une fois que le canton choisi a été bien incendié, la terre est fouillée et remuée avec un morceau de bois pointu, et disposée en planches ou espèces de sillons rappelant les planches de nos champs de blé. Elle est même irriguée avec assez de soins et de succès pour donner de bonnes récoltes. Mais, je le répète, une très-petite surface a été soumise au travail, et la somme totale de la récolte est minime. Si nous nous rappelons qu'au moment de la cueillette, il y a toujours une fête à laquelle les amis sont conviés, et que là se consomme gloutonnement ce qui fera bientôt défaut, nous verrons que tout concourt à augmenter le déficit.

C'est ainsi qu'après quelques jours d'excès, les sauvages éprouvent de grandes privations. Ils ont même quelquefois assez grand'faim pour être réduits à se garnir l'estomac avec de la terre. Ils sont géophages. La terre (stéatite verte) que mangent les Calédoniens, comme le font du reste tous les habitants des pays pauvres de l'Océanie, est friable, douce au toucher, et doit nécessairement renfermer un peu d'azote comme toute terre pénétrable à l'air, de sorte que, à la rigueur, elle est un peu assimilable. Cependant, c'est un aliment si insuffisant, qu'on doit surtout le considérer comme un lest, un trompe-faim. Et maintenant, qu'on s'étonne que de pauvres diables qui ont à peine de quoi manger pour ne pas mourir, voient avec déplaisir des gens qui leur prennent, souvent sans le demander, leurs fruits, leurs légumes et jusqu'à leur place au soleil !

On a beaucoup parlé de la rivalité des prêtres et des soldats. On a souvent répété que l'autorité ecclésiastique était en hostilité sourde avec l'autorité militaire. Il faut bien l'avouer, l'antagonisme existe, et il a amené souvent des résultats déplorables. Les militaires nous reprochent mille choses, entre autres de ne pas enseigner le français aux indigènes, de ne pas leur inspirer le respect du gouvernement colonial, et autres choses semblables. Le fait est vrai dans une certaine mesure.

Mais entendons-nous bien d'abord. Que sont venus faire ici les missionnaires ? Des chrétiens avant tout. Ils s'exposent au martyre pour convertir des sauvages, pour les moraliser, leur préparer une vie future, meilleure que celle qui attend les payens. Je crois qu'ils remplissent honorablement le rôle qu'ils se sont tracé. Que viennent faire au contraire les soldats, les représentants officiels du gouvernement central ? Ils viennent prendre la terre, préparer le pays à une occupation par des blancs qu'on doit amener ici de gré ou de force. En tous cas, ils viennent planter leurs tentes sans se préoccuper de l'indigène, autrement qu'au point de vue de leur propre intérêt.

Allez à Port-de France. Allez dans tous les points où sont établis des ports militaires; et les indigènes que vous verrez seront errants, mendiant aux nouveaux venus un morceau de biscuit, ou un fruit cueilli sur le champ qui leur a été enlevé ; ou bien ils offriront leurs jeunes filles aux appétits honteux des nouveaux maîtres. Pourtant, me direz-vous, il y en a aussi qui prennent l'habitude d'un travail régulier, assez rémunérateur pour les faire vivre. C'est vrai, mais dans quelles conditions! Pourtant, ce sont là les plus favorisés, car les premiers se dégradent si vite qu'ils vont promptement mourir. Eh bien, ceux qui travaillent comme domestiques, produisent surtout au profit de ceux qui les mettent en œuvre. Quand leurs occupations sont avouables, que font les indigènes pour les colons, pour les officiers, pour les représentants du gouvernement? Un travail de salarié, sans attrait pour eux, et dont ils ne retirent à peu près aucun profit définitif.

Ils sont fainéants, quoi d'étonnant à cela? Tous les sauvages ne le sont-ils pas? Et ce qu'on leur fait faire ne les invite pas à devenir laborieux Ils sentent. qu'ils travaillent pour les autres. On les paye, dira-t-on. Sans doute. Mais que font-ils de l'argent qu'ils reçoivent? Ils le dépensent en emplettes le plus souvent nuisibles; ils achètent de l'alcool, le boivent et s'enivrent. A la fin de l'année ils sont un peu plus vicieux qu'au commencement, en même temps que plus pauvres.

Voilà ce qu'on fait des indigènes, et l'on voudrait que les missionnaires les invitassent à quitter leurs villages, pour louer leurs bras à des maîtres qui sont si loin de contribuer à leur moralisation. Non, vraiment! Nous ne voulons pas le faire. Nous ne le ferons pas. Nous partons d'un principe, les conquérants sont partis d'un autre. N'étant pas d'accord au point de départ, nous ne pourrions nous accorder en chemin. En venant ici, nous nous considérons toujours comme étant chez les indigènes. Les soldats au contraire, s'établissent de manière à ce que ce soit l'indigène qui devienne l'étranger dans son propre pays.

Voyez comme nous différons les uns des autres. Nous prenons, nous, dans les habitudes locales tout ce que nous pouvons prendre sans inconvénients. Nous procédons par simples avis, par conseils paternels, dans le seul but d'être utiles à ceux à qui nous les donnons. Jugez plutôt d'après ce que nous avons fait à Arama depuis une dizaine d'années. Si je cite mon exemple, ce n'est pas par vanité, je ne suis ici que l'instrument d'une pensée dirigeante dont le siége est ailleurs. Nous sommes venus dans ce district, pour faire le bien, pour apporter l'aisance et la moralisation, pour faire non-seulement des croyants à notre foi, mais aussi des citoyens pensant et agissant avec leur initiative propre.

On nous a donné des terres, il est vrai, mais peu relativement à l'étendue que possède le district, et nous, nous avons donné tous nos soins, tout notre temps aux habitants pour qu'ils apprissent tout ce qui pouvait leur servir à quelque chose. Nous cherchons d'abord à en faire des chrétiens, et il n'y a pas un homme, si peu croyant qu'il soit, qui ne convienne de l'immense supériorité du christianisme sur les superstitions que nous combattons.

Nous améliorons donc l'état moral, sans même parler des avantages de la vie future; de plus, nous enseignons la langue indigène. Nos élèves apprennent à lire et écrire l'idiome qu'ils ont toujours parlé. Nous augmentons ainsi leur sociabilité, sans rompre brusquement avec leurs habitudes. Pour les élever, nous les plaçons sur un plan très-incliné et les poussons lentement, mais régulièrement; enfin nous leur enseignons les arts utiles. « En faisant construire votre maison, » me direz-vous. Sans doute, en la faisant construire et surtout en la construisant nous-mêmes; en leur montrant comment ils pourront en faire de semblables pour eux-mêmes. Ce n'est pas tout, il s'en faut. En leur enseignant à faire l'huile de cocos à leur profit, en leur donnant les moyens d'élever des animaux pour les manger ensuite, nous les mettons à même de se mieux nourrir, mieux vêtir et mieux loger, comme aussi de se procurer des outils qui rendront leur travail plus facile et plus productif.

Tout cela, nous le faisons à peu près exclusivement pour eux; ils en profitent immédiatement; ils le voient et le sentent surtout. Aussi sommes-nous persuadés que, si le goût du travail doit leur venir, c'est grâce à nous. Enfin nous ne leur demandons pas au delà de la petite étendue de terre qu'ils nous ont cédée. Nos familles ne peuvent pas venir réclamer une part dans leurs fonds de terre, puisque nous sommes célibataires, et ils comprennent très-bien que nous ne leur faisons que du bien. Aussi, non-seulement ils nous souffrent volontiers, mais même ils nous aiment; et notre influence serait encore bien plus grande si nos propres compatriotes ne s'étudiaient à l'affaiblir en déversant autant qu'ils le peuvent le ridicule sur nos pratiques religieuses, sur nos habitudes de la vie commune, sur nos habits, même sur nos chapeaux.

Je le répète donc avec conviction : le missionnaire, loin d'avoir rien à craindre des sauvages, se fera aimer par eux, s'il n'arrive pas les mains pleines de richesses, afin de ne pas exciter de convoitises. Qu'il se garde aussi de venir escorté de soldats, c'est un mauvais voisinage. Notre pression à nous est purement morale, elle ne pèse qu'autant qu'on l'accepte, tandis que le joug du soldat est d'autant plus dur qu'il est plus solidement établi. Enfin nous enseignons aux gens les moyens honorables de se procurer les objets qui les flattent et qu'ils désirent ; en même temps que l'amour du travail, nous leur donnons celui de la propriété légitimement acquise. En mettant des animaux sur l'île de Pam, j'ai mieux attaqué le cannibalisme que je n'aurais pu le faire avec une compagnie de soldats de marine ; et en enseignant la manière de faire d'un vérat, d'un taureau ou d'un bouc, des animaux au fumet aromatique, aux chairs tendres et délicates, j'ai fait bien plus contre cette pratique cruelle que si m'étais borné à prêcher l'amour du prochain.

On nous reproche surtout nos belles maisons ; mais qui les a faits ces châteaux, comme on les appelle, si ce n'est le missionnaire lui-même, aidé et seulement aidé par les hommes de bonne volonté ?

Voilà ce que nous faisons ; les sauvages le voient ; ils

nous en savent gré et ne peuvent nous inspirer aucune crainte. Que nous prendraient-ils, par exemple, à Arama, quand tout ce qui est ici leur appartient ou à peu près? La mission est le magasin communal; nous avons acheté les outils, les étoffes, le fil, les aiguilles avec le profit de l'huile de cocos faite par eux, grâce à la vente de leurs cochons ou de leurs poulets; tout cela est à eux et pour eux; les chefs le savent surtout et cela suffit.

Est-ce que par hasard le gouvernement colonial aurait la prétention de lutter avec nous pour quoi que ce soit? Commençons par la foi. Je ne voudrais pas dire de mal de mes compatriotes, mais je dois constater chez tous une indifférence en matière de religion qui les rendra toujours les plus mauvais propagateurs d'une croyance religieuse quelconque. Je ne parle pas des prisonniers qu'on nous promet et qu'on doit nous envoyer bientôt; il paraît qu'ils se font gloire tous d'être athées. Le séjour de la Nouvelle-Calédonie pourra leur être utile; il les fera réfléchir mûrement; mais à coup sûr leur voisinage ne sera pas profitable aux indigènes. Quant aux arts utiles, que les colons établis dans le pays peuvent enseigner, je ne veux ni les nier, ni même en contester les avantages. Mais ces mêmes colons ont un but trop personnel, ils ont trop le désir et le besoin de faire leur propre fortune pour ne pas pressurer les indigènes outre mesure.

Quand un gouvernement établit une colonie dans un pays de sauvages, c'est toujours au préjudice de ceux-ci et à son profit exclusif. Voilà ce qu'il devrait dire au moins et ce qu'il a l'hypocrisie de ne dire jamais.

De tous les groupes ayant quelque valeur en Océanie, un seul a échappé à la rapacité des blancs, c'est celui des îles Hawaï (Sandwich), et encore les indigènes doivent surtout leur indépendance à ce que les grandes nations civilisées ont été en rivalité tellement agressive à leur sujet, qu'à l'envi l'une de l'autre elles ont dû jusqu'à présent renoncer toutes à une si riche proie. Eh bien! cette nation, qui s'est constituée, qui se gouverne elle-même, qui a même des institutions analogues à celles des peuples d'Europe, à qui doit-elle la plupart des progrès qu'elle a faits depuis cinquante ans, si ce n'est aux missionnaires? Certes, je ne veux pas plus contester la valeur de Tamea-Mea Ier, fondateur de cet empire, que nier le mérite des hommes qui l'ont secondé; je reconnais au contraire bien volontiers que ce grand homme sut se faire aider par d'autres grands hommes, et que, de plus, la race jaune de la Polynésie, à laquelle appartient la population hawaïenne, est la mieux douée, la plus apte à s'élever, la plus susceptible d'amélioration. Mais enfin à qui les Kanacs doivent-ils leur instruction religieuse, industrielle, scientifique même, si ce n'est aux missionnaires?

A cet égard, on ne pourrait pas dire que je veux exalter le catholicisme, encore moins l'ordre auquel j'appartiens. Les missionnaires des Sandwich qui ont fait le plus étaient des protestants; ils ont même été pour nous d'une intolérance qui nous a obligés à quitter la place. Mais la vérité a droit au respect de tous; les missionnaires ont fait, en grande partie, les Sandwich ce qu'elles sont. Le pays est maintenant florissant; la population, qui avait diminué pendant longtemps, a repris de la vigueur et promet de nous donner le spectacle d'un peuple de race océanienne pouvant, grâce aux hommes qui se sont dévoués à lui, figurer avec honneur dans le concert des peuples civilisés.

Allez à la Nouvelle-Zélande, à Taïti, aux Marquises, et dites-moi si dans ces îles, où une nation civilisée a arboré son drapeau, où elle s'est emparée de la plus grande partie de la terre, où elle a imposé ses lois, ses coutumes, sa langue, dites-moi ce que devient l'indigène? Il diminue, il s'atrophie, il meurt. C'est ainsi que les peuples civilisés civilisent les sauvages; ils les font disparaître.

Il est bien vrai qu'ils les remplacent par une race plus belle, plus prolifique, plus perfectionnée. Au point de vue de la substitution d'une race à une autre, la question peut être défendue et approuvée; mais nous, missionnaires, nous ne sommes pas les fourriers des émigrants blancs, allant préparer leurs étapes au logis de gens condamnés à une disparition prochaine; nous sommes les amis véritables de l'humanité tout entière; nous appelons tous les hommes nos frères, et cette parole d'amour, que nous adressons surtout aux déshérités de ce monde, n'est pas, comme pour les utopistes égalitaires, un mot retentissant, mais vide de sens. Nous aimons vraiment les sauvages, nous en voulons faire des hommes de travail et de foi, des chrétiens enfin; nous voulons leur conserver dans leur pays la position qu'ils y avaient avant notre arrivée en les mettant de niveau avec les hommes qui viennent leur faire échec.

Voilà pourquoi l'autorité militaire, tout en nous aidant, tout en nous protégeant, nous jalouse et ne nous supporte qu'avec mauvaise humeur. Voilà pourquoi, quand nous sommes installés quelque part, nous voyons venir, avec une tristesse profonde, les porteurs de sabres, qui viennent en partie détruire notre ouvrage, semer l'immoralité où nous recommandons les bonnes mœurs, donner l'exemple de la désobéissance aux prescriptions de l'Église, enfin nous enlever nos catéchumènes au moment où nous avons le plus de chance d'en faire des chrétiens.

Savez-vous ce qu'on nous dit pour justifier cette usurpation légale? « Il faut de la force, de l'argent et des bras pour créer des empires. Les missionnaires sont faibles, pauvres et peu nombreux; ils ne peuvent rien fonder. » A ceux qui parlent ainsi, rappelons le Paraguay; voyons ce qu'on avait fait avec des sauvages aussi primitifs qu'on les peut supposer, avec des anthropophages aussi enragés que les Néo-Calédoniens. Les jésuites adoucirent toutes ces férocités, animèrent ces masses inertes, excitèrent ces paresses, et sous leur domination régna véritablement l'âge d'or. On trouva bien encore le moyen d'attaquer le mode de gouvernement qu'ils avaient introduit dans cette partie de l'Amérique du Sud; mais, malgré ces défauts véritables ou supposés, j'aurais bien préféré, pour mes amis, pour mes frères d'Arama, une constitution semblable à celle du Paraguay, à celle que nous imposera probablement bientôt un sergent chef de poste, représentant légal de l'autorité coloniale.

Vous savez maintenant pourquoi le gouvernement nous supporte sans nous aimer beaucoup, et pourquoi nous l'aimons sans désirer son ingérence où nous sommes. Je vous l'avoue avec inquiétude, je crains que notre règne cesse bientôt. En tous cas, nos temps héroïques sont passés; nous aurons ici de nouvelles lois, de nouvelles coutumes et aussi de nouveaux hommes. Nos pauvres Calédoniens, nus, farouches, féroces même, au lieu de se policer, de devenir doux et laborieux sous notre inspiration, disparaîtront comme toutes les races inférieures, et dans un siècle, plus tôt même peut-être, leur histoire ne sera plus que légendaire. On dira :

« Il y avait ici autrefois une race d'hommes noirs, à la taille élevée, aux cheveux frisés, aux nez épatés, aux dents blanches et aiguës, aux appétits désordonnés, aux habitudes cannibales. Cette race a disparu; les hommes de maintenant, dans la république calédonienne ou dans le royaume de Calédonie, comptent parmi les plus beaux types de la race blanche. »

Madame la comtesse avait peu écouté notre bon père G..., elle fumait avec lenteur et volupté l'excellent cigare de son ami le planteur havanais, en même temps que, dirigeant une attaque sérieuse contre le jeune prêtre, elle cherchait à préparer une conquête dont elle ne se dissimulait pas la difficulté, et que pourtant il fallait brusquer, sous peine de voir échouer ses projets. Elle tentait, par une espèce de fascination, de faire appel à sa sensualité; elle le regardait avec une fixité en apparence involontaire, mais obstinée; son regard félin et passionné ou repentant et timide, selon les sentiments qu'elle croyait avoir déjà surpris chez celui qu'elle convoitait, conservait une tension continue et par suite une action puissante. Le jeune Mariste, malgré sa résolution, malgré sa force de résistance, se sentait surpris, étonné, troublé par ce regard aux rayonnements si changeants et si impérieux. De guerre lasse et après être resté sous le charme pendant de longs instants, il fit un effort héroïque, secoua sa torpeur, se leva et disparut. Il n'était plus là quand le père G... cessa de parler.

M. Jules de Clairefontaine, lui, avait écouté avec attention. Cette question l'intéressait; il comprenait que le mauvais tour du capitaine le condamnerait peut-être à vivre longtemps à la Nouvelle-Calédonie, et il s'ingéniait pour s'y installer le moins mal possible et en préparer sa sortie de la façon la plus naturelle. Sans doute il comptait sur sa compagne pour l'aider dans ses tentatives, pour l'éclairer dans les moments difficiles; elle lui ferait des amis de tous les puissants, sauvages ou civilisés, en soutanes, en habits militaires ou en simples maros océaniens. Mais que de craintes à concevoir! combien certaines révélations, certaines réflexions sur sa conduite, sur son nom, sur son passé, sur tout ce qui le touchait, pouvaient lui porter préjudice! Qui pouvait le rassurer complétement et lui affirmer qu'aucune information compromettante ne viendrait lui nuire auprès de ses nouveaux hôtes, en le renversant du piédestal où il cherchait à se consolider? Son départ forcé du *Véloce* le rassurait peu pour l'avenir; il craignait par moments qu'on le priât un peu brusquement de quitter la mission. Il cherchait donc à s'instruire des amitiés qu'il pourrait nouer, des rivalités dont il pourrait profiter, des susceptibilités qu'il aurait à ménager. Le récit du missionnaire l'avait surtout intéressé en ce qu'il l'avait initié à la vie réelle de la colonie et prévenu des difficultés qu'il pourrait y rencontrer. Roulant en même temps dans sa tête mille projets d'établissement et de départ, il cherchait à continuer une conversation d'où pouvaient jaillir pour lui des lumières inattendues.

« Cher monsieur, se mit-il à dire en tirant une dernière bouffée du cigare qu'il finissait, je suis enthousiaste de votre œuvre, je donnerais dix ans de ma vie pour y avoir coopéré. Cependant je ne puis vous dissimuler qu'il y a bien quelque chose de vrai dans les objections qu'on vous oppose. Pourquoi les prêtres catholiques se sont-ils condamnés au célibat ? Ils ont augmenté les embarras de leur position, et, malgré la rigidité de leurs mœurs, ils échappent bien difficilement aux critiques des incrédules, aux plaisanteries de ceux qui ne croient qu'aux besoins brutaux de l'humanité. La maison d'un missionnaire marié serait pour le sauvage un modèle bien plus complet que celle d'un célibataire. Votre vie de continence étonne d'abord les indigènes et leur suggère plus tard mille suppositions où votre honneur est en jeu. Ce ne sont là, il est vrai, que des objections de détail et n'ayant de l'importance que relativement au milieu dans lequel vous vivez et à cause des comparaisons possibles entre les missions protestantes et les vôtres.

« Si vous l'emportez à certains égards, sous d'autres points de vue vous êtes dans de moins bonnes conditions. Pourtant je crois que votre œuvre, telle qu'elle est, doit plaire à Dieu et profiter aux hommes en vue de qui elle a été fondée ; seulement je crois aussi qu'elle pourrait être complétée. Je m'offre donc pour vous seconder dans la mesure de mes forces et de mes moyens. Voici comment : votre mission a possédé une goëlette qui faisait le cabotage de toute l'Océanie. Je crois que ce petit navire n'existe plus. Ne pourrions-nous pas nous en procurer un appelé à faire le même service et rétablissant des rapports permanents entre toutes les missions des divers groupes répandus dans le Pacifique ? (Il savait bien, le cher comte, ce qu'il pourrait faire d'une goëlette pour sa sûreté personnelle.) Si vous voulez m'aider dans cette acquisition, de vos conseils seulement, car j'ai des capitaux libres plus qu'il n'en faut pour l'acheter ; si donc vous voulez m'aider, j'achèterai un des navires caboteurs qui visitent habituellement Arama ; nous reprendrons la tradition rompue, nous rétablirons ce lien qui manque maintenant entre tous les propagateurs de nos croyances religieuses, nous intéresserons le chef du district à notre entreprise, nous lui donnerons même, si vous le trouvez bon, la propriété nominale du navire ; moi je ferai, en qualité de votre fondé de pouvoirs, les voyages nécessaires à la continuation de votre œuvre civilisatrice. »

Ce projet enchanta le père G..., et on remit à plus tard le soin d'en parler plus longuement. Pour le moment, il fut décidé que, le lendemain, M. le comte partirait avec le chef pour le village d'Amate, où le ménage européen devait d'abord s'installer; puis on se quitta en se serrant très-cordialement la main et en se disant au revoir.

Madame la comtesse demanda, avant d'aller se coucher, s'il n'y avait pas, le matin, une messe à laquelle elle pourrait assister. Elle était privée depuis si longtemps des joies du culte, qu'elle avait hâte d'entendre la parole de Dieu et de retremper sa foi dans une prière faite au pied de l'autel. Promesse lui fut faite, qui la combla de joie, et la société se sépara.

X

COLONISATION PÉNITENTIAIRE

Avant de continuer le récit des faits et gestes des personnages principaux de cette histoire, je veux adresser au moins un salut d'adieu au capitaine Bontemps. Sans lui, sans son amour un peu excessif pour le beau sexe, sa qualité dominante, et peut-être aussi son défaut capital, nous n'aurions pas aujourd'hui notre héroïne en pleine sauvagerie, au milieu des cannibales les plus authentiques. Sans lui notre héroïne ne serait pas plus à même de séduire les chefs de districts que les capitaines au long cours. Elle serait piteusement remontée dans quelque mansarde borgne, dont l'œil unique s'ouvrant en tabatière aurait l'air d'implorer le ciel pour ses misérables habitants. Là elle méditerait tristement sur la grandeur et la décadence de sa fortune, et sur la célèbre culbute de ceux au char desquels elle s'était attelée. A moins que, supposition encore plus triste, elle ne fût déjà sous les verroux et qu'elle ne calculât, étendue sur la paille plus ou moins hachée, à combien on peut estimer le nombre des insectes sauteurs qui se récoltent journellement dans une prison de femmes, sans compter ceux qui échappent.

Grâces donc soient rendues à notre ami. Il a fait une brillante campagne en enlevant cette nouvelle Hélène, juste au moment où elle avait le plus grand besoin de prendre l'air. Il a soutiré de l'Olympe communard une étoile scintillante de lumière quand l'Olympe menaçait de faire explosion et de se disperser dans l'espace. Il a charmé les ennuis d'une longue traversée par un voisinage agréable, par la vue de deux beaux yeux, par des conversations d'une piquante saveur, avec un mari pour sentinelle de l'autre côté de la cloison. Aujourd'hui, il est vrai, il laisse notre héroïne dans l'embarras. Il abandonne son Ariane sur une rive lointaine. Mais ce sont là les vicissitudes ordinaires de la vie. Après Thésée, la belle Grecque rencontra Bacchus. Après le capitaine Bontemps, notre héroïne fera sans doute quelque autre rencontre. D'ailleurs, si le malheur la touchait enfin, elle en deviendrait plus intéressante. Ce serait pour nous une nouvelle raison de pardonner des peccadilles qu'on pourrait à la rigueur lui reprocher aujourd'hui. Tout étant donc pour le mieux, faisons en deux mots nos adieux au capitaine que nous ne reverrons peut-être pas de longtemps.

Mais, à propos, où donc est-il ce cher Bontemps? et que fait-il? Nous l'avons vu quitter le mouillage du détroit de Devarenne et s'éloigner avec son ami Bentt. Où allait-il en si grande hâte, quand à la mission on comptait si peu sur son départ? Fuyait-il un passé dans lequel des nuages s'étaient amoncelés? craignait-il à la fin pour sa réputation? Sans nier chez lui quelques regrets, sinon des remords, nous devons déclarer qu'il poursuivait surtout l'avenir. Le coq était en mue. Le serpent changeait de peau, l'homme à bonnes fortunes voulait faire une fin. Il rompait avec les irrégularités, les bonheurs et les misères, les privations et les excès de la vie de garçon. Il était temps. Quarante ans allaient sonner. C'était l'heure de la raison; l'heure où l'homme dont la jeunesse a été un peu accidentée se dit enfin :

« Arrêtons-nous, assez du faux bonheur, des amours faciles, des ménages à trois où le maître de la maison ouvre lui-même la porte; des passions échevelées où un jaloux menace de casser une tête deux ou trois fois par semaine. Maintenant prenons la vie à notre compte. Aimons une vierge timide et naïve, formons-la selon nos goûts et nos moyens, et prions Dieu qu'aucun mauvais sujet ne vienne nous rendre ce que nous avons donné aux autres.

Sur ce, il orientait le *Véloce* et en règlait la marche pour ne pas s'éloigner du navire anglais. Il suivait son ami, la femme et surtout la fille de son ami. Il courait après le bonheur réel en poursuivant sa fiancée. Fiancée et bonheur semblaient fuir pour augmenter ses désirs et rendre sa poursuite plus ardente. Nous avons dit, je crois, que les deux navires s'en retournaient à Port-de-France. Nous faisions erreur. Après avoir doublé l'île

Jande et être sortis par la passe qui lui fait face, ils ont abandonné le lagon. Une fois dehors, ils mettent le cap à l'ouest-sud-ouest. Si nous suivons sur la carte la ligne qu'ils parcourent, nous la voyons se terminer à Sidney. Les fiancés ont décidé qu'ils seraient bien mieux là-bas pour croquer le gâteau de noce, que dans un pays où la civilisation est encore dans l'enfance.

Une fois tout réglé sur le *Véloce*, Bontemps se rend à bord du navire anglais. Il va faire sa cour, tout en faisant bonne route. Le voyage peut durer sept ou huit jours. C'est assez pour se faire aimer, il le suppose du moins, et n'a garde de manquer une aussi bonne occasion de préparer sa félicité future. On passe donc presque toutes les journées à se dire des douceurs. On fait de la musique, on jase, on cause, et le temps passe doucement sans secousse, sans grandes émotions, comme les navires filent sur la mer tranquille sans autre trace que leur sillage qui s'efface bien vite.

Parfois aussi les deux amis conversent sérieusement. Gare à vous, lecteur. Je crains une tirade de politique ou de philosophie, ou de quelque science transcendante. Hélas! on parle encore de la France. Nos malheurs nous rendent l'objet de la conversation neuf fois sur dix. Ils ont été si imprévus, et si foudroyants! Il faut bien l'avouer, on ne parle pas généralement de nous, à l'étranger, pour exalter nos vertus, pour vanter notre prudence, pour admirer notre savoir-faire. Le monde n'est pas près de ratifier cette haute opinion que les Français ont d'eux-mêmes, aujourd'hui surtout que des revers terribles devraient nous inspirer un peu de modestie. Nous avons été surpris, s'écrient les chauvins, patience! et dans peu la revanche ! Comme si nous n'avions pas tout fait pour être surpris! comme si notre bruyante allégresse, au commencement de la guerre, n'avait pas légitimé l'ineptie de nos gouvernants, l'aveuglement de leur chef. Aujourd'hui que nous sommes dans l'abîme où nous ont plongés l'ignorance et la vanité, que de gens encore assez fous pour répéter ces vieilles redites : « Paris reste le centre de la civilisation, la France est toujours la capitale du monde, » et autres déclarations ne brillant pas précisément par leur modestie. Ne serait-il pas de bon goût d'attendre que les compliments vinssent des autres? Il est vrai qu'on les attendrait longtemps.

Une vertu nous reste pourtant de toutes celles que nous avions autrefois, mais elle est pleine de périls. Cette vertu, si c'en est une, est la *mobilité*. C'est à elle que la France doit son ressort. Tombée bien des fois déjà assez bas pour faire espérer sa ruine par les nations voisines qui la jalousent pour ce qu'elle vaut, et plus encore pour ce qu'elle se vante de valoir, la France s'est jusqu'à présent relevée plus vivace, plus jeune que jamais. En sera-t-il cette fois encore comme par le passé? Espérons-le, mais constatons que les vieux rouages de gouvernement sont morts et bien morts. Si notre révolution n'est pas une rénovation, si la forme républicaine ne remplace pas définitivement la monarchie usée, si les lis veulent refleurir encore maintenant que leur racine sèche depuis longtemps sur les grands chemins, si enfin on tente une dernière restauration d'un passé qui n'est plus qu'un souvenir, oh alors! tout est perdu, et si complétement perdu qu'après une dernière convulsion la France s'affaissera pour disparaître. Elle s'enveloppera dans son linceul de nation morte, comme ont fait dans tous les temps les peuples que la démoralisation, les excès d'une civilisation de surface, la prospérité factice, les besoins exagérés de jouissances malsaines, ont jetés sur une mauvaise pente.

En tous cas et quoi qu'il arrive, la chute de la France est fatale. Elle est imminente si nous nous obstinons dans nos luttes intestines, dans notre amour insensé d'un passé pourri ou d'un avenir pervers. Elle peut être retardée au contraire de quelques siècles, par une rénovation complète en même temps que rationnelle de nos institutions politiques, religieuses et sociales. Pour commencer et comme base du nouvel édifice, la république doit remplacer la monarchie. Certes la royauté, qui a fait son temps, a eu comme la papauté ses époques de splendeurs. Mais les institutions s'usent comme toutes choses: un moment vient où le changement est une nécessité impérieuse, un grand acte de conservation. Faisons donc des vœux pour que le parti des républicains par raison, des républicains conservateurs, des partisans de la seule république possible, la république parlementaire, se recrute de tous les gens sensés, et qu'il devienne assez puissant pour triompher, pacifiquement ou non, des séides aveugles des régimes passés et des adeptes plus aveugles encore des utopies irréalisables.

En attendant que nous réformions complétement notre société, ou du moins que nous bouchions les lézardes de notre foyer domestique, nous avons sur les bras une nuée de prisonniers de guerre faits sur notre territoire par des Français combattant des Français. S'il faut agir à leur égard de manière à n'avoir plus à les craindre, on ne peut pourtant pas les exterminer tous. Le bourreau serait mort de fatigue avant d'avoir fini sa besogne funèbre. Je n'ose parler de ceux qu'une ordonnance de non-lieu renvoie dans leurs foyers. Je respecte les décisions des magistrats; mais j'ai peur. Il me semble qu'un nouveau danger rentre dans le pays.

Certes, je suis l'ennemi déclaré des communeux. Je déplore comme tous les honnêtes gens, les cruautés, les meurtres, les incendies à grands spectacles, provoqués pour le plaisir de tuer et de brûler, les abominations d'un jour d'affolement où tout fut confondu, positions, fortunes, valeurs personnelles, où tout roula dans un naufrage général, où il ne surnagea que les têtes sans valeur ou, ce qui est pis encore, les têtes perdues de vices; absolument comme dans les vins montés en lie, l'écume putréfiée monte à la surface. Quand la France était mise en danger par ces héros de mélodrames, par ces singes maladroits de vrais révolutionnaires d'une autre époque, les représentants de l'autorité légale avaient pour mission spéciale de faire table rase. Tout homme surpris en flagrant délit de révolte armée contre le gouvernement accepté par la majorité devait payer de sa tête et payer comptant. Mais une fois l'incendie éteint, une fois la bataille finie, la bête fauve rentrée dans sa tanière, pourquoi tuer si on peut faire autrement?

Que veut la société à l'égard de ses ennemis? les supprimer et rien de plus. Si elle n'avait pas d'autre moyen d'en finir avec eux que de les pousser sur l'échafaud, elle devrait se résigner à tuer, parce que son premier devoir est de veiller à sa propre conservation. La question est donc de savoir si, oui ou non, elle peut choisir des moyens plus efficaces de pourvoir à son salut.

Je rougirais d'être de l'école des pleureurs qui s'apitoient sur le sort d'un assassin qui a eu le malheur de tuer son père et sa mère, et que la société a la cruauté de condamner à mort. La société, en cas de légitime défense vis-à-vis des assassins, a non-seulement le droit de les tuer, elle a même le devoir impérieux de s'en débarrasser. La seule question pour elle est de savoir quel mode sera le plus profitable à elle d'abord, aux coupables ensuite et enfin à ceux qui marchent sur leurs traces. Faut-il tout simplement faire deux parts, tant pour la hache, et tant pour le verrou, et puis dormir tranquille avec la conscience d'avoir fait son devoir ? Où bien y a-t-il quelque chose de mieux à tenter? Essayons d'élucider la question.

Quelle est l'influence de la peine de mort sur les masses? On l'a dit déjà bien des fois, c'est un spectacle démoralisant qui ne corrige personne, endurcit les gens qui en sont témoins et provoque dans la foule des lazzi funèbres sur la manière dont le supplicié d'hier a supporté sa peine et sur les éventualités qui attendent le condamné d'aujourd'hui. Donc si l'échafaud supprime le coupable, il lui sert aussi de piédestal, et la société souffre plus de sa mort qu'elle n'en profite.

Les prisons ont-elles jamais corrigé un coupable? On peut répondre à peu près toujours : Non, à quelque système qu'on fasse allusion. La cellule abrutit et mène à la folie; la promiscuité augmente la somme des vices au point qu'il n'y en a pas un qui ne soit connu et pratiqué par des prisonniers réunis dans le même cloaque. Mais si la prison ne corrige pas, si l'homme énergique, le jour où il recouvre sa liberté, est toujours plus ennemi de la société que le jour où il l'avait perdue, le système des prisons, quelques formes et quelques noms qu'on leur donne, est mauvais; pour faire quelque chose de bon et de pratique, il faut faire autrement.

Si la société n'a intérêt ni à tuer ni à emprisonner ses ennemis abattus, attendu que l'échafaud fait naître de nouveaux coupables, et la prison, en outre de cet inconvénient, rend ceux qu'elle reçoit plus mauvais qu'elle ne les prend, que doit-elle donc faire, toujours au double point de vue de son intérêt et de celui des condamnés? La réponse est sur les lèvres de tout le monde. On craint presque d'être accusé de répéter une banalité en rappelant que la déportation est appelée à remplacer, chez les nations sensées, non-seulement l'emprisonnement à temps ou à perpétuité, mais même aussi à remplacer, dans une certaine mesure, la peine de mort telle qu'on l'applique maintenant.

La déportation supprime le coupable ou l'améliore;

elle répond donc à tous les besoins; elle débarrasse le sol de la patrie de ces châteaux forts où sont renfermés, comme autant de bêtes féroces, des hommes dégradés, qui se dégradent tous les jours davantage, et considèrent comme leurs plus grands ennemis ceux qui les nourrissent; elle supprime la récidive, la rupture de ban, la surveillance et les stigmates que le crime laisse toujours jusqu'à présent sur le front du condamné. Mais, dira-t-on, on a déjà tenté ce mode de répression et on n'en a pas obtenu des résultats si satisfaisants qu'on soit bien en droit de le recommander comme le meilleur système, commé un remède à tous maux.

Avant tout, il importe de bien savoir si la mise en œuvre de ce moyen héroïque a été ce qu'elle devait être. Déporter sur un continent habité par une nombreuse population libre, ou bien encore déporter dans un pays considéré, à tort ou à raison, comme malsain, c'est pis qu'une mauvaise action, c'est une maladresse; on indispose les populations auxquelles on fait cadeau d'hommes dangereux; on laisse aux prisonniers l'espoir du retour dans une patrie qu'ils désirent surtout bouleverser; on fait clabauder les critiques de toutes choses qui ne manquent pas de dire :

« On envoie mourir au loin des prisonniers qu'on n'ose pas tuer sur place. »

Tenter la déportation dans de pareilles conditions, c'est donc faire sciemment une expérience qui ne doit pas réussir; c'est, du reste, changer seulement le nom de la peine; c'est déplacer la prison et la mettre un peu plus loin seulement du lieu où s'est commis le délit, qu'elle n'était précédemment.

Que si, au contraire, on choisit, comme l'ont fait les Anglais au commencement de ce siècle, un pays sain, ayant de grandes surfaces, des terres fertiles pouvant servir à l'élève des animaux et des hommes, à plus forte raison à la régénération de ceux-ci, un pays comme étaient l'Australie et la Tasmanie, comme avaient été autrefois certains points de l'Amérique, comme est encore aujourd'hui la Nouvelle-Calédonie ; si la population indigène est rare, de race inférieure, incapable de jouir de la terre dans toute sa plénitude, et mérite par suite, jusqu'à un certain point, qu'on se préoccupe peu d'elle ni de ses droits quand un intérêt de premier ordre oblige à la refouler ; si ce pays est isolé au milieu de l'Océan, à 5,000 lieues de la mère patrie, entouré d'un mur naturel assez fort et assez continu pour que la garde en devienne facile, s'il peut, grâce à une culture convenable, subvenir aux besoins de plus d'un million d'hommes, s'il peut produire tous les fruits des pays chauds en même temps que ceux des pays tempérés ; si, par surcroît d'avantages, il renferme dans son sein des trésors minéraux peut-être inépuisables, eh bien ! je le déclare, ce pays est une bénédiction de Dieu, et si on veut le disposer pour recevoir une population gâtée, il a toutes chances de l'améliorer, de l'assainir et de jeter avec elle les bases d'une nation florissante.

On a comparé la Nouvelle-Calédonie à l'Australie sous le rapport des résultats qu'on peut attendre de la déportation, et je n'hésite pas à dire que la terre française est bien mieux placée, bien mieux disposée, dans des conditions bien meilleures enfin que sa grande rivale. Cependant l'Australie est devenue, grâce à son mode primitif de recrutement, la plus belle colonie des temps modernes. Bientôt ce sera une des plus belles républiques du monde.

Si donc j'étais législateur, tout en affirmant positivement les droits de la société à se défendre des attaques de ses ennemis par la prison, les fers ou la mort, je déclarerais renoncer en fait à tous ces moyens de répression comme inefficaces et nuisibles. Je remplacerais donc la prison où on se démoralise, le cachot où on pourrit au physique et au moral, les fers qui pénètrent dans les chairs, enfin l'échafaud, véritable trône du criminel, par la déportation pure et simple, avec travail obligatoire, prolongé longtemps, assez dur pour déterminer chaque jour une grande fatigue corporelle, assez continu pour que le condamné ne puisse s'occuper que de ce qu'il fait, assez rude pour paralyser les facultés intellectuelles dévoyées qui ressusciteraient plus tard moins développées peut-être, mais à coup sûr de qualité bien supérieure. Voici comment je formulerais la loi :

1° Après condamnation à la peine de mort, le condamné sera transporté dans la colonie pénitentiaire de..., où il sera procédé à l'exécution.

2° Une dernière tentative de régénération pourra être faite avant d'exécuter la sentence à titre de simple sursis. Si le condamné subit l'épreuve pendant..... d'années, de manière à faire concevoir des espérances, il comptera de nouveau parmi les hommes vivants.

3° Pendant toute l'épreuve, à la moindre velléité de révolte, mort instantanée, comme pour un chien enragé qu'on tue, etc., etc.

Des catégories seraient établies entre les condamnés: avant le départ, d'après la nature des crimes et leur gravité; en cours de voyage, d'après la conduite, et pendant leur séjour à terre, d'après leurs aptitudes, leur application au travail et leur subordination. A leur arrivée à destination, les prisonniers seraient enfermés dans des prisons casernes, où ils auraient de la lumière, de l'air et une nourriture saine et abondante. Point de cachots, point de chaînes pesantes, de simples murs assez élevés pour prévenir l'évasion, des portes épaisses et bien fermées et le travail en plein air, travail dur et opiniâtre, mais rémunéré! La seule peine pour actes de rébellion serait la mort; ce serait plus radical et plus expéditif que toute autre chose.

Le travail s'appliquerait à tous les condamnés sans exception. Il provoquerait assez de fatigue pour ne pas permettre aux imaginations de battre la campagne. Je ne tuerais pas la pensée, mais je l'empêcherais de naître. L'homme dépravé qui pense ne pense qu'à mal faire. Je me garderais donc bien de commencer par donner des travaux attrayants, par faire faire de l'agriculture, des maisons, des meubles, etc. Je laisserais cela pour plus tard, et attendrais qu'on méritât de recevoir ces travaux comme récompense.

Qui ne connaît l'histoire des prisonniers militaires, des colons ruinés et autres pauvres diables auxquels les autorités, animées de sentiments philanthropiques, donnèrent des terres à défricher, des bœufs de travail et des grains pour en faire des semences. Abandonnés à eux-mêmes, les nouveaux Robinsons ne surent rien faire de mieux que de manger leurs provisions, leurs semences et leurs bœufs, pour venir ensuite redemander de nouvelles provisions sous peine de mourir de faim. Ce serait bien pis encore avec des condamnés que le crime a pervertis de longue date. On ne reprend pas du jour au lendemain l'amour du travail, dont on est déshabitué depuis longtemps. Par quel miracle s'en trouverait-on doué tout à coup, quand on ne l'a jamais eu ?

Le travail primordial, celui par lequel on devra commencer, sera donc un travail forcé, fait au profit du pays, sous les yeux et par les ordres d'agents spéciaux, enfin le travail de voirie. Si la Calédonie est un pays privilégié, si elle doit récompenser largement celui qui saura la cultiver et fouiller ses entrailles, encore faut-il qu'on la mette en état de répondre aux efforts qu'on fera pour révéler toutes ses richesses. Il faut que les communications soient faciles, les transports possibles, enfin les liens sociaux noués par la facilité des relations entre les habitants. Le pays est montagneux, et pour le sillonner de routes, il y a fort à faire. Cependant c'est ce but qu'il faut poursuivre d'abord; c'est lui qu'il faut atteindre dans un bref délai. L'île est française depuis dix-huit ans. Elle devrait déjà avoir un réseau de chemins la coupant dans deux sens au moins. Or quand je l'ai visitée, elle en possédait quelques kilomètres seulement. Y en a-t-il beaucoup plus aujourd'hui ? J'en doute fort.

Tous les prisonniers arrivant dans la colonie devraient donc être occupés, sans exception aucune, au travail des routes. Les plus habiles feraient les terrassements, les autres casseraient la pierre. Il y a de l'ouvrage rude et de facile exécution à donner à des milliers d'hommes et pour de longues années, sans parler des travaux d'art, ponts, viaducs, aqueducs, etc. Grâce à cette variété dans ce seul genre de travaux, des catégories nouvelles, de nouvelles classes de prisonniers pourraient être créées tous les jours. Ce serait un triage continuel. Les hommes placés d'abord dans les classes inférieures pourraient s'élever par degrés jusqu'à devenir maçons, charpentiers, agriculteurs, chez des colons libres, dont le nombre augmenterait rapidement à mesure que les routes s'allongeraient dans le pays.

Ce serait pour le prisonnier une grande révolution dans sa condition que d'être employé chez le colon, et cette faveur ne lui serait accordée qu'après un séjour suffisamment prolongé dans les ateliers du gouvernement pour qu'on puisse à peu près répondre de lui. On pourrait dire qu'une fois là il serait à moitié sauvé. Cependant les mauvais instincts se réveilleront encore bien vite chez quelques-uns, et ce n'est qu'après des épreuves longues et sérieuses que ce premier pas dans la vie libre pourra être consenti et continué. Le condamné devra sentir, grâce à la surveillance et à la discipline, qu'il est toujours sous le coup de la loi, qu'il n'est libre que de travailler, et qu'à la moindre défaillance, il pourra refaire à rebours le chemin qu'il a fait depuis qu'il est dans la colonie. Je ne parle pas des fautes commises, il faut contre elles un code draconien.

Grâce à cette vie austère et persévérante, un certain nombre de condamnés s'assoupliront, se relèveront dans l'estime des autres et d'eux-mêmes et arriveront après un temps variable, mais qui pourra, même pour de grands coupables, n'être que de quelques années, ils arriveront, dis-je, à obtenir leur liberté provisoire.

A cette époque on réglerait leur compte. Tout le travail qu'ils auraient fait de gré ou de force, pour le gouvernement ou pour des colons libres, leur serait payé à un prix suffisant sans être exagéré ; assez bas pour que le colon ait intérêt à les préférer aux ouvriers libres, assez élevé pour qu'ils ne pussent pas se plaindre avec raison d'être exploités. Nos hommes se trouveraient donc alors maîtres d'un capital variable selon le temps écoulé, le travail effectué, les retenues pour les familles et les avances pour vêtements et objets divers, mais qui pourrait s'élever à plusieurs milliers de francs. Selon qu'ils seraient ouvriers, cultivateurs ou marchands, l'administration leur fournirait des outils, des marchandises ou de la terre pour leur permettre l'exercice de leur profession, avec une liberté d'action suffisante pour travailler selon leurs goûts, gagner de l'argent et devenir riches. Ils atteindraient ainsi la liberté définitive en s'améliorant et en s'enrichissant. La réunion des époux aurait commencé avec la liberté provisoire, même elle aurait pu avoir lieu pendant le séjour chez le colon. La vie de famille n'aurait donc pas été longtemps interrompue, si les prisonniers l'avaient bien voulu.

Enfin l'époque de la liberté a sonné, soit que le prisonnier ait fini sa peine, soit que l'indulgence ait été provoquée par une conduite exemplaire. En tout cas il peut quitter l'île ou y rester, vendre son coin de terre ou continuer de le cultiver. S'il reste, il est citoyen à tous les titres. S'il veut partir, le gouvernement lui fera des conditions douces pour sa rentrée en France. Il payera un demi, un tiers, un quart de fret. Cependant il lui faudra payer et ce devrait être là une condition indispensable de retour. Le prisonnier libéré après 10, 15 et 20 ans passés dans la colonie, a gagné de l'argent. Il doit en posséder. S'il n'en avait pas et qu'il obtînt un passage gratuit pour la France, que ferait-il au retour? Avec quoi pourrait-il vivre, à moins d'avoir recours à son ancien métier? Il faut donc qu'il ait fait fortune pour quitter la colonie et alors que lui importe de payer son passage?

Beaucoup de libérés retourneront-ils en France, quand ils pourront le faire? Si vous le croyez, vous êtes dans l'erreur. Ils ont tous désiré le retour d'autant plus vivement qu'ils étaient moins en mesure de le réaliser. Maintenant ce désir est en grande partie éteint. Ils ont un champ qu'ils ont défriché et qui les nourrit largement. La maison qu'ils ont construite a vu naître leurs enfants. Ces petits êtres, qu'ils aiment comme d'honnêtes gens qu'ils sont maintenant, n'ont d'autre patrie que ces belles vallées pleines de bananiers, ces montagnes où leurs vaches et leurs chèvres vont paître, que ces beaux lagons dont l'eau est si claire, les rochers si blancs, les poissons si brillants. Eux-mêmes ils n'ont à rougir devant personne en Calédonie. Ils étaient des voleurs là-bas, mais ici la conscience leur est revenue. Ils sont même dans les honneurs. On les a nommés membres du conseil municipal. Quelques-uns retourneront pourtant, poussés par leurs vieux souvenirs. Mais, arrivés dans leur pays, ils ne retrouveront ni leurs parents, ni leurs amis, ni leur maison d'autrefois. On ne les reconnaîtra plus ; ils seront des étrangers, ils s'en reviendront en Calédonie.

S'ils étaient reconnnus ils seraient encore plus mal accueillis. Ils seraient pour leurs anciens concitoyens les condamnés d'hier ; leur réhabilitation serait ignorée ; on ne leur en saurait aucun gré. D'ailleurs, d'ici là, la Calédonie se sera couverte de villes, ses ports regorgeront de vaisseaux, ses champs seront des jardins, et les anciens prisonniers, devenus libres grâce à leur conduite, riches par leur travail, y auront leurs amis actuels, leurs affections du moment et surtout l'avenir de leurs enfants. Ceci ne vaut-il pas les bagnes, les maisons de correction, de détention et tous ces petits établissements tout étroits quoique très-coûteux, où l'on entasse les condamnés, hommes, femmes et enfants, et qui sont de si bonnes écoles de mœurs qu'on en sort tout à fait corrompu quand on ne l'était qu'à moitié en y entrant.

Cette vie de prisonnier réhabilité, je sais bien qu'elle n'attend pas tous les condamnés, mais elle attend le plus grand nombre. Ceux-là formeront des familles avouables qui n'auront rien à envier à celles de la mère patrie. Quant aux incorrigibles, ils commettront de nouvelles fautes et on les supprimera définitivement. Certaines maladies, la gangrène par exemple, ne guérissent que par l'amputation. Après avoir transporté un assassin aux antipodes, que faire de lui s'il ne se corrige pas, sinon de l'envoyer dans l'autre monde ? Un certain nombre se tenant sur la limite du mal, végéteront dans les ateliers publics jusqu'à leur mort. Il y aura toujours des pierres à casser pour eux. Mais ce sera le tout petit nombre. L'homme est ainsi fait que toujours il monte ou descend l'échelle sociale. il se réhabilite ou meurt à la peine.

Ce système si simple, si pratique, je ne l'ai pas inventé. Il a fonctionné en Australie jusqu'à ce que la colonie assez puissante ait pu dire à sa métropole : « Nous ne voulons plus de vos malfaiteurs. Si bon nombre de nos concitoyens sont venus ici enchaînés, ils ont mérité qu'on rompît leurs chaînes, ils sont honnêtes maintenant et sont pères d'honnêtes gens. Nous ne voulons plus le rebut des autres. Envoyez vos scories ailleurs. » D'ici à ce que les habitants libres de la Nouvelle-Calédonie en puissent dire autant, il se passera bien des années. Alors la France avisera.

Si tout ce que je conseille se fait déjà, c'est à merveille. Si le système adopté est plus perfectionné, plus parfait, c'est encore mieux. Je n'ai plus qu'à me taire. Mais si on conservait là-bas les prisonniers dans de petits espaces comme en France, si on les entassait dans la petite ile Nou sous prétexte qu'ils sont mieux surveillés, si on les tenait dans un contact trop immédiat, ce qui est toujours mauvais et souvent dangereux ; si on les faisait travailler sans rémunérer le travail à son prix réel sous prétexte que les dépenses faites pour les prisonniers sont loin d'être couvertes ; si, d'une autre part, on commençait par leur confier des travaux agricoles et industriels qu'on doit conserver pour récompenser des tendances à la régénération, si on donnait des maisons, des terres et des outils au lieu de les vendre, on agirait aussi mal que possible, et au lieu d'obtenir les bons résultats qu'on se promet, on en préparerait de détestables.

Il faut absolument que la régénération du prisonnier soit spontanée. Il faut qu'il sache bien qu'en travaillant il constitue à son profit un capital d'une certaine valeur. Il faut qu'il achète son champ pour qu'il l'estime à sa valeur. Il faut enfin qu'il doive ce qu'il aura et ce qu'il sera à son initiative propre. Le gouvernement ne doit que lui faciliter les moyens d'arriver à ses fins. Que si l'autorité veut faire tous les frais et prendre toute la responsabilité, ses dépenses seront en pure perte, et le prisonnier ne sera pas sauvé.

Résumons la méthode anglaise pour en montrer la bonne économie.

1re époque : Travail forcé et rude au grand air, par petits chantiers pour la construction des routes. Bonne nourriture, mais tâche aussi grande que les forces peuvent la supporter. Comme régulateur infaillible, une surveillance incessante, un commandement impitoyable, des châtiments corporels, si besoin en est. Comme récompense, la certitude d'un changement prochain de position, si le travail est régulier et suffisant.

2me époque : Travail en rapport avec les goûts et les aptitudes, mais forcé encore et toujours opiniâtre.

3me époque : Placement chez le colon en qualité de salarié.

4me époque : Liberté provisoire, travail spontané aidé par le capital constitué pendant les époques précédentes. Prévoyance en vue des besoins et des jouissances de l'avenir.

5me époque : Liberté définitive, fixation dans la colonie neuf fois sur dix.

Voilà les questions que les deux amis traitaient en se promenant sur le pont, pendant que le navire faisait route pour l'Australie. Tout en reconnaissant que le système anglais était le seul bon pour des prisonniers de droit commun, ils se demandèrent s'il serait applicable aux prisonniers politiques. A cela Bentt, rappelant ses souvenirs, dit à son ami :

— Certainement, je fais une grande différence entre un homme affolé par la passion politique, et un assassin qui tue pour voler. Le premier peut encore être de bonne foi, alors même qu'il a commis les crimes les plus odieux. Il porte le fer et le feu au milieu de ses concitoyens, dans la persuasion que des cendres du repaire des tyrans, comme il appelle ses ennemis, renaîtront des demeures enchantées pour ceux qui partagent ses opinions. Il croit que le berceau du peuple peut nager impunément dans le sang des aristocrates, et n'en abordera que mieux sur les rives fortunées de l'Éden socialiste. Aigri par d'anciennes blessures réelles ou imaginaires qu'il attribue aux privilégiés, quand il n'y a plus de priviléges, il est fou, il est aveugle. Il baisse la tête comme un taureau excité par l'aiguillon d'un bouvier maladroit, et promène la ruine et la mort sur son passage. Le second est un simple calculateur qui, pour jouir du travail d'autrui, le guette, le tue et prend ses économies. Il y a des différences capitales dans la nature des crimes commis et dans celle de ceux qui les commettent.

L'un agit avec préméditation et guet-apens; l'autre, aveuglé par une passion brutale, perverti par des prédications subversives, n'a plus son libre arbitre. C'est un maniaque, c'est un malade. Malheureusement les résultats sont les mêmes, qu'ils soient le produit de la passion politique dévoyée ou de la seule soif de l'or. On est dans les deux cas en présence d'êtres dangereux au premier chef, à qui il faut de toute nécessité enlever la possibilité de mal faire.

Si la société ne doit pas se venger, elle a du moins le devoir de se préserver du mal que veulent lui faire se ennemis, quels qu'ils soient et poussés par n'importe quel mobile. C'est dire qu'elle a, contre les prisonniers politiques, les mêmes droits que contre les prisonniers de droit commun. Le travail forcé, produisant un profit à celui qui le fait, même malgré lui, est un remède tout aussi efficace contre un genre de folie que contre l'autre. A celui qui vole, il montre comment on arrive à posséder légitimement. A celui qui renverse tout comme un torrent, il montre que le calme répare les fautes du désordre. Les coupables sont malades à divers degrés, et affectés de diverses maladies, mais ils n'en supportent pas moins bien le même traitement, et n'en guérissent pas moins, étant soumis au même régime.

« Ils mourront sous le faix, diront certaines gens au cœur maladroitement tendre, à l'égard des ennemis constants d'un ordre de choses quelconque, par cela seul qu'il est établi. « Leur organisation délicate ne pourra résister à cette tâche de bête de somme. Eux, habitués à penser, à faire des spéculations philosophiques, à créer sans cesse des constitutions meilleures, à préparer le bonheur perpétuel du genre humain, pourront-ils s'abrutir à casser de la pierre d'un soleil à l'autre? Non, non, il s'affaisseront à mi-chemin; ils mourront avant d'avoir fait un mètre de remblai, et le fameux système qui devait régénérer le monde mourra avec eux. »

A cette affirmation j'oppose une négation catégorique. Non, il ne mourra pas, le conspirateur, parce qu'on lui aura imposé un travail aussi rude que sa constitution physique peut le supporter. Non-seulement il ne mourra pas, mais sa santé s'améliorera à mesure que, plus habitué à ce nouveau régime, il le supportera avec moins d'efforts. Ce qui rend malade et tue, c'est de pourrir dans un cachot humide, de croupir dans l'oisiveté, ou bien de produire, du fond d'une prison d'où l'on ne peut sortir, des élucubrations qui doivent renouveler et embellir toute la surface du globe. Voilà ce qui rend les prisonniers plus mauvais, plus malheureux, plus malades. Voilà ce qui leur inspire des livres destructeurs des sociétés existantes, sur l'organisation sociale, le socialisme, l'Icarie, l'extinction du paupérisme et autres questions humanitaires. Voilà ce qui tue les cerveaux creux qui rêvent de telles folies ; et, ce qui est bien plus malheureux, voilà ce qui tue les sociétés.

Le travail corporel, mesuré, même avec un peu d'excès, aux forces du corps, loin de tuer, renforce, loin d'affaiblir les muscles, les développe. Il est vrai qu'il modère la faconde de l'orateur clubiste, qu'il brise la plume du pamphlétaire de cabaret, qu'il paralyse la fougue du conspirateur de barrière, en imposant la fatigue et le besoin de repos. Mais n'est-ce pas un grand bien de voir un brouillon incorrigible, un opposant quand même, à tous et à tout, transformé progressivement en homme pratique, producteur d'un travail modeste, mais enfin d'une valeur de quelques francs par jour.

Vous souvenez-vous de ces nombreux prisonniers que nous avons vus arriver à Sidney en 1840. Ils venaient du Canada et appartenaient presque tous à la bourgeoisie. Il y avait là des médecins, des avocats, des hommes de lettres, publicistes, etc., tous gens aimant l'opposition et la pratiquant par système et par habitude. Notez que ces Canadiens avaient peut-être raison en principe. Ils défendaient peut-être la cause de la justice, ils étaient peut-être victimes de la force, de tout ce que vous voudrez. J'admets même que, s'ils avaient réussi, ils régénéraient le Canada; mais ils n'avaient pas réussi. Le gouvernement existant, en face d'une agression impuissante et sans regarder si la réforme proposée les armes à la main était juste ou injuste, avait pour mission de préserver la société. Il le fit et fit bien. Les conspirateurs, malgré leur position sociale, ou plutôt à cause de cette position, sitôt leur arrivée dans la colonie, furent conduits sur la route en construction à l'ouest de Sidney. On les mit au travail immédiatement, sans se préoccuper des témoignages de sympathie que les humanitaires du cru ne manquèrent pas d'exprimer bruyamment; on leur donna une nourriture abondante, mais du travail à pleine mesure. Ils eurent du bon air à respirer, mais peu de loisir pour penser. Ils oublièrent de comploter, pour ne rêver qu'au repos devant suivre des heures de travail si bien remplies. Ils finirent ainsi par se moquer eux-mêmes des explosions de sensiblerie de ces cerveaux malades, qui se donnent pour mission constante de réclamer à outrance la légalité contre les dépositaires de l'autorité et les exécuteurs des lois.

Or, savez-vous ce qui est advenu de tous ces prisonniers? Ils ont promptement compris que la société avait agi à leur égard comme elle devait agir, attendu que son premier devoir était sa propre conservation. Qui ne sait, en effet, que tout gouvernement se doit toujours garder jusqu'à ce qu'il succombe sous les coups d'une opposition que le succès seul rend légitime. Tant qu'il existe, il se doit à lui-même sa propre protection, et la révolution qui le renversera demain n'est aujourd'hui qu'une émeute qu'il a le droit d'écraser. Il sait que le jour où il sera tombé, il ne rencontrera que détracteurs, et ce sera justice; pourquoi se sera-t-il conduit de manière à se faire renverser?

Toutes ces réflexions, les prisonniers canadiens les firent vite. Leurs gardiens reconnurent bientôt que la passion révolutionnaire était morte en eux, et comme ils pouvaient rendre à la colonie des services plus efficaces en faisant autre chose qu'en cassant de la pierre, on leur accorda promptement leur liberté provisoire, leur *tiket-live*. Ils furent rendus après peu de temps de surveillance à leur propre inspiration et à leur initiative personnelle.

Voilà ce que le gouvernement français doit faire aujourd'hui pour ses prisonniers politiques, comme il doit le faire toujours pour ses prisonniers de droit commun. Mais si le remède pour ces deux genres de malades doit être le même, il ne doit pas être administré dans le même vase, ni pris dans une commune agape. C'est ici que les catégories deviennent de plus en plus indispensables. Tel atelier renfermera des voleurs, tel autre des assassins, tel autre seulement des prisonniers politiques. Tous les condamnés travailleront également, mais ils ne seront jamais confondus.

Les richesses métalliques de la Nouvelle-Calédonie peuvent aider puissamment le gouvernement dans l'installation normale et définitive des colonies pénitentiaires. Seulement il faudrait bien se garder d'envoyer de but en blanc des prisonniers aux mines. Souvenons-nous de ce qui est arrivé en Californie et en Australie. La libre pratique d'une contrée où l'on peut s'enrichir en quelques mois, voire même en quelques semaines, attire les hommes les plus aventureux, en même temps qu'ils ont moins de scrupules. Si, à cette population d'un choix si médiocre, on en ajoute une autre qui lui soit inférieure, que de raisons de rixes, de vols, de contacts malsains, de combats et même de morts d'hommes ! Si au contraire on promet la visite aux mines à ceux qui, par leur conduite, mériteront une récompense, la population de ces centres, dont le caractère distinctif est la mobilité, se recrutera progressivement et sans secousse de gens ayant donné quelques garanties contre les désordres qui sont toujours à craindre.

Je sais que les mineurs s'enrichissent rarement; mais enfin un certain nombre auront la chance de ramasser beaucoup d'or, et parmi ceux-là quelques-uns le garderont pour s'en faire des rentes. Supposez maintenant quelques centaines de vos démocrates enragés, de ceux qui crient le plus fort contre le capital, contre l'exploitation de l'homme par l'homme, et débitent toutes les balivernes qui sont l'ornement habituel des discours des humanitaires, égalitaires, prolétaires et tout ce que vous voudrez en *aires*. Admettez qu'ils réussissent à se faire un capital assez rondelet et qu'ils échappent à la folle pensée de le dissiper dans les premiers jours de sa possession, comme vous les verrez changer complétement de manière de voir, en ce qui touche au respect du capital, à la conservation de la propriété individuelle, et à toutes les questions qu'on traite d'une manière complétement différente, selon qu'on n'a rien ou qu'on a fait fortune !

Des gens pleins de bonnes intentions, mais se préoccupant très-superficiellement des maladies de la société et des remèdes qu'on peut leur opposer, se laissent aller à dire à peu près ceci :

« Les adeptes des théories nouvelles, les enragés partisans de la propriété commune, de l'abolition du capital et du droit d'hérédité, vont être en pays essentiellement communiste, où la société est seule propriétaire, où l'individu simple usufruitier ne laisse pas même son nom à son fils, où le capital n'est pas seulement soupçonné. C'est la réalisation de leur rêve. Ils vont trouver aux antipodes, établi de temps immémorial, un ordre de choses pour lequel ils ont compromis l'existence de leur pays, risqué leur fortune et celle des autres, le tout inutilement. Qu'ils entrent donc en plein exercice du communisme. Les indigènes leur donneront des renseignements pratiques sur leurs théories de prédilection ; ils pourront établir la commune avec toutes ses conséquences, bonnes ou mauvaises. »

Si on n'admettait pas que c'est là une plaisanterie de mauvais goût adressée aux communeux de Paris, on verrait que ce conseil, s'il était suivi, conduirait vite à la ruine, non-seulement de ceux qui tenteraient l'expérience, mais de la colonie tout entière. Il y a déjà un certain nombre de colons libres dans le pays ; leurs intérêts sont respectables et doivent être respectés. On doit avant tout les protéger contre les égalitaires, qui crient bien fort que la terre n'est à personne et que ses fruits sont à tout le monde. »

C'est en causant ainsi de tout ce que la déportation pouvait amener de changements dans l'état de la Nouvelle-Calédonie, que les deux capitaines passaient le temps qu'ils ne consacraient ni aux dames ni aux repas ni au sommeil. Laissons-les continuer leur causerie et leur voyage. Souhaitons-leur un bonheur infini et aux époux une lune de miel éternellement resplendissante. Puis, retournons dans le district d'Arama où des intérêts de premier ordre et des personnages d'importance réclament notre concours d'historien.

XI

LA CASE DU CHEF

Le chef actuel du district d'Arama est un descendant du fameux tea Booma que Cook trouva à Balade en 1774. Comme son aïeul, il se nomme Booma. Resté orphelin en bas âge, il fut élevé par le père G...., établi déjà depuis quelques années dans le district. C'était une pensée de haute prévoyance qui avait poussé le chef à appeler des missionnaires dans son petit État. A part les bienfaits moraux que pouvait lui procurer l'introduction du christianisme, bienfaits dont il ne pouvait se faire idée, puisqu'il ne connaissait pas la nouvelle religion, il y voyait des avantages immédiats et palpables. Les missionnaires savaient beaucoup de choses qu'ils offraient d'enseigner; leurs maisons étaient plus commodes que les cases du pays, leurs outils en fer valaient mieux que les bâtons pointus pour cultiver la terre. Ils écrivaient la langue que lui ne savait que parler et ils pourraient, par conséquent, lui fournir les moyens de communiquer à distance avec ses amis et alliés sans que ses courriers fussent ses confidents. Enfin, hommes éminemment pacifiques, ils n'étaient nullement à craindre. Le tea n'avait donc pas hésité à leur donner un beau domaine sur la grande terre et la petite île de Pam, où ses hôtes élèveraient des animaux dont quelques-uns seraient offerts à son appétit. Il fit en cela preuve de bonne administration.

D'un autre côté les missionnaires, s'établissant en vertu de conventions consenties en dehors de toute pression de l'autorité civile, étaient à peu près certains de n'avoir rien à craindre ni pour eux ni pour leur propriété. A part quelques cadeaux faits à propos au chef, ils n'auraient plus rien à donner au reste de la tribu. De plus, mettant dans une juste mesure leurs outils à la disposition des naturels, ils ne craignaient pas qu'on les leur enlevât, et si par hasard ils eussent été victimes d'un vol, ils étaient bien décidés à n'avoir jamais recours à la force pour rentrer en possession de leur bien. Ils se souvenaient de ce qui était arrivé à Balade, quand un indigène, ayant volé une hache aux blancs, ceux-ci eurent la malheureuse pensée de lancer des chiens à sa poursuite. Faire la chasse aux hommes avec des chiens, c'est se préparer une catastrophe pour le jour où la vengeance sera possible. C'est en effet ce qui arriva dans cette occasion. Enfin la mission d'Arama avait eu le bonheur de n'être jamais protégée par la force armée et sa position en était bien mieux établie.

Les choses étant ainsi réglées et les conversions promettant de s'opérer avec une sage lenteur sur la population jeune qui fréquentait l'école, les religieux ne virent pas sans chagrin le gouvernement colonial étendre sa sphère d'action jusqu'au nord de l'île. Ils reconnurent bien vite que leur influence civilisatrice allait être battue en brèche par l'envahissement du militarisme. Hommes de paix avant tout, ils avaient accepté les institutions du pays telles qu'elles étaient, en cherchant seulement à les améliorer, et ils pressentaient qu'on allait les briser pour les remplacer par des lois incompatibles avec les coutumes des naturels. Quand ils attaquaient le cannibalisme par la seule introduction d'animaux comestibles, les soldats ne viendraient-ils pas le combattre au moyen des armes à feu? Les sauvages fuyant les conquérants dont les arguments ne seraient que des actes de force, ne resteraient-ils pas sauvages? Ne retireraient-ils pas même leur confiance aux compatriotes de ceux qui allaient les opprimer? Ne renonceraient-ils pas aux cultures perfectionnées qui ne leur étaient pas encore bien familières? Ne négligeraient-ils pas d'élever les animaux qui devaient contribuer à améliorer leur alimentation Et ne reviendraient-ils pas plus tard à leurs coutumes barbares sous peine de mourir de faim?

Telles étaient les réflexions des missionnaires et elles n'étaient pas si exagérées dans leurs tristes prévisions qu'on pourrait le croire au premier abord. Les Néo-Calédoniens n'ont jamais aimé les soldats, ils les ont toujours attaqués quand ils ont cru à l'impunité, et les vengeances qu'on a tirées de leurs perfidies n'ont fait que les rendre plus dissimulés, mais non pas plus sociables. S'ils étaient les plus forts, ils tueraient leurs envahisseurs et les mangeraient ; leur faiblesse les oblige à la soumission, mais leur ressentiment leur reste, et ils n'en détestent que plus les maîtres qui les dépouillent. Ont-ils tort ? Les missionnaires, au lieu de conquérir des terres, comme l'ont toujours fait et le feront toujours les colonisateurs de tous les temps, ne venaient, eux, que pour conquérir des âmes. En voyant donc la prise de possession effective s'élargir chaque jour, ils pressentirent que leur influence allait s'amoindrir, qu'elle se réduirait peut-être même à néant, et ceci explique leur tristesse, la froideur de leurs relations avec l'autorité légale; en un mot le manque d'entente que l'on constate tous les jours un peu plus.

L'élève des missionnaires resta longtemps sans trop savoir ce qu'était l'autorité coloniale. Il ne concevait en Calédonie que des Calédoniens avec des chefs héréditaires tout-puissants et des missionnaires faisant l'école. Il n'avait en religion que des idées très-confuses, et ne comprenait pas plus ce qu'on lui enseignait comme la vérité que ce qu'on lui faisait rejeter comme l'erreur. A des pratiques succédaient d'autres pratiques. Il acceptait de confiance ce que le maître lui offrait. Il allait à la messe sans plus de foi et sans plus de répugnance qu'il serait allé causer, par une nuit d'orage, avec les anciens génies de l'île.

A mesure qu'il grandit, sans se préoccuper autrement des idées métaphysiques qui le touchaient peu, il réfléchit davantage sur la position que les blancs lui avaient faite dans son propre pays, dans la tribu dont il était le chef.

Il sentit que l'autorité qu'il allait recevoir des mains du régent n'était plus celle qu'avait eue son père. Les envahisseurs faisaient au contraire peser la leur plus lourde tous les jours. Il ne pouvait s'élever une guerre de district à district sans qu'un navire de guerre vînt mettre son *veto*, sans qu'il n'emmenât prisonniers les chefs d'un parti, quand même il n'enlevait pas tous les guerriers marquants, à quelque parti qu'ils appartinssent. Décidément le chef n'était plus maître chez lui, et Booma voyait avec rage que sa puissance serait à peu près nulle. Sa haine contre l'étranger naquit donc en même temps qu'il devenait homme, et comme le missionnaire son maître était un blanc, il le confondit avec tous les autres représentants de sa race. Seulement, il dissimula. Il garda au fond de son cœur des projets de vengeance, qu'il se promit de faire éclater plus tard, si les circonstances le lui permettaient.

Enfin, quand eut sonné l'heure de sa majorité, Boóma devint le chef réel du district. Son caractère de duplicité hypocrite, de méchanceté, sous une douceur apparente, d'obstination doublée d'humilité feinte, ne tarda pas à se manifester. Pourtant, par timidité native, par habitude d'obéissance, par dissimulation ou crainte des navires de guerre qui venaient fréquemment à Arama, il conserva et conserve encore aujourd'hui, pour son ancien maître, les semblants d'une grande affection ; il feint même de lui obéir toujours. Sa dureté ne s'appesantit, jusqu'à présent, que sur ses propres sujets. Il a augmenté les corvées, les a rendues plus longues et plus difficiles.

Il a exigé que la part de sa propre terre cultivée fût plus grande que par le passé. Il a enfin appesanti son joug chaque jour un peu plus, de sorte que ses sujets purent s'apercevoir qu'ils avaient un roi véritable, quand ils comparèrent sa despotique domination à la bienveillante autorité que le régent venait de résigner.

C'est dans ces dispositions d'esprit que le jeune chef apprit que des Français étaient à Arama et désiraient y résider quelque temps. Sa haine s'en émut. Que veulent ces étrangers, ces voleurs de terres? se dit-il à lui-même; que viennent-ils nous prendre? Il accourut donc à la mission, où il se trouva avec le régent et où il fit connaissance avec le comte de Clairefontaine et son illustre épouse. Nous savons comment se passa la première journée, et quelle détermination fut prise. Recherchons un peu les mobiles du chef.

Quand il sut que le Français avait de l'argent, le désir lui vint de se l'approprier. Il en connaissait la valeur, depuis que le Père G... la lui avait enseignée. Mais quand il eut longuement examiné sa femme, un bien plus grand désir de la confisquer à son profit envahit ses sens. Voler le comte, le faire lui-même disparaître, en l'envoyant vers un chef ami qui s'en débarrasserait: telle fut l'idée qui germa dans sa tête. Pendant que le chef d'un district éloigné le croquerait, besogne agréable à tous égards, lui, Booma, seigneur et maître d'Arama, s'emparerait de toutes les richesses renfermées dans les nombreuses malles qu'il avait entrevues. C'était là un butin de bonne prise, presque une épave que la mer jetait à ses pieds.

Mais, par-dessus tout, il se voyait déjà en possession de la belle comtesse. Il l'élevait au rang de la première de ses maîtresses; au besoin même, il en faisait son épouse légitime. Le Père G... les mariait, et il devenait propriétaire de la femme et du mobilier, en vertu des lois étrangères et des coutumes du pays. Tout était bien. Voilà comme sa nature sauvage reprenait le dessus à mesure que sa volonté devenait plus indépendante.

Jules de Clairefontaine ne se doutait même pas du mauvais tour que se proposait de lui jouer son nouveau frère le chef d'Arama. On ne saurait se douter de tout! Il rêva donc toute la nuit de promenade triomphale à travers les populations indigènes, de chasse miraculeuse aux canards et aux pigeons, de découvertes devant l'immortaliser et l'enrichir, enfin, de tout ce qui miroite habituellement dans le cerveau d'un nouveau débarqué sur une terre jusque-là peu explorée.

— Décidément, se disait-il à part lui, il est charmant mon frère le grand chef, et les Néo-Calédoniens ne sont pas si méchants qu'ils sont noirs. Comme j'ai bien fait de me baptiser comte! C'est bercé par des projets enchanteurs qu'il s'endormit pour ne s'éveiller qu'avec l'aurore du lendemain.

Celui qui n'a pas vécu sous les tropiques n'a pas l'idée de la splendeur et de la rapidité d'un lever de soleil dans les pays à faible latitude. De l'obscurité la plus épaisse sort à pas de géant la lumière la plus vive. L'orient se colore d'un rouge foncé; les nuages de l'horizon prennent les teintes les plus vives; on dirait un incendie au ciel; puis, tout à coup, sans transition, il fait grand jour.

Ce changement à vue se renouvelle ainsi tout le long de l'année. A une demi-heure près, les jours sont de douze heures, comme les nuits. Si celles-ci sont un peu longues, on ne s'en plaint pas; il fait si chaud pendant que le soleil darde ses rayons dans l'espace, qu'on est heureux de respirer l'air frais de la nuit. La brise du matin souffle en général d'un rumb opposé à celle du soir. On sait d'où doit venir le vent à telle ou telle heure; on y compte; on en profite ou bien on s'en garde, selon les circonstances, tant les choses sont régulières!

A part les typhons dévastateurs; à part ces rares orages qui menacent de tout renverser, de tout détruire, arbres et cases sur terre, mâts et vaisseaux à la mer, le climat de la Nouvelle-Calédonie est d'une régularité parfaite, en tenant compte de la saison des pluies qui même passe assez vite. S'il fait grand chaud le jour, il fait frais la nuit, et la santé de l'homme se trouve bien d'alternatives qui n'ont rien d'excessif. Aussi peut-on affirmer, avec une certitude consacrée déjà par une expérience suffisante, que le nouveau venu ne court aucun danger d'acclimatation, de si loin qu'il vienne.

Les maladies épidémiques y sont très-rares; on pourrait presque dire nulles. Si les habitants observaient un tant soit peu les plus simples règles de l'hygiène, l'éléphantiasis et la phthisie, maladies se rencontrant le plus, ne tarderaient pas à disparaître. Mais, il faut bien le reconnaître, les pauvres diables ne font rien pour s'en préserver. Que n'ont-ils des vêtements et une nourriture suffisante?

Quant au funeste cadeau fait par les Européens aux populations de l'Océanie, il a été moins terrible en Calédonie que parmi les populations plus engageantes de certains autres groupes. Cette plaie est allée là sans doute; où n'a-t-elle pas été? Mais, je le répète, les relations intimes des Européens avec le sexe sensible du pays ayant été toujours assez rares, la maladie a pris moins de développement que dans beaucoup d'autres points.

C'est donc plaisir de se lever, dans ce beau pays, en même temps que le soleil. On jouit d'une matinée fraîche, d'une brise modérée, d'un bien-être qu'on ne trouve que dans les contrées aussi bien placées sur le globe.

Le comte de Clairefontaine, prévenu sans doute des jouissances matinales promises aux gens alertes et tôt levés, se promenait tout équipé et vêtu d'un élégant costume de chasse, que le soleil venait à peine de dépasser l'horizon. Il tenait dans chaque main un fusil double à bascule et paraissait faire une comparaison sommaire entre ces deux joyaux de fabrique française, en attendant son nouvel ami le grand chef d'Arama. Il avait sans doute une surprise agréable à lui faire, et il jouissait d'avance de l'effet qu'il allait produire.

Bientôt le chef arriva et nos deux personnages ne se ménagèrent pas plus les saluts, les compliments et les serrements de mains, que s'ils eussent eu tous les deux la ferme intention de se tromper. C'est ainsi du moins que l'on procède. Après les premières effusions de cette amitié subite, le comte offrit un de ses deux fusils à son frère, qui l'accepta avec empressement. Dire la joie du sauvage me serait impossible. Il regardait, admirait, tournait et retournait son arme avec amour. Il l'aurait couverte de baisers s'il eût osé. Quoi! c'était bien pour lui ce fusil comme il n'en avait jamais vu! Le comte l'avait apporté de France exprès pour le lui offrir! Le noble Français, enchanté du succès de son cadeau, se garda bien d'avouer que lui-même, pour le posséder, n'avait eu que la peine de le prendre.

Une des dix-huit malles de la famille était pleine d'armes et de munitions. Tout cela avait été réquisitionné, au nom de la Commune, chez un arquebusier de la grande ville. On était alors sous le règne de l'égalité. M. de Clairefontaine se crut donc autorisé à confisquer à son profit ces objets de première nécessité pour un homme de guerre. Il s'applaudissait bien fort d'avoir donné à ce colis une destination un peu différente de celle que son ami le délégué avait eu l'intention de lui imprimer. Le diable rit, dit-on, quand un voleur en vole un autre, et Jules était heureux d'avoir fait rire le diable. Il allait se faire désormais des amis. Le cas échéant, ces armes lui serviraient à se défendre contre les vils suppôts de l'autorité régulière qui pourraient bien revenir imposer encore leur tyrannie aux nobles égarés comme M. Jules de Clairefontaine.

Nos deux nouveaux amis, le fusil sur l'épaule, la cartouchière à la ceinture, partirent donc, suivis de quelques naturels qui portaient des provisions de bouche, pour le village d'Amate, où ils devaient visiter la future demeure du comte.

Cette excursion ne fut qu'une longue promenade. Le comte était de plus en plus émerveillé, à mesure qu'il s'avançait dans le pays. Ici dans de grands carrés à peu près inondés complètement, poussait le taro aux longues feuilles d'un vert tendre et d'une remarquable fraîcheur. Plus loin, sur des espèces de plates-bandes dont le sol était bombé et ratissé comme un jardin, les ignames envoyaient leurs tiges grimpantes autour de longs échalas. Plus loin encore les cocotiers balançaient doucement les longues palmes de leurs feuilles, dont les aisselles étaient toutes garnies de fruits à tous les degrés de maturité. Jules courait d'un cocotier à l'autre. Il essayait de secouer les arbres pour faire tomber ces grosses noix qui renferment un liquide si doux qu'on l'a nommé du lait. Le chef était obligé de le rappeler au sentiment de sa propre sécurité, en lui faisant observer qu'on ne doit jamais rester sous ses arbres quand ils portent des fruits murs. La chute d'une noix de coco sur la tête peut faire payer cher une indiscrète curiosité. Jules alors de remercier et de s'extasier sur la prévoyante affection du chef à son égard. Il connaissait les bananiers pour en avoir vu dans les squares de Paris. Mais quelle différence de ces plantes stériles, qu'on ne conserve vivantes qu'à la condition de les soigner outre mesure et surtout de les préserver des rigueurs du froid, aux touffes plantureuses chargées de fruits dont la vue seule le charmait. Un régime de bananes n'est autre chose qu'une grappe de 60 à 80 centimètres de longueur et renfermant jusqu'à cent fruits. Il n'avait goûté les bananes que depuis qu'il connaissait la Calédonie. Après les avoir trouvées à peu près insipides, il s'était mis à les manger avec plaisir et maintenant il en était fou. La banane a cette qualité qu'on l'aime d'autant plus qu'on en mange davantage. Elle flatte le goût, profite à la santé, nourrit, rafraîchit, se sert crue ou cuite, nouvelle ou conservée. C'est une des nombreuses bénédictions des pays chauds.

Chaque fois que les naturels rencontraient nos promeneurs, ils leur faisaient fête, en jetant de grands cris, riant aux éclats, sifflant à percer les oreilles, et frappant dans leurs mains avec une espèce de cadence. C'était la manière officielle de leur témoigner la joie qu'on avait de les voir. Les enfants couraient leur chercher de l'eau fraîche dans une noix de coco et la leur offraient pour qu'ils pussent se désaltérer. Jules n'en prenait jamais sans y joindre un peu d'eau-de-vie de sa gourde, et son ami, qui participait de l'homme primitif et du civilisé, la buvait tantôt pure et tantôt mélangée. Les mauvaises habitudes se gagnent vite. Encore un peu de temps, et l'eau diminuera progressivement du mélange jusqu'à disparaître complétement.

Les femmes se mêlent peu au sexe fort en Calédonie. Soit crainte, soit pudeur, elles se tiennent presque toujours à l'écart. Leur curiosité n'y perd rien. Cachées derrière les bananiers, elles en écartaient les feuilles, regardaient les voyageurs, riaient bien haut et se sauvaient. Cette coutume, qui est immémoriale dans le pays, fut prise par les matelots de Cook pour une agaçante coquetterie. Je crois bien que les pauvres créatures n'y entendaient pas malice. Elles voulaient satisfaire une curiosité innée chez la femme. Mais elles se sauvaient parce que les maris sont d'une jalousie féroce. Sur le simple soupçon d'infidélité, ils battent leurs compagnes, de manière à leur enlever la moindre velléité d'agacer des étrangers. Les coups vont jusqu'à déterminer la mort. C'est à ces moyens de douceur qu'ils doivent leur tranquillité.

Après mille et mille circuits, après avoir abattu quelques-uns de ces gros pigeons, qui n'ont qu'un défaut, celui d'être trop rares, après avoir rencontré une douzaine de groupes d'indigènes, avoir entrevu quelques femmes et s'être fait suivre par une troupe de gamins, les deux amis arrivèrent enfin au village d'Amate. Ils avaient toujours suivi des sentiers, mais jamais le sentier direct. Aussi avaient-ils quadruplé leur chemin. Au lieu de deux kilomètres, ils en avaient parcouru huit. Le comte se sentit donc fatigué, en arrivant au domaine royal. Il serait même entré volontiers dans la première case venue, s'il en avait pu découvrir la porte, et si son compagnon ne lui eût pas recommandé d'aller plus loin. Les indigènes se soucient peu de laisser les étrangers pénétrer chez eux. Leur case est presque un sanctuaire. Elle ne reçoit que la famille, et on les blesse en y entrant, surtout quand elle est occupée par des femmes.

La case néo-calédonienne a la forme d'une ruche d'abeilles. Elle se compose d'une perche centrale qui est la base de l'édifice, et ressemble assez à un poteau télégraphique fiché en terre assez solidement pour ne subir aucune oscillation. Cette première pièce de charpente primitive est entourée, à deux mètres du sol, de tiges d'arbres flexibles et arrondies. Supportée par des espèces de longs échalas juxtaposés, et soutenant à son tour les perches qui servent de chevrons, cette circonférence est fixée à l'aide de tresses analogues à celles qu'on emploie aux îles Hawai, bien qu'elles soient faites avec beaucoup moins d'art. En somme tout l'édifice, quoique léger, est solide. Il résiste d'autant mieux aux coups de vents violents qui sévissent parfois, qu'il est le plus souvent abrité par des arbres aux branches bien feuillues. Si on ajoute une garniture d'herbes sèches, semblables aux joncs qui couvrent nos chaumières, et garantissent l'intérieur de la pluie, on aura la case au complet. Une ouverture étroite et haute d'un mètre environ sert de porte et de fenêtre. Elle donne libre accès au propriétaire et à sa famille. Elle tolère la pénétration de juste assez de lumière pour qu'on n'y soit pas dans une complète obscurité et assez d'air pour qu'on n'y étouffe qu'à moitié. Ajoutons que, la nuit, il y a toujours du feu dans cette espèce d'antre, où la fumée fait l'office de moustiquaire, et vous conviendrez que, si on n'y admet pas volontiers l'étranger, celui-ci ne doit pas avoir grande envie de violer la consigne, qui lui défend d'entrer.

Quelques cases n'ont pas le cercle que je viens d'indiquer. Au lieu de figurer un cylindre surmonté par un cône, elles sont constituées par un simple cône renversé. Ces dernières, en pain de sucre, sont les plus incommodes de toutes, sans que les autres soient des modèles de confort. Chaque case est protégée par une palissade d'un mètre de hauteur environ, placée à quelques pas de ses parois, de manière à procurer une espèce de chemin de ronde.

Le foyer de la cuisine est en dehors de la case. Aujourd'hui, comme au jour de la découverte, les ustensiles culinaires se bornent en une marmite en terre, qu'on place sur trois pierres et au-dessous de laquelle on fait le feu. Là, cuisent les ignames, le taro et certaines racines plus ligneuses que comestibles. Les repas ordinaires sont bientôt préparés. La faune indigène était à peu près nulle, naguère encore on n'avait jamais de viande à faire cuire au foyer du populaire. Les nobles mangeaient les chauves-souris, une araignée qu'ils récoltaient comme une grande délicatesse et parfois un oiseau se rapprochant de notre poule. Cet oiseau a à peu près disparu. Dans les grandes occasions, après une guerre heureuse, les chefs se donnaient la jouissance d'un rôti d'ennemi tué dans le combat.

Chaque guerrier avait sa part du mort, selon son importance et sa force; le bas peuple et les femmes, à part les princesses, se contentaient de la bonne odeur. Après cela qu'on ose donc reprocher encore à ces pauvres gens de regarder avec un œil de convoitise des mollets bien dodus, quand ils en mangent si rarement! Ils ont du reste, à défaut de viande, du poisson et des coquillages. Seulement quelques-uns de leurs poissons sont vénéneux et tous leurs crustacés sont d'une digestion difficile. Mais que faire? On n'a pas le droit d'être bien délicat, quand on est parfois réduit à manger de la terre.

Après avoir dépassé une douzaine de cases placées irrégulièrement, par groupes de deux ou trois, sous des bouquets d'arbres, nos deux amis arrivèrent enfin au palais. Ici au moins la vue était un peu plus flattée. Un carrefour de 20 mètres sur 30 s'étendait en avant. Des arbres de haute taille et de large envergure, comme figuiers gommeux, arbres de fer, etc., ombrageaient l'ensemble des constructions; la palissade protectrice entourait un espàce qu'on pouvait à la rigueur appeler une cour d'honneur. Le palais (ayant risqué le mot, j'ose le répéter) se composait de trois parties séparées : la salle du trône au milieu et de chaque côté une case en ruche comme celles de tout le monde, mais beaucoup plus grande qu'elles. Du premier coup d'œil on devinait qu'on entrait chez un personnage.

La salle du trône avait la forme d'une grange dont on aurait négligé de construire un côté. Deux poteaux, terminant les pignons et figurant le chambranle d'une porte absente, portaient à leur partie supérieure des sculptures représentant d'une manière grotesque et exagérée les types assez laids déjà de l'espèce humaine que l'île produit. Au-dessus des sculptures, s'élevait une espèce de pique sur laquelle avaient été fichées dans le bon temps de liberté primitive les têtes des ennemis vaincus. Les missionnaires avaient obtenu du Père de Booma, qu'il renonçât à l'exhibition de ces dégoûtants trophées. Pendant la régence, l'idée n'était pas même venue au placide chef intérimaire que nous connaissons, de regretter cet étalage de dépouilles humaines. Mais, depuis que le jeune chef avait pris le pouvoir, il se demandait souvent comment il pourrait revenir aux coutumes de ses pères, sans trop scandaliser son ancien maître et surtout sans exciter le courroux des soldats français.

L'intérieur de la case était recouvert d'une natte grossière, s'étalant sur une aire en terre battue. C'est là que trônait le chef quand il habitait Amate. A droite de cette halle et séparée par un espace de deux ou trois mètres, s'élevait l'habitation particulière du chef, sa case proprement dite. Au dehors elle ne différait des autres que par sa dimension, et avait huit mètres de diamètre.

A l'intérieur une révolution avait été opérée : le chef, ayant vécu à la mission, avait pris goût à son confort relatif. Il avait voulu, sans rompre en apparence avec la coutume du pays, modifier au moins intérieurement sa case, de manière à la rendre plus commode. Elle était coupée par deux cloisons disposées de manière à ce qu'on entrât, d'abord, dans une antichambre en forme d'arc de cercle. La porte d'entrée était au centre de l'arc, et dans le mur formant la corde, s'ouvraient deux autres portes garnies de ferrures comme de vrais produits européens. Une d'elles ouvrait dans la chambre à coucher, l'autre dans le cabinet ou le salon ; ces deux pièces communiquaient aussi entre elles par une baie fermée au moyen d'une natte. Dans la chambre à coucher, un lit en bois avec sommier en feuilles sèches. Sur le sommier un drap, un seul par exemple et c'était déjà beaucoup, par-dessus tout cela une couverture de laine blanche. Ce lit était entouré d'un moustiquaire en mousseline claire. Ajoutez deux chaises, une table et un petit meuble qui tenait de l'armoire et de la commode, et vous aurez l'inventaire complet. La chambre voisine, de même grandeur, renfermait seulement une table et des chaises, et de plus du papier, de l'encre et des plumes. Le savant perçait. Un assez mauvais fusil, un sabre et un pistolet d'arçon accrochés à la muraille constituaient un arsenal assez incomplet d'armes importées : des zagaies, des tomawacks, des frondes avec leurs pierres préparées dans de petites bourses en filet, prouvaient que le maître, si amateur de nouveautés qu'il fût, se souvenait de sa condition de guerrier néo-calédonien. Enfin deux masques garnis de leurs crinières et de leurs filets à plumes grimaçaient l'un devant l'autre, en affectant de faire chacun la plus laide figure.

L'air venait dans ces deux dernières chambres par une ouverture communiquant avec la première, et celle-ci le recevait du dehors par la porte. Quant à la lumière, elle y pénétrait en quantité si petite, qu'on pouvait dire qu'il n'en entrait pas, un chandelier en bois témoignait qu'à la rigueur on pouvait la suppléer, quand les caboteurs avaient bien voulu échanger des bougies pour une paire de poulets. C'était aussi aux caboteurs qu'on devait tout l'ameublement que je viens de rappeler, à part les armes indigènes, le seul héritage que Booma tint de son père.

La case parallèle avait la même disposition que celle que je viens de décrire, si ce n'est qu'elle ne renfermait ni les attributs du guerrier ni ceux du lettré. Elle était destinée à l'épouse future du chef; en attendant, elle recevait ses parentes ou plutôt ses amies. A vrai dire, c'était plutôt un harem qu'un dortoir de nonnes. C'est là que le tea prenait, selon les caprices du moment, les instruments de ses plaisirs. En droit, il avait renoncé à la polygamie, pour plaire aux missionnaires. Mais le diable n'y perdait rien et les bons pères fermaient les yeux. A quoi bon voir le mal qu'on ne peut empêcher !

Derrière cette habitation, que nous pourrions appeler la demeure seigneuriale d'Amate, s'élevait un petit bois bien touffu, bien mystérieux, où le comte ne put pénétrer qu'en faisant presque violence à son ami. Le sentier sinueux qu'il traversait était à peu près impénétrable; vers le milieu s'ouvrait pourtant un petit carrefour, de quelques mètres de diamètre seulement, avec un trou en partie rempli de pierres à moitié calcinées. Ce réduit ne parut pas avoir pour l'Européen un grand intérêt. Pourtant, s'il en eût connu la destination, il eût sans doute reculé d'horreur. C'était là que naguère encore, on faisait cuire et on mangeait les victimes humaines. Les chefs s'isolent toujours pour procéder à leurs festins de gala; non pas qu'ils aient grand respect humain, mais parce qu'ils se repaissent tout à leur aise. Les importuns ne viennent ni les déranger, ni diminuer la somme de leur pitance en en réclamant leur part. Ce lieu retiré, presque inaccessible, est toujours consacré par la religion. Il est *Tabou;* l'imprudent qui y serait surpris pourrait payer sa curiosité de sa vie. Aussi est-il toujours respecté.

Le logement des femmes est aussi tabou, si ce n'est pour le maître de la case. Aussi, pour que Jules visitât celui du palais, le chef l'avait fait d'abord évacuer par ses habitantes. Les femmes sont si dociles, qu'elles obéissent au moindre signe, et qu'elles trouvent tout naturel que le maître leur commande d'un simple coup d'œil de sortir ou de rentrer. Tout égalitaire qu'il fût ou qu'il crût être, Jules n'en admira pas moins cette coutume. Il se disait naïvement, en constatant cette inégalité de droits entre l'homme et la femme :

— Comme nous étions dans l'erreur, nous autres socialistes du vieux monde, de croire que la femme est une citoyenne. Dans l'état de nature elle est tout simplement une chose, utile sans doute, servant à divers usages, mais n'ayant pas de volonté, et par suite ne gênant pas du tout. J'ai bien peur de ne pouvoir jamais amener mon Héloïse à ce degré de docilité. Décidément la civilisation a gâté l'espèce humaine.

Pendant que nos deux amis faisaient, comme on dit chez nous, la visite du propriétaire, pendant que le chef faisait connaître à son hôte le dedans et le dehors du domaine qu'il allait occuper, qu'il lui faisait visiter le ruisseau qui devait lui fournir son eau de tous les jours, les champs de légumes qui l'entouraient, les bananiers, les cocotiers, et même quelques mayorés (arbres à pain) qui devaient servir à varier sa nourriturre, ou suppléer au pain que les missionnaires ne pourraient peut-être pas envoyer bien régulièrement, les femmes préparaient un repas où les provisions apportées se mêlaient aux fruits cueillis sur les lieux. Quand tout fut prêt, les deux amis s'étendirent sur la natte de la salle, et là, avec un seul couteau pour deux, des nois de cocos pour assiettes et pour verres, une calebasse pour bouteille, la marmite aux ignames pour seul plat, ils mangèrent du meilleur appétit.

Rien ne rend communicatif comme un repas pris en commun. On commence par parler de choses indifférentes, et, quand l'estomac est bien garni, quand on a arrosé le rôti d'une dose plus que raisonnable d'alcool, on arrive insensiblement à se faire de mutuelles confidences. Cette fois on en vint là d'autant plus vite, que chaque convive voulait étudier son compagnon, et que, pour inspirer de la confiance, il devait s'abandonner à un bavardage indiscret. Une fois la conversation lancée, qui sait s'arrêter à temps? Bref, après moins d'une heure de conversation, le chef savait que M. le comte, d'une grande et vieille noblesse, n'était pas dans les meilleurs termes avec les autorités. C'était même à sa condition de représentant d'une ancienne famille, qu'il devait d'être en opposition avec les puissants du jour, qui n'étaient que des parvenus. Les marins de l'État, les militaires, les gendarmes surtout que Booma connaissait sous de mauvais auspices, se trouvaient être justement les ennemis personnels du comte.

Où était le temps heureux de la féodalité ! alors que ses ancêtres avaient haute et basse justice, disposaient des terres et des gens, battaient les hommes, caressaient les femmes, remplissaient enfin leur rôle de seigneurs avec toute la liberté, toute la puissance que leur donnait la naissance ! Cet heureux temps était passé, mais qui sait s'il ne pourrait pas revenir. Le noble comte voyait même poindre, grâce à la terrible révolution qui venait d'éclater, l'aurore d'un régime qui lui rendrait son ancienne splendeur, en même temps que son nouvel ami, s'il voulait entrer dans ses vues, pourrait reconquérir aussi tout le pouvoir dont avaient joui ses ancêtres sur le sol de sa chère patrie la vieille Balad... Il se proposait, du reste, de s'expliquer plus catégoriquement à mesure qu'il se sentirait mieux en communauté d'opinion avec son frère le noble Calédonien.

Celui-ci, à son tour, s'avançait plus qu'il n'aurait cru pouvoir le faire un quart d'heure plus tôt. De quel droit les Français étaient-ils venus s'établir sur sa terre ? Qui les avait autorisés à prendre les meilleurs ports, les plus riches vallées ? Pourquoi les chefs indigènes, les seuls maîtres naturels du sol, ne pouvaient-ils plus en disposer comme par le passé ? Pourquoi ne pouvaient-ils plus se déclarer la guerre, pour faire des prisonniers, et les sacrifier à leurs anciennes coutumes ? C'est parce que les blancs sont les plus forts, qu'ils nous imposent leurs volontés, s'écriait-il d'une voix stridente, et ils sont forts parce qu'ils ont des armes plus meurtrières que les nôtres. Si, au lieu d'un fusil comme celui que tu m'as donné, tu pouvais m'en fournir cent ou mille, si tous les chefs de l'île pouvaient en avoir autant, crois-tu que les gendarmes se promèneraient longtemps sur nos montagnes impunément? Crois-tu qu'ils pourraient prendre nos ignames, nos cocos, et même aussi nos femmes? Non, mon frère. Ce qu'il nous faut pour reconquérir notre pays, ce sont des armes comme les leurs. Le courage, nous l'avons, et aussi la patience; la force pour supporter les marches forcées, la faim et la soif. Mais nous manquons d'armes, et le jour où un véritable ami nous en fournira, nous combattrons les Français, nous les tuerons, et pourquoi ne pas le dire, puisque c'est bon, nous les mangerons.

Jules eut un petit frisson à ces derniers mots, mais se rassurant bien vite :

— Pas tous, dit-il en souriant.

— Si, tous, tous, répéta le sauvage dont l'œil brillait, comme s'il eût déjà été à l'œuvre; tous, excepté nos amis; nous ne mangeons que ceux qui veulent nous voler. Toi, mon frère, comme ceux des tiens qui nous aideront, tu seras pour nous un vrai Calédonien. Nous avons eu un ami, c'était un Anglais; il nous donnait des armes, et nous, nous lui donnions du sandal. Le jour où les Français jaloux le condamnèrent à mort, nous lui avons prêté deux guerriers, et il s'est sauvé à Sidney. Tu vois que nos amis n'ont rien à craindre de nous.

— A la bonne heure, voilà que nous pouvons nous entendre, et je vais t'expliquer mon projet tout entier, mais surtout n'en parle pas aux missionnaires; ils n'aiment pas les soldats, mais ils ne leur en révéleraient pas moins toute tentative qui pourrait leur nuire.

— Tu me connais bien peu, si tu penses que je prends les missionnaires pour confidents de mes pensées. Crois-tu que je les aime tant, eux qui sont venus chez nous nous imposer des lois nouvelles et vivre à nos dépens ? Mon père leur a accordé la portion la plus fertile d'un de mes villages, et maintenant ils considèrent cette terre comme leur appartenant. Mais, je te le demande, mon père avait-il le droit de donner pour toujours la terre du district ? Non, sans doute. Les missionnaires ont fait, en retour, notre éducation, comme ils disent. Cette éducation consistait, le plus souvent, à ramasser des coquilles pour faire de la chaux, à ranger les ustensiles de ménage, les outils, les meubles de la mission ; nous faisions la cuisine, nous cuisions le pain, nous allions traire les vaches. Au profit de qui donc étaient faits tous ces travaux ? Ces occupations cachaient des instructions, nous dit-on ; mais les instructions véritables étaient bien rares et les occupations bien nombreuses.

« Enfin la position telle que l'ont faite mon père et le régent, je l'accepte. Nous avons maintenant des outils en fer que nous avons achetés ; nous avons des étoffes, et nos volailles sont nombreuses. Mais je suffis désormais à la direction du mouvement industriel ; je suis le chef, le seul grand chef, et ne veux plus partager mon autorité, je ne veux pas que des étrangers m'imposent leurs volontés, je ne veux pas qu'ils m'empêchent d'agir selon mon bon plaisir, parce que moi je suis le tea et qu'eux ils ne sont rien, rien que des prêtres tolérés sur un terrain qui ne leur appartient pas. Penses-tu qu'un marché consistant à donner une étendue de terre qu'on a peine à traverser en un jour et à recevoir quelques haches en échange, soit sérieux? Mais les haches sont usées, la terre a donné ses fruits; tout est revenu à la position primitive. Pourquoi ne reprendrais-je pas l'habitation, les jardins, les plantations de toutes sortes? Cette riche propriété ne convient-elle pas mieux au grand chef du district qu'à des prêtres qui ont fait vœu de pauvreté? Patience! tout viendra à son temps. Pour le moment, je ménage les missionnaires, parce que je redoute les soldats. Vienne le jour où nous serons les maitres, et à notre tour nous imposerons la loi.

« Est-ce que le père G... s'imagine m'avoir rendu un grand service en remplaçant la religion de nos pères par la religion catholique? Nous n'avions pas de temple, mais nous n'en avions pas moins un Dieu, le grand *Dhianoua*. Il recevait les chefs, après leur mort, dans les cavernes de Balabea, et leur donnait à manger tout leur content des ignames, du taro et de la canne à sucre. Où irons-nous maintenant que nous avons renoncé à nos anciennes croyances? Où est le paradis qu'on nous promet? Qu'y fait-on? et qu'est-ce qu'on y mange? Le père G... ne nous dit pas cela. En vérité si, pour obtenir si peu, il nous faut renoncer à nos vieilles coutumes si bonnes et si agréables; si nous ne pouvons plus avoir qu'une femme; si nous ne pouvons plus ni la tuer, ni la battre, ni même la répudier; si nous ne pouvons plus manger notre ennemi quand nous l'avons tué, alors qu'avons-nous gagné? ou plutôt que n'avons-nous pas perdu?

— D'autant, reprit Jules, que la religion catholique qu'on est venue vous prêcher, craque et se lézarde de toute part. Elle n'est pas près de se relever des coups que lui porte la philosophie des libres penseurs. La religion de l'avenir, mon cher tea, c'est de n'en pas avoir. Les savants d'aujourd'hui croient à la matière, parce qu'ils la voient et la touchent, mais ils ne vont pas au delà. Pour eux, dans l'univers, il n'y a que matière, tournant dans l'espace, cristallisant dans l'eau, se vitrifiant dans le feu, agissant par elle-même pour chercher le bien et fuir le mal. Les animaux, et à leur tête l'homme, le premier d'entre eux, ne sont que matière se remuant, sentant et pensant. C'est là tout ce qu'on voit, c'est aussi tout ce qu'on croit; c'est simple, primitif, positif; tous les partisans du progrès sont de cette école. Toute la jeunesse est positiviste. Elle étudie peu; et quel besoin d'étudier? Que nous importent les causes et la cause des causes? Nous croyons à la matière; ce mot répond à tout.

— Comme je te remercie! Ah! messieurs les missionnaires! ils nous apportent ici une religion démodée dont on ne veut plus là-bas! Maintenant qu'elle est usée, maintenant qu'on l'abandonne parce qu'on a beaucoup mieux, ils nous la donnent! c'est toujours assez bon pour des Calédoniens! Patience! patience, mon frère! Procure-nous des armes, et sur toute la terre de Balad renaîtront les anciennes institutions de nos pères. Ceux qui nous prêcheront l'humilité, la charité et toutes les vertus du Dieu crucifié, nous les renverrons à celui qui nous les a envoyés, nous les forcerons à renoncer à leur opulence, puisqu'ils exaltent tant la pauvreté.

Quand Jules vit que le chef allait jusqu'à menacer l'homme qui avait imprimé le seul mouvement civilisateur dont la tribu avait jusqu'alors profité, il comprit qu'il pouvait s'entendre avec lui. Rien ne l'empêchait plus de lui communiquer tous ses projets.

« Vous avez besoin d'armes, lui dit-il, eh bien! je suis l'homme chargé de vous en procurer. Ce que j'en ai, je le mettrai aux mains des principaux chefs tes amis, après que tu auras choisi ce que tu voudras pour toi. Bien plus, je puis, en allant à Sidney, acheter des milliers de fusils, de la poudre, des balles et tout ce qu'il faut pour armer une nombreuse armée. Je puis débarquer tout cela sans que le gouverneur s'en doute, à Yéngen, à Bondé et dans toute la vallée de Koko. Une fois armés, nos braves Calédoniens tueront tous les soldats. Nous trouverons ensuite des richesses qui remplaceront au centuple ce que j'aurai dépensé pour vous. Nous exploiterons les mines d'or de vos montagnes au profit des chefs. Comme chef j'en aurai ma part. Qui t'empêchera toi, Tea-Booma, toi le descendant du grand tea qui a reçu Cook il y a un siècle, qui t'empêchera, dis-je, grâce à nos fusils, à notre entente et à ta supériorité sur les autres chefs moins instruits que toi, d'arriver, par la douceur ou par la force, à la suprématie de toute l'île. Tu seras le grand tea de la Nouvelle-Calédonie. On te nommera roi, et moi e serai ton ministre. »

Cette idée flattait le chef. Il l'avait déjà caressée intérieurement. Il ne voyait pas sans un éblouissement de bonheur luire dans son imagination l'espoir de réaliser la monarchie de l'île, comme Tamea-Mea avait réalisé en 1829 celle des îles *Hawaï*. L'idée d'être le libérateur de son pays, le fondateur d'un puissant empire, le faisait sourire, et sans se demander s'il serait à la hauteur d'une pareille mission, il acceptait avec enthousiasme les insinuations de son nouvel ami.

Après un long entretien sur les voies et moyens de réaliser des projets où l'avenir du pays tout entier était en jeu, il fut convenu qu'on convoquerait les teas de la vallée du Diahot à une fête dont l'installation du comte serait le prétexte et où on s'entendrait pour révolutionner toute l'île. Laissons-les conspirer. C'est le seul travail qui convienne à certaines natures qui semblent ne pouvoir vivre que dans une conspiration permanente. Il n'est pourtant pas sans intérêt de rechercher ce qu'on pense derrière ce qu'on dit, surtout quand on a affaire à des hommes dont la qualité dominante n'est pas la franchise. A nous de dépouiller ces deux consciences tant soit peu élastiques.

M. le comte, dont le séjour à la Nouvelle-Calédonie n'était qu'un simple accident, n'avait, en aucune manière, été consulté sur le goût plus ou moins prononcé que ce pays pouvait lui inspirer. Il avait voulu fuir une ingrate patrie. Il avait confié ses destinées à un ami qui l'avait aussi payé d'ingratitude. Et sans avoir à discuter sur le bien ou le mal de l'aventure, il s'était un jour trouvé sur la plage comme un objet trop encombrant dont on s'est défait en le jetant à l'eau. Or, venir de gaieté de cœur se présenter aux gendarmes dans une colonie pénitentiaire, quand on a des comptes à régler avec eux, serait une folie insigne. Aussi M. le comte, habitant la Nouvelle-Calédonie malgré lui, n'avait qu'un désir, celui de la quitter au plus vite ; qu'une préoccupation, celle de se dissimuler, de fuir et d'aller chercher sous des cieux plus tranquilles un repos moins traversé de craintes que le sien. Mais il ne suffit pas de dire : je voudrais bien m'en aller, pour partir en effet. Il faut encore boucler sa malle après l'avoir remplie. Restait aussi madame la comtesse dont la santé venait d'être éprouvée par un long voyage et qui ne pourrait pas sans inconvénient partir avec son époux. Il paraissait plaisant à ce modèle des maris de ménager son épouse adorée en la laissant aux soins d'amis nouveaux et tendres, tandis qu'il gagnerait l'Australie en garçon, avec une fortune acquise au prix des plus grands sacrifices imposés à son amour-propre et à sa dignité. Il connaissait certaine petite boite dont sa femme prenait un soin extrême. Là se trouvaient des souvenirs d'anciens amis, condensés sous forme de bijoux valant au moins deux cent mille francs. Tout en respectant la mémoire de tous les dévouements qui s'étaient prosternés aux pieds de sa sensible Héloïse, Jules n'était pas fâché d'en briser les témoignages et de transformer tout cela en argent comptant. Les billets de banque, arrachés à l'incendie ou empruntés à leurs possesseurs temporaires, pourraient aussi à Sydney se transformer en beaux souverains en en payant le change. La question était donc d'arriver dans la capitale de l'Australie.

Une fois là et maître de plus d'un demi-million de francs, il serait si facile au riche touriste de confondre dans le même oubli, fusils, tea, et même, le dirai-je, la sensible Héloïse. Maintenant que, grâce à des efforts communs et à une certaine liberté d'action, les deux complices étaient arrivés à posséder une somme assez ronde, le plus pervers des deux trouvait bon de doubler sa part en confisquant celle de son intéressante associée. Une fois loin, il changerait de nom, une nouvelle substitution serait si facile ! Selon l'occasion ou d'après son caprice, il partirait pour l'Inde ou bien pour l'Amérique. Cette dernière contrée le flattait. Il s'y voyait déjà propriétaire d'une riche hacienda. Il courtisait la fille d'un de ses voisins plus riche encore que lui, devenait l'époux de la plus pure des jeunes créoles et le possesseur de la cassette la plus rebondie. Qui l'empêcherait plus tard, quand il aurait pris un peu d'embonpoint et que ses cheveux grisonneraient, de retourner en Europe. Il serait le baron de ceci ou le marquis de cela. Il aurait des piastres à remuer à la pelle. Qui donc reconnaîtrait l'ancien commis mercier, ou le capitaine de la mobilisée, ou le secrétaire d'un délégué qui protégeait sa femme, dans ce gros propriétaire cousu de mines d'or et de plantations de café ?

Mais à propos et Héloïse, direz-vous, que deviendra-t-elle dans cette brillante combinaison ? Ah mon Dieu !

M. le comte est philosophe. Malgré son amour profond pour sa compagne, sous prétexte que la belle a donné des coups de canif dans le contrat, et qu'en définitive elle ne manquera pas de protecteurs, tant qu'il y aura des chefs et des missionnaires, il se résigne à rompre une union modèle, à sauver la caisse et à condamner Héloïse à la misère.

Voilà ce que pensait Jules, ce qu'il se proposait d'exécuter à bref délai, tout en proposant à son ami une conspiration dont il se moquait comme de celui à qui il parlait.

Le tea avait aussi ses aparté. En voyant arriver Jules de Clairfontaine dans sa tribu, il avait tout d'abord ressenti pour lui une antipathie prononcée, et avait en conséquence décidé en principe que cet illustre gentilhomme n'y resterait pas longtemps. Un homme a vite disparu du nombre des vivants, quand il a affaire à un tomawack bien manié et bien asséné sur la nuque. Ce projet souriait d'autant plus à l'aimable Tea Booma que, le mari disparu, il devenait le protecteur de l'épouse et le possesseur de tout ce qu'il supposait dans les dix-huit malles que nous connaissons.

La conversation qu'il venait d'avoir avec son cher frère ne modifia en rien la solution qu'il se proposait de donner à cette amitié intime entre un blanc et un noir. Rien ne pouvait faire qu'un chef en partie dépossédé par des Français pût devenir l'ami d'un de ses oppresseurs, à quelque classe qu'il appartînt. Comme il l'avait voué à la mort, il s'était déclaré son légataire universel. Cependant l'espoir de posséder des armes, d'augmenter ses forces, de devenir le tea suprême de l'île, et surtout de tuer les Français et en particulier les gendarmes qui ne le regardaient jusqu'à présent que du haut de leurs chapeaux à cornes, tout cela l'enivrait et lui faisait accueillir le projet de Jules sans même l'examiner ; sans se demander s'il était possible que ce Français, débarqué d'hier, eût intérêt à s'allier à un indigène pour combattre ses compatriotes. La passion l'aveuglait. Il ne voyait que ce qu'il désirait voir. Jules devenant un instrument de ses desseins, il l'acceptait, tout en remettant à son retour d'Australie la réalisation de ses projets au sujet de son futur ministre. Oh ! mon Dieu ! des ministres ! on n'en manque jamais.

C'est ainsi que se passa cette journée d'exploration. Le soir Jules raconta ses aventures à la comtesse, et deux jours après le ménage était installé à Amate, comme s'il se fût composé d'un chef et d'une chefesse néo-calédoniens.

XII

LA VIE CHEZ LES SAUVAGES

Huit jours s'étaient écoulés depuis la première visite de Jules à Amate. On avait transporté dans la case du chef tout ce qui appartenait au ménage européen. Madame la comtesse avait été portée sur les épaules des naturels, tantôt par l'un, tantôt par l'autre, comme une châsse précieuse et déposée avec tout le soin qu'on prend des objets fragiles, à l'entrée de la case réservée au beau sexe dans le palais du chef. Quand la case eut renfermé sa nouvelle habitante, elle fut déclarée *tabou*, et personne, excepté les femmes de service, ne put pénétrer jusqu'à elle, sans s'exposer à la mort. Le tabou est terrible, il atteint tout le monde, excepté celui qui le promulgue. Si bien, que le tea était libre d'entrer comme et quand il l'entendait chez sa nouvelle locataire. Hâtons-nous de reconnaître qu'on ne le vit pas, pendant les deux premières journées qu'elle passa à Amate.

Le troisième jour, Booma et Jules étaient partis pour

les districts voisins. Jules avait profité du déménagement pour mettre la main dans le fond des malles. Il avait enlevé le trésor sans rien dire à personne, à sa femme moins qu'à tout autre. Il avait aussi fait voir le jour à quelques armes précieuses, avait donné des fusils et des revolvers à son ami le tea et préparé le reste pour se faire des alliés parmi les Bouarate, les Tombo, les Païama, les Oundo et autres chefs du voisinage, qu'il devait rencontrer dans son voyage jusqu'à Yengen. Seule à la case, la belle comtesse passait son temps à revoir ses ajustements, à les essayer, à les ajuster à sa taille. Son départ de Paris avait été si précipité qu'il n'avait pas été plus possible aux couturières de madame de donner la dernière main à leur œuvre, qu'à elle de leur en payer la valeur. Sans se préoccuper de pareilles misères, elle s'habillait, se déshabillait, s'ennuyait, se couchait, se relevait, enfin tuait le temps. Une seule pensée sérieuse lui venait par moment à la tête. Des trois hommes nouveaux qu'elle avait devant elle, les missionnaires et le tea, à qui tournerait-elle la tête? Ou bien devrait-elle les attaquer tous les trois ?

Une petite visite du Père G... qui lui faisait conduire quelques provisions de bouche, et une autre plus courte encore faite par le frère Jean sous le hangar, en présence des femmes indigènes, avaient été les seuls accidents de son veuvage temporaire. Tout s'était passé avec les formes de la politesse la plus exquise. On se visitait en bons voisins, pour avoir des nouvelles les uns des autres. M. le Comte allait revenir dans quelques jours, demain peut-être. Immédiatement, on mettrait à la besogne, sous la direction des bons Pères, les ouvriers chargés de construire la maison européenne, où la Parisienne devait retrouver toutes les petites aisances laissées dans la patrie et sans lesquelles la vie n'était pour elle qu'une longue suite de privations.

Tout était donc au mieux, quand un soir le tea rentra à Amate, mais rentra seul. Il fit une histoire à Héloïse sur la prolongation du voyage de son mari. Celui-ci avait à se faire des amis parmi les chefs; il voulait les voir tous, les uns après les autres. Du reste, il reviendrait pour la fête, qui devait avoir lieu dans deux jours. Cet instant serait, à double titre, agréable aux époux qui se retrouveraient après une courte séparation et feraient en même temps la connaissance complète des chefs des districts amis, en s'initiant aux coutumes du pays.

Le jour de la fête était arrivé. Dès la veille, plusieurs milliers d'indigènes étaient venus des tribus voisines, apportant des provisions de toutes sortes qui devaient, avec les porcs fournis par Booma, des volailles envoyées un peu par tout le monde et un jeune bœuf acheté par le comte aux missionnaires avant son départ, contribuer à la splendeur du festin. Il s'agissait de faire un de ces repas comme on en désire toujours quand on a souvent faim, c'est-à-dire qui commencent le matin, se continuent tout le jour et ne s'interrompent dans la soirée que pour recommencer pendant la nuit. Les Calédoniens supportent quelquefois de longs jeûnes, mais aussi ils mangent longtemps quand ils s'y mettent. Si parfois leur ventre est rentré et laisse saillir leurs côtes, par moments il s'arrondit comme un tonneau; la peau en est tendue comme celle d'un tambour, et ainsi repus outre mesure, ils dorment en digérant pendant des jours et des nuits. C'est un pareil festin qui se préparait et qui se fit en effet.

Tous les visiteurs venus des villages voisins n'auraient pas pu se loger dans les cases; ils s'installaient sous les arbres. La plupart, réunis en groupes par des relations et des amitiés de vieille date, mêlaient leurs provisions pour les manger ensemble. Quant aux chefs principaux, ils s'étaient rendus au palais et assis sur les nattes du hangar (c'est accroupis que je veux dire), ils causaient la pipe à la bouche avec le jeune chef, qui paraissait heureux et fier de posséder chez lui des hôtes de cette importance. C'était la seconde fête qu'il donnait. La première avait eu lieu à l'occasion de sa majorité. On s'était donné rendez-vous pour le jour où Booma choisirait une épouse parmi les filles des grands chefs de sa connaissance, et aujourd'hui même on s'étonnait que la fête actuelle n'eût pas pour objet des fiançailles ouvertement annoncées. Quelques jeunes filles venues avec leurs mères, et qui affichaient des prétentions, n'étaient même pas sans un vague espoir de captiver le maître de céans, et de devenir chefesse d'Arama, ce qui valait bien la peine qu'on s'en préoccupât.

Le soleil était déjà assez haut sur l'horizon, tous les Calédoniens avaient pris la première partie de leur repas, consistant surtout en légumes bouillis dans la fameuse marmite indigène, qui répond à tous les besoins. Les chefs avaient joint à ces farineux des crabes et autres coquillages, que le populaire avait pêchés, que les femmes avaient fait cuire, et qu'eux seuls, en qualité de maîtres, ont l'habitude de manger. A tout seigneur tout honneur. Il est environ midi, tout le monde se réunit autour de la case seigneuriale, chacun est dans l'attente, la fête va-t-elle commencer? et la femme blanche, en l'honneur de qui la réunion a lieu, va-t-elle paraître dans l'assemblée? Des bruits sourds et confus, des bourdonnements pleins de curieuse interrogation courent au milieu de la foule comme une risée de vent qui froisse les arbres d'un taillis et en fait parler les branches et les feuilles. C'est un frôlement doux ou tumultueux qui saute de place en place, se tait ici, renaît là, frissonne partout, et se termine enfin par des éclats de voix, des sifflements, des cris rauques et barbares. Figurons-nous entendre ces mots : *le voilà, le voilà*. Quand nous attendons quelqu'un et que nous applaudissons même avant d'avoir rien vu, soit dans un meeting, où un orateur aimé doit parler, soit sur nos théâtres, quand la toile se lève enfin pour répondre à l'impatience du public. Ici la toile aussi s'est levée.

Une troupe de quatre cents guerriers, appartenant aux diverses tribus réunies à Amate, sortit d'un petit bois et s'avança gravement sur deux files vers le palais où siégent les chefs. Tous les hommes armés du tomawack, de la zagaie et de la fronde, marchent en cadence, le corps enduit d'une peinture noire, avec une gravité et un sérieux qui prouvent que pour eux la manifestation est importante et rappelle ou plutôt appelle une guerre véritable dont on doit du reste simuler tous les exercices. Dans chaque file, à des distances égales, et pour marquer sans doute la séparation de chaque troupe, existe un vide assez grand, et le guerrier qui vient ensuite est recouvert du fameux casque calédonien, ce qui est tout un vêtement. La pièce principale est un masque d'une difformité horrible, avec un nez recourbé en arc de cercle, une bouche d'une largeur démesurée, et des dents de nacre de perles, de corail rouge ou de serpentine, qui s'alignent dans cette fente immense, de manière à la fermer par une double grille. C'est un véritable épouvantail destiné à frapper surtout l'imagination des naïfs spectateurs, devant qui on l'exhibe. Taillé dans du bois léger, il est lui-même d'un poids presque nul, se place sur la tête de manière à ce que les yeux du guerrier correspondent exactement à la bouche du masque, s'élève en forme de bonnet à poil ou de colbach de hussards et se termine en bas par un filet à petites mailles garni de plumes noires comme des plumes de corbeau. C'est l'analogue de la cote de mailles de nos anciens chevaliers, si ce n'est que le filet est en fibres de cocos au lieu d'être en fer. Le nez, qui se recourbe comme un bec, la touffe de poils noirs garnie d'un paquet de plumes, tout annonce qu'on veut, en affublant ainsi les combattants, rappeler qu'ils sont hardis, courageux, méchants même comme des oiseaux de proie. L'aigle était porté devant les légions romaines. Ici l'aigle semble s'avancer seul pour inspirer la terreur. La zagaie est brandie dans la main droite, le tomawack attend dans la gauche que la première ait fait son office pour prendre sa place. La fronde, avec son air de jouet d'enfant, est fixée autour du corps, où tombe du casque comme une aigrette en guise d'ornement. Les pierres, qu'on a longtemps polies pour leur donner la forme qui leur convient, sont renfermées dans un petit sac en filet fixé à la ceinture. C'est une cartouchière pleine, et chaque cartouche, en forme d'œuf aplati et allongé, devient dans une main habile une arme dangereuse. C'est avec la fronde que les Calédoniens se font, le plus souvent, la guerre.

La troupe est accompagnée et comme dirigée par quelques joueurs de flûtes. Chaque flûte, composée d'un roseau, produit un son faible et sourd, leur réunion ne donne que des bruits discordants. C'est là pourtant toute la musique du pays. Les guerriers se développent en avant de la case du chef, décrivent un double demi-cercle, et, sur un signe de leur commandant, s'arrêtent en s'asseyant sur leurs talons. Ils resteront là comme soudés à la terre, jusqu'au lendemain, si nul autre signe ne les fait se lever. Les teas sortent alors du hangar et se rangent en avant de la palissade pour présider les exercices et y participer. Le jeune chef d'Arama, placé au milieu d'eux, semble, malgré sa jeunesse, commander à tous les autres, parce que sans doute il est chez lui.

La foule se presse sur la place et débouche des petits bouquets de bois qu'on voit dans toutes les directions.

Tout à coup, de la case des femmes du tea sort lentement, mais d'un pas assuré, la femme blanche, suivie de quatre jeunes indigènes qui semblent être ses dames d'honneur ou ses gardes du corps. Elle est vêtue de son joli costume de cantinière, chapeau tyrolien à plumes tombantes, tunique bleue bien ajustée et dessinant admirablement des formes dont le volume s'harmonise avec le costume; un baudrier en cuir verni supporte un sabre dont la poignée, garnie de riches incrustations, laisse deviner une lame de première qualité. Tout à la fois arme de luxe et de combat, ce poignard, dans la main assurée de la jeune femme, peut faire plaisir à voir ou inspirer la peur. Gare à qui viendrait l'affronter de trop près. En avant et à demi caché dans son étui de maroquin, un revolver à six coups, brillant, luisant et chargé, est tout prêt à envoyer six fois la mort sur six simples signes de l'index délicat de la belle amazone. Le reste du costume répond à ce que je viens d'en dire. Le pantalon bleu à bandes rouges entre gracieusement dans des bottes molles capables de faire encore valoir les pieds qu'elles chaussent. Ses talons élevés augmentent d'autant la taille exiguë de la jolie femme.

A son aspect, un cri d'admiration sort de la foule, circule et roule d'un côté à l'autre de la place, à mesure que le flot des têtes qui ondulent pour mieux voir s'élève et s'abaisse selon les mouvements de la curiosité générale. Les chefs eux-mêmes se lèvent, regardent et admirent. Elle marche comme une reine, la belle créature, et véritablement elle est reine par sa beauté, par sa grâce, par sa mâle assurance au milieu des sauvages, par l'admiration qu'elle inspire, par l'immense supériorité de race qu'à elle seule elle représente si bien, au milieu d'êtres si infimes. Qu'on vienne donc, après cela, nier l'influence de la beauté, quand on peut constater à ce point son prestige sur les organisations obtuses des anthropophages!

Elle s'avance résolûment, et, profitant des priviléges de son uniforme militaire, elle prend des airs délibérés et donne une poignée de main à chacun des chefs qui semblent n'être venus là que pour lui faire la cour. Elle a cherché d'abord son hôte Booma, et répond ensuite à tous les témoignages de sympathie qui lui viennent de toute part, en adressant un coup d'œil amical à l'un, à l'autre un regard voilé, et, à un troisième, un franc sourire ou une pression de main significative; quelque chose qui veut dire à chacun : je vous ai remarqué; je vous préfère à tous; vous êtes supérieur à notre entourage; je compte sur vous, comptez sur moi. Voilà du moins comment chacun interprète l'attention dont il est l'objet. Aussi est-ce bien comme une reine et une vraie reine que les chefs la placent devant eux, de manière à ce qu'elle puisse voir la fête tout à son aise et à ce que ses adorateurs puissent à leur tour la dévorer des yeux sans être obligés de se retourner. Comme elle ne saurait pas s'asseoir sur ses talons, et que la position ne serait ni commode, ni digne pour une Européenne, on s'est procuré un fauteuil; elle y prend place comme le ferait un véritable président, et elle préside, en effet, avec toute la grâce, avec tout le charme qu'une jolie femme porte partout.

Il n'entre pas dans ma pensée de décrire la suite des exercices qui se déroula sous les yeux de la petite comtesse, depuis midi jusqu'au soir. Les lecteurs curieux de bien connaître ces sortes de divertissements, nommés presque partout dans l'Océanie des *pilu-pilu*, et qui consistent en des chants, des danses et des repas, je les invite à faire un petit voyage sur les lieux mêmes : ils se rendront un compte bien plus exact, qu'en lisant mon récit, de la nature de ces fêtes, de leur influence sur les mœurs, de leur importance comme reflet des habitudes du pays. Mais qu'ils se hâtent : voilà que les sauvages s'en vont de partout ; dans dix ans, on cherchera vainement à la Nouvelle-Calédonie un guerrier enduit de peinture noire, coiffé de son casque et armé du tomawack, Le chef aura une chemise blanche et un habit noir ; seulement il lui arrivera encore de mettre l'habit et d'oublier la chemise. De *pilu-pilu*, il n'y en aura plus ; déjà, aujourd'hui, il y en a bien peu.

Pourtant, ces jeux nationaux, ces danses, ces combats, c'est la vie du pays, ou du moins c'en est tout le charme. Sans ces joies un peu bruyantes, sans ces manifestations accidentées, le peuple meurt de lassitude et d'ennui. Savez-vous que les coutumes d'un pays, son costume, ses fêtes religieuses ou militaires, tout cela le fait ce qu'il est ; c'est à cause de cela qu'on l'aime, qu'on y reste avec plaisir, qu'on y revient avec bonheur, qu'on a enfin une patrie. Qui nous dit que la perte de nos coutumes provinciales, de nos costumes, de nos dialectes, n'a pas été pour beaucoup dans l'absence de patriotisme qu'on a constatée dans la guerre que nous venons de subir et dont nous avons tant à souffrir aujourd'hui. Eh bien! il arrive aux sauvages ce qui est arrivé à nous-mêmes. On leur enlève leurs coutumes, leurs plaisirs, leur cachet d'originalité, sans compter que ce n'est là qu'un petit côté de la question. Je ne parle pas des terres, par exemple, qu'on leur prend aussi. Après donc qu'on les a bien frottés, lavés, lessivés même et habillés, on veut les jeter dans le flot de la civilisation, qui monte et monte toujours. Les novices maladroits s'embarrassent dans leurs habits. Cette marche nouvelle, ils essayent d'en suivre le mouvement, mais ne le peuvent presque jamais. Si un d'eux peut se modifier sans trop souffrir, mille autres meurent à la peine, et voilà une des causes qui font que le simple contact du civilisé tue si souvent le sauvage.

Si je ne veux pas décrire la fête depuis son commencement jusqu'à la fin, depuis la décoration de la place, faite de guirlandes de corail rouge, jusqu'à l'engloutissement dans les estomacs les plus élastiques des masses de provisions amoncelées à cette occasion, je ne puis pourtant pas laisser notre héroïne au milieu de gens dont elle ne parle pas la langue, sans au moins l'accompagner dans la situation singulière où le hasard l'a placée. A certains égards, la jeune femme jouissait d'un vrai triomphe; à d'autres, elle pouvait avoir à supporter des épreuves; qui sait même si elle n'avait pas quelque danger à courir? Deux mots donc de récit.

Le premier exercice, qui se composait d'une espèce de

marche militaire, s'exécuta avec le plus grand ensemble et se termina de manière à ce que tous les guerriers parussent venir rendre hommage à la reine du jour. Ils déposèrent leurs armes près d'elle et se livrèrent à des danses où la singularité des poses, la lenteur des mouvements, remplaçaient surtout l'adresse et l'agilité qui manquaient complétement. Il y a cela de particulier dans les danses des différents peuples, que plus les danseurs sont sauvages, moins ils font de mouvements prononcés. Ce sont surtout des flexions de hanches et des redressements subits, des balancements du corps, des poses plus ou moins significatives. Dans tous ces jeux il y a un appel aux passions, une allusion, un acheminement à d'autres plaisirs. Ne nous étonnons donc plus si chez nous les danses ont d'autant plus de caractère qu'elles sont exécutées par des gens de moins haute condition.

Après la danse, le chant; après le chant, le tournoi, les combats simulés; combats généraux et particuliers, combats au casse-tête qui tombe avec force et qu'on évite avec adresse; avec la zagaie lancée comme le javelot des anciens, et que celui qui la reçoit arrête souvent au passage et retourne vers son point de départ. Enfin le combat à la fronde le plus sérieux, quelquefois même, bien que ce ne soit qu'un jeu, le plus dangereux. Les frondeurs ont des espèces de tirs à la cible, comme les chasseurs chez nous. Ils visent un but déterminé et l'atteignent souvent.

Deux fois dans le courant du jour on quitta les jeux

pour les reprendre deux fois ; et, à chaque interruption, tout le monde se retira pour manger. Manger est le côté sérieux de la fête et surtout le côté profitable. On assiste volontiers aux courses, ou aux luttes, comme spectateur ou acteur, mais on revient au repas avec d'autant plus de plaisir qu'on s'est donné plus de mouvement, et qu'on à plus d'appétit.

Les Calédoniens mangèrent donc autant qu'ils dansèrent et coururent. Je ne dirai pas qu'ils burent dans la même proportion. Inférieurs sous tant de rapports à la belle race jaune de la Polynésie (Haway-Taïti, etc.), les Mélanésiens de la Nouvelle-Calédonie ne savent pas préparer de boisson fermentée. Ils n'ont rien qui remplace le kava des Canaks, ou la chicha des Indiens d'Amérique ou l'eau-de-vie des Européens. C'est encore là, je crois, un grand signe d'infériorité à ajouter à ceux que nous connaissons déjà. Quel excitant offrir à l'organisme alourdi par une masse d'aliments féculents ? Quelle boisson de luxe présenter à un convive quand on n'a rien de délicat ni de fort, rien de savoureux ni d'excitant, rien au moins qui flatte la vue, à moins que ce ne soit le sang humain aux reflets rutilants ? C'est à cette extrémité peut-être que conduisit l'absence de boisson de haut goût provenant des végétaux.

A chaque suspension, à chaque entr'acte dirions-nous ici, Héloïse rentrait dans sa case. Elle savait que les femmes ne sont pas admises dans la compagnie des hommes à l'heure du repas. Là l'homme mange et la femme le sert. Celle-ci, quand son seigneur et maître est repu, mange s'il en reste, comme on dit vulgairement chez nous. Or Héloïse ne voulait servir personne et tenait au contraire à ce qu'on la servît, autant du moins que son prestige en imposerait assez sur son entourage. Elle restait donc dans ses petits appartements et s'y reposait. Vers la fin du jour pourtant, les chefs, de plus en plus désireux de la voir partager leurs plaisirs, insistèrent tant pour qu'elle mangeât avec eux, qu'elle leur fit l'honneur d'accepter gros comme une noisette de biscuit et une aile de poulet. Elle but aussi dans un verre, que Booma lui avait procuré, un peu de vin provenant de la mission. C'était une grâce qu'elle accordait. Elle espérait, en ne se prodiguant pas, conserver sur l'esprit lourd de ses sauvages admirateurs, assez d'influence pour en faire les instruments dociles de sa volonté.

Elle allait donc rentrer encore chez elle, avant qu'on commençât la dernière scène qui devait être jouée à la lueur des torches, quand Booma, qui venait de quitter un moment ses amis, revint apportant de gros morceaux de viande rôtie. Héloïse fut invitée à en prendre un. Malgré ses refus, malgré ses protestations, elle dut céder à l'insistante persécution dirigée contre elle. Elle goûta du bout des dents cette chair mal cuite d'où le sang coulait encore, et rejeta le reste dont Booma s'empara aussitôt pour le manger. C'est du bœuf de la mission sans doute ou du porc de l'île de Pam, dit-elle, d'un ton tant soit peu dédaigneux, il est bon, mais je n'ai plus faim. Je me retire et reviendrai pour la danse de ce soir. Tous les sauvages la regardèrent partir en riant de leur gros rire brutal et en gesticulant pendant qu'ils déchiraient avec les dents les morceaux à moitié crus qui leur avaient été distribués. Malgré son assurance habituelle, Héloïse eut peur. A la manière dont on la regardait il lui sembla que ces sauvages convives, tout en mangeant le bœuf, portaient sur elle-même des regards où leurs appétits carnivores se dissimulaient mal.

— S'ils allaient vouloir me manger aussi, se dit-elle en frissonnant? Il n'y en a pas un là qui n'ait déjà mangé pas mal de chair humaine. Je puis leur paraître un morceau succulent. Sauvons-nous. Enlevons-leur au moins cette tentation.

La belle alla cette fois jusqu'à sa chambre à coucher ou elle déposa son costume militaire. Certes, il avait eu un succès incontestable. Mais il la mettait trop en vue. Trop désirée par les hommes, trop jalousée par les femmes, elle crut instinctivement au danger et prit à la place de sa tunique un peignoir en mousseline blanche dans lequel elle se trouva plus à l'aise, et où elle put conserver son revolver à portée de sa main et à l'abri des regards. Il ne faut montrer aux sauvages que ce qu'on veut leur donner. Peuples enfants, ils veulent, comme les enfants, tout ce qu'ils voient. Si on le leur refuse, ils le prennent.

Héloïse revint donc un peu plus tard dans son charmant négligé. Elle eut encore plus de succès dans ce nouveau costume, que dans celui du matin. Tous les chefs lui pressaient les mains qu'elle avait dégantées, ils les baisaient en lançant à la dame des regards passionnés, dont elle ne pouvait, malgré tout son savoir en galanterie, mesurer toute la force, ni même apprécier la nature exacte. Elle voyait bien qu'on la désirait fort, mais à quel titre? Ces adorateurs farouches n'eussent-ils pas mordus dans ses joues plutôt que de les baiser du bout des lèvres? Voilà ce qu'elle ne pouvait décider. Il lui semblait que ces cannibales allaient lui dire :

— Tes mollets sont gras, tes chairs tendres, ta peau douce et fraîche; on mangerait de tout cela sans se rassasier jamais.

Le sentiment de son isolement et de sa faiblesse la faisait parfois trembler un peu. Mais bientôt, reprenant le dessus, elle se roidissait contre les difficultés de sa position et en appelait de la mauvaise fortune à la bonne.

Enfin la dernière danse commença. On pourrait la nommer danse des fiançailles, en employant un terme poli. Après que les jeunes gens des deux sexes ont fait des passes et des poses plus lascives qu'élégantes, et trop caractéristiques pour qu'on puisse douter du but final que les danseurs ont en vue, tout le monde fait le cercle, à l'exception d'une jeune fille qui danse un solo, où elle déploie toutes les grâces et les séductions dont elle est capable. Elle vient faire des agaceries à chaque garçon qui paraît avoir des prétentions sur elle. Après lui avoir tendu les bras, avoir paru vouloir se jeter à son cou, elle s'éloigne en riant et se moquant de lui. L'assistance fait chorus, et l'homme dédaigné fait la moue. Pourtant, quand elle a ainsi leurré quelques-uns des soupirants, elle se livre à une tarentelle échevelée, et finit par se jeter dans les bras du plus heureux qui la reçoit au bout de sa course, la soulève éperdue et hors d'haleine, et se fraye un chemin à travers la foule, en emportant sa conquête et disparaissant avec elle derrière les bananiers. Une autre recommence la même manœuvre qui se termine comme la première.

Héloïse n'eut pas besoin de demander où s'en allait successivement chaque couple après ces danses échevelées. Son instinct de femme légère le lui dit assez clairement. Mais la scène change, les danseuses à leur tour forment la galerie, et le tea lui-même s'apprête à danser son solo. C'est rare et solennel; le sultan va jeter son mouchoir, et de toutes les représentantes du beau sexe, c'est à qui pourra le ramasser. Le cercle se rétrécit donc, et Héloïse, qui assise voyait mal, se lève et se place comme les autres au premier rang. Il me serait impossible d'exprimer, en termes supportables, tous les gestes, tous les mouvements désordonnés, tous les actes de licencieuse provocation exécutés par le danseur. Je laisse à chacun le soin d'imaginer toutes les phases de ce spectacle d'immoralité profonde. Toutes les suppositions seront au-dessous de la vérité, et toutes nos danses de caractère, sans en excepter le cancan le plus éhonté, sont à cent lieues de ce que dansa le chef Booma. Dire que chacune des jeunes filles qui l'entouraient désirait l'attirer par ses regards, le fixer par ses charmes, ce n'est certes rien apprendre à personne. Il n'était pourtant pas beau le tea. Mais il était tea. La puissance tient souvent lieu de beauté. Après avoir fait des feintes plus ou moins bien réussies, avoir provoqué des espérances aussitôt mortes que nées, après avoir fait battre sept ou huit cœurs de fugitives émotions, le grand chef fit un bond surhumain, s'abattit aux pieds d'Héloïse, la prit dans ses bras, et comme on dit que le loup emporte la brebis il l'emporta dans sa case. Au même instant, toutes les torches s'éteignirent; l'obscurité la plus complète s'étendit sur toute la place. Le moment où le chef a choisi sa compagne, est celui où la fête finit.

Comment dire ce qu'éprouva notre sensible héroïne dans les bras du tea ravisseur. Elle était, sans doute, flattée du choix qu'il avait fait, mais l'aventure lui paraissait par trop dénuée de mystère. Un rapt subi en présence de milliers de personnes, comment le tenir secret, et qui croirait à une vertu battue en brèche avec une telle publicité? Quel scandale quand on saurait cette histoire à la mission, et les bons pères qui avaient pour leur chère petite comtesse une amitié si tendre, une affection si paternelle, qu'allaient-ils penser d'une licence aussi publique? Oserait-elle seulement lever les yeux quand ils viendraient à Amate. Voilà ce qu'Héloïse roulait dans sa pensée, pendant que son sauvage amoureux s'en allait bravement vers la case, tout en pressant tendrement des charmes qu'il confisquait à son profit. C'était sa déclaration.

Chaque pays a ses coutumes, et il paraît que là-bas on préfère les actes aux paroles. Les choses allèrent donc si vite, pendant les quelques instants qu'Héloïse passa dans les bras du tea, que bientôt la dame n'avait plus guère de secrets pour le monsieur. J'en aurais long à dire, si j'osais, je préfère me taire. Je me résigne comme la victime du drame, à accepter la position telle que les circonstances, la fatalité et la passion l'ont faite. Jetons donc un voile sur un groupe que cache déjà un moustiquaire protecteur. Abandonnons les amants à leurs joies éphémères. Qui sait ce qui les guette ? Attendons un peu, et bientôt, demain peut-être, les yeux de la belle comtesse ne seront plus que deux sources d'abondantes larmes.

Le lendemain, en effet, pendant que le soleil remplissait l'espace de la lumière la plus vive et de la plus vivifiante chaleur, Héloïse appuyée tristement sur une de ses malles en guise de canapé, les yeux rouges, la bouche entr'ouverte, la lèvre pendante, le corps affaissé, et les membres tremblants, laissait courir sur une longue feuille de papier blanc une plume imprégnée d'une encre si noire qu'elle paraissait un vrai messager de deuil. Elle écrivait à sa sœur, la chère âme éplorée, et à la manière fiévreuse dont elle traçait ses mots, aux soupirs profonds qui s'exhalaient de sa poitrine, aux petits cris aigus, saccadés et nerveux qu'elle poussait parfois en entrecoupant ainsi en silence de mort, à tous ces signes irrécusables d'une perturbation profonde, on pouvait deviner qu'Héloïse avait du chagrin. Hélas ! mon Dieu ! quel chagrin ? du désespoir, de la mort dans son âme de perdrix blessée. Mais lisons plutôt par-dessus son épaule et nous verrons bien.

Héloïse a Eudoxie.

Suis-je assez malheureuse, ma chère sœur? Ai-je assez bu, depuis hier, dans la coupe du malheur, sans l'avoir tarie? Hélas! hélas! mon pauvre Jules! Le digne mari d'une digne femme! Il n'est plus! Me voilà veuve, et je n'ai pas même une couturière pour me faire un deuil convenable. Conçois-tu ma peine, ma chère amie. Moi qui l'aimais tant! Car je l'aimais, vois-tu, comme tu ne peux te le figurer. Je l'avais épousé par amour. Nous nous étions unis sans fortune, sans protecteurs, avec notre seule affection pour patrimoine, notre seule vertu pour garantie de l'avenir. Malgré le malheur des temps nous étions arrivés, grâce à nos efforts communs, grâce à nos travaux incessants, à nous constituer un joli petit capital. Et v'lan! voilà que ce cher ami de ma jeunesse, ce doux compagnon des bons et des mauvais jours, il n'est plus et ne pourra pas jouir d'un bien si péniblement acquis. Et moi qui m'applaudissais tant de notre idée de voyage. Moi, si heureuse d'avoir échappé à la bagarre en fuyant aux antipodes de Paris, moi, qui croyais former mon mari en l'éloignant des sociétés dangereuses de Belleville, qui croyais le mettre de niveau avec la condition dans laquelle le sort nous appelait à vivre, voilà que je pleure aujourd'hui sa mort. Moi, qui caressais des rêves dorés pour lui et pour moi, pour moi surtout, je dois le dire, voilà que je suis réduite à dédorer mes rêves, et à m'éveiller dans ma solitude. Comme je le pleure! ce cher objet d'une passion fidèle et constante, je le pleure avec des larmes de sang. Désormais, je sentirai constamment sur l'estomac quelque chose comme le poids d'une indigestion. Attends-moi, cher époux, attends-moi dans la tombe où j'irai te retrouver. Mais surtout prends patience, je ne tiens pas à me presser.

Je ne sais pas en vérité par où commencer pour te raconter le malheur qui m'accable, et cependant il faut en finir. Y penser toujours me fait toujours pleurer, et rien n'enlaidit comme le chagrin. J'arrive donc au fait. Mon Jules, tu le sais, a toujours été pointilleux sur ce qu'il appelle son honneur. Je n'ai jamais rien compris à cette susceptibilité exagérée; mais c'était sa toquade, et je la respectais autant que cela m'était possible. Il avait cru remarquer que le petit lieutenant du *Véloce*, très-joli garçon du reste, me faisait la cour. Il l'a provoqué en duel et l'a blessé. Par contre-coup le capitaine Bontemps, c'est mauvais temps que je devrais dire, s'est fourré dans la tête l'idée d'être jaloux de moi, comme si j'eusse été mariée avec lui. En voilà un d'une exigence ridicule! Parce que j'avais eu pour lui quelques bontés, il aurait voulu que je n'eusse pas d'yeux pour d'autres. Je ne devais regarder ni à droite ni à gauche ; un vrai tyran de mélodrame, quoi! Bref, il s'est mis en colère et m'a priée, poliment c'est vrai, mais sèchement, de quitter son navire. Je ne me le suis pas fait dire deux fois. Au risque de lui causer d'amers regrets, je suis descendue à terre, et avec moi j'ai entraîné mes malles et mon mari. Tout allait bien. Nous étions au mieux avec les missionnaires :

des hommes du bon Dieu, ma chère, qui m'appellent madame la comtesse gros comme le bras; qui me regardent comme une madone, capable de faire des miracles. En vérité, je crois bien que j'en aurais fait un miracle, celui de tourner la tête à ces saints personnages. Mais hélas! tout est fini, tout est perdu. Mon Jules m'a été ravi. Je ne suis plus qu'une pauvre veuve abandonnée. Que vais-je devenir?

Pardonne-moi le désordre de mes idées. Je continue. Il y a un chef dans ce pays de sauvages, où mon brigand de capitaine m'a plantée pour reverdir. Il y en a partout des chefs, dans le nouveau comme dans l'ancien monde. L'important pour réussir, c'est de se mettre bien avec eux. J'avais donc reçu avec une certaine complaisance les œillades enflammées que me décochait de temps en temps cet arbitre probable de ma destinée future et je me préparais pour les difficultés de l'avenir un protecteur assuré. Mais voilà-t-il pas que mon Jules a l'idée d'une tournée dans le pays, absolument comme son père le mercier. Il voulait, à l'entendre, faire connaissance avec les autres chefs de la contrée. Visite de voisinage et d'installation. Je n'ai pas encore bien compris son projet jusqu'à présent. Mais comme il me laissait dans la compagnie de mon chef, le grand Tea Booma, et que ce dernier était jeune et amoureux, je me disais : « Cela me fera passer le temps. » Et je m'arrangeai pour m'assurer sa protection. Hier on fit une fête en mon honneur. Jolie fête, ma foi! Je dirais même, si je ne craignais d'être taxée de vanité, qu'elle était splendide. Les femmes, sans être belles, étaient du moins très-décolletées. Les hommes, vêtus comme les Romains du Louvre, avaient, malgré leur couleur et leur peinture, un air de force qui contrastait du tout au tout avec les gringalets qu'une civilisation déréglée nous offre dans le Paris d'à présent.

Bref je m'étais bien amusée ; quand mon adorateur, à la fin d'une danse d'un caractère un peu hardi, qui devait clore la fête, m'emporta haletante d'émotion jusque dans ma chambre à coucher. Un vrai enlèvement de Sabine, comme nous l'avons encore vu au Louvre. Je me plaignis, je gémis même et fis toute la résistance compatible avec mes forces et ma position. Mais bast ! Le fougueux tea ne tint aucun compte de mes gémissements et la nuit ne fut pas en définitive sans douceurs.

Quel réveil m'attendait, ma chère Eudoxie ? Oui quel réveil ? Je te le demande. Je te donnerais en cent pour me répondre que tu flanquerais ta langue au chat. Mon jeune chef Booma a reçu une certaine éducation chez les missionnaires. Il en profite en s'initiant à nos habitudes. Ainsi en m'éveillant je me trouvai absolument seule dans ma chambre et pus attribuer à un cauchemar l'aventure de nuit dont je croyais avoir été victime. Mais en me tournant j'aperçus sur ma table deux tasses de chocolat faites avec un art tel qu'on ne ferait pas mieux chez nous. Un nuage d'écume montait au-dessus de chaque tasse, que c'était comme feu la colonne que nous avons renversée. Bientôt le chef entra. Il n'était pas frais rasé, il ne se rase jamais ; mais il s'était débarbouillé pour sûr, ce qui ne lui arrive pas souvent. Il me demanda de mes nouvelles, comme s'il ne m'avait pas vue depuis un demi-terme, puis il m'invita à prendre le chocolat qu'il avait préparé lui-même. Il faut te dire, ma chère, qu'il a été cuisinier du missionnaire son instituteur. Comme tu vois, il a été admirablement élevé pour un sauvage. Tout allait bien jusque-là. Nous prîmes le chocolat en riant, en plaisantant, en nous agaçant. Un moment même je crus qu'il... mais non, il fut sage et je lui sus gré de sa retenue. Cependant il y avait un sujet qui me tenait fortement au cœur et sur lequel je voulais mettre la conversation. Seulement je n'osais pas, tant c'était délicat. A la fin, la langue me démangea si fort que je finis par dire :

— Tout ça c'est bel et bon, mon cher Tea Booma. Vous êtes grand chef et moi je suis... *tabou.* Ma case est tabou. Tout est tabou autour de moi et le premier homme qui viendrait nous déranger payerait cher son inconvenante indiscrétion. C'est commode pour vous, j'en conviens. Mais que va dire et surtout que va faire mon mari à son retour?

— Ton mari ne reviendra pas, me répondit Booma, en prenant sa grosse voix.

— Comment, il ne reviendra pas? Mais alors où est-il? Qu'est-il devenu?

— Il est devenu mort, Bouarate l'a *tué.*

— Ah mon Dieu! mort, mon mari! Mon pauvre Jules, mort! Mais ce n'est pas possible? Vous voulez rire? Il était si bien portant il y a huit jours. Jules n'est pas mort. Ah! dites-moi que mon Jules n'est pas mort!

— Il est si bien mort qu'hier soir tu en as mangé un morceau. C'est Bouarate qui me l'avait envoyé. »

Je n'entendis plus rien. Je me tordais dans mon lit, je pleurais et criais à fendre le cœur et les oreilles de l'assistance. J'eus même une attaque de nerfs. J'étais et je suis encore dans le plus profond désespoir. J'ai même ressenti des coliques et me suis crue un moment bien malade. Tu comprends, chère sœur, un mari a beau être bon à tout, il ne peut servir de bœuf à la mode. Je restai donc sans voix et presque sans vie pendant plus de vingt-cinq minutes. En revenant à moi, ma première parole fut celle-ci :

« Quoi, ce morceau de cochon que j'ai mangé hier, c'était... mon mari.

— Oui madame, ton mari.

— Et je ne suis pas morte empoisonnée !

— Vois plutôt comme je me porte bien, moi qui en ai mangé dix fois autant que toi. »

Cette réflexion me rassura un peu. Je repris mes sens tout doucement, mais non pas sans verser des torrents de larmes. Je me rappelai alors l'histoire de cette dame ancienne de je ne sais quel pays qui se nommait Arthémise. Elle fit brûler son mari, après sa mort bien entendu; et en mangea les cendres en guise de sel dans sa soupe. Me voilà donc une nouvelle Arthémise, et mon Jules est mon Mausole.

Tu conçois, ma chère, toute l'horreur de ma position. Perdre son mari, devenir veuve, c'est dans l'ordre de la nature. On crie bien haut et on se console intérieurement. Mais manger un morceau de son mari, quand c'est un amant qui l'a fait cuire, cela passe les bornes du possible. Pour voir chose pareille, il faut aller aux antipodes de Paris, d'où je t'écris le cœur navré, tout en t'engageant toujours à épouser ton propriétaire. Reste dans Paris, très-chère, fais-toi un bon lit bien capitonné. Ne cours pas le monde et tu trouveras le bonheur.

Moi, chère sœur, je suis la plus inconsolable des veuves, Si au moins j'avais un deuil complet ! Je vais chercher dans mes frusques et tâcher d'arranger cela. Adieu, mon Eudoxie. A toi pour la vie.

HÉLOÏSE.

P.-S. — Un nouveau malheur m'accable et je rouvre ma lettre pour te le raconter. Figure-toi que M. Jules, que j'aimais comme une bête, à qui j'avais sacrifié ma jeunesse, à qui j'avais donné mon nom, mon innocence, tout ce qui m'en restait du moins, eh bien ! l'animal me trompait ; il me volait ; il se sauvait en emportant la caisse. Les billets de banque qu'il avait empruntés à notre ami commun le délégué, il les a emportés. Les fonds secrets que je m'étais appropriés en les cachant dans un vieux bas, soulevés aussi. Mais ce qui met le comble à son indélicatesse et à mon indignation, tous mes bijoux, tous les souvenirs d'un temps trop tôt passé, d'un temps qui ne peut plus revenir, hélas ! dans ce pays de terre jaune et de pierres dures, eh bien il les a confisqués. Que voulait-il donc faire de tout cela ? L'infâme ! Mes bagues ne vont pas à ses doigts.

Sans doute il voulait s'embarquer sur un des petits navires qui rôdent toujours autour de l'île, et se sauver à Sidney. C'est bien fait ce qui lui est arrivé, il a reçu sa récompense et je remercie Bouarate de m'en avoir débarrassée. Ah ! ma sœur, à qui donc se fier ? Quand un homme qui me devait tout ! amis, fortune, tout enfin, car tu sais, il n'a pas eu un protecteur que je ne le lui aie procuré, pas une bonne aubaine que je ne lui aie ménagée. Eh bien, quand un pareil ingrat s'est trouvé dans les plis de ma robe, quand ce modèle de perfidie est mon propre mari, à qui se fier ? Je me le demande.

C'est égal. Maintenant, me voilà consolée et fixée sur ce qui me reste à faire. Aux grands maux les grands remèdes. Aux coups du sort, je vais opppser les efforts de ma volonté. Nous verrons bien qui l'emportera. Pas plus tard que tout de suite, je vais épouser le tea Booma, sur le saint autel de la grange qui sert d'église à Arama. J'ai même pris l'avance, j'en conviens, et je suis déjà un peu sa femme à la mode du pays. Il faut se hâter et je me hâte. Je vais devenir chefesse de la Nouvelle-Calédonie. Comme je ferai la grande dame ! Comme je régénérerai le pays ! Les missionnaires m'aideront. Le trône et l'autel, c'est une nécessité que leur alliance, pour mener le monde. Mon mari ira à la messe, je me confesserai souvent... au jeune frère, bien entendu, et je ferai mon salut dans toutes les règles. Je fonderai des hôpitaux, des crèches, des asiles pour les enfants et les vieillards. Je veux même instituer des prix de vertu. Plus tard on me bénira et on bénira mon mari à cause de moi. Il est affreux mon mari, mais il est chef, il est tea, il est jeune, il est très-amoureux, ce sont des circonstances atténuantes. D'ailleurs n'a-t-il pas de nombreux amis, et parmi eux, quelques-uns ne sont-ils pas taillés en hercules ? Bouarate viendra me voir, il est aimable, dit-on. Il faudra bien qu'il me rende mes bijoux. Voici ma position actuelle dans toute sa nudité. Ma chère amie, je te la fais connaître avec l'ingénuité qui me distingue, tout en espérant que les jours que l'avenir me réserve seront moins émouvants que ma matinée d'aujourd'hui.

XIII

LE CONSEIL DE GUERRE

Héloïse s'était consolée. Toutes les veuves se consolent, un peu plus tôt ou un peu plus tard. L'aventure de la nuit du festin n'avait pas même été ébruitée. Personne du moins n'avait l'air d'en parler. Il est vrai qu'il eût été difficile à la comtesse de s'enquérir des propos qu'on pouvait faire courir sur son compte. Elle ne savait pas la langue du pays et ses suivantes ne parlaient pas français. En tous cas, insouciante comme une lorette, elle avait repris sa gaieté, et tout en se confectionnant une robe de demi ou de quart de deuil, elle tâchait de rendre sa lune de miel aussi claire que possible. Elle recevait du pain frais et du vin de Bordeaux de la mission. Les bons pères lui avaient même écrit en l'appelant : « Ma chère fille. » Tout allait donc bien à Amate, quand un nouvel orage vint gronder sur sa tête; orage plus terrible que tous ceux qu'elle avait déjà endurés, et qui devait, encore une fois, changer la position sociale de notre intéressante et vertueuse héroïne.

Un matin Booma entre dans sa case tout bouleversé !

— Un navire de guerre est mouillé dans le détroit de Devarenne, dit-il d'une voix sourde. Que va-t-il arriver ? Que nous veulent encore les soldats ?

— Pourvu qu'il n'y ait pas de gendarmes, exclama la pauvre femme, qui ne pouvait souffrir les chapeaux à cornes.

— Tous les Français sont égaux devant moi. Je les déteste tous également et ne serai tranquille qu'alors que j'aurai mangé le dernier.

— Tu auras fort à faire, mon cher tea. Il y en a encore pas mal malgré tout le soin qu'on prend de n'en pas faire. Mais enfin, voyons ! Qu'avons-nous à craindre d'un navire de guerre ?

— Je ne crains rien. Mais je hais les Français, je ne puis les voir sans que mon sang bouillonne. Il va falloir cependant aller voir le commandant, lui faire ma cour, l'assurer de mon amitié, de mon dévouement à son gouvernement. Que sais-je encore ce qu'il me va falloir faire ? Pourvu au moins qu'il m'invite à diner, ce qui n'arrive pas toujours. Nous sommes bien loin du temps des Cook et des Forster. Alors mon grand-père mangeait à la table des chefs anglais et il recevait encore des provisions pour le lendemain. Aujourd'hui tout est changé. Un lieutenant de vaisseau se croit plus qu'un tea et je vais probablement recevoir aujourd'hui quelques blessures dans mon amour-propre de grand chef. Que n'ai-je des fusils ?

Comme je commencerais vite la grande guerre de notre délivrance. Plus tard, la restauration daterait du premier massacre des Français par le tea Booma II, la deuxième année de son règne.

— Allons! bon! Voilà mon tea qui recommence à divaguer. Il me parle toujours de son règne, de guerre, de massacre. Que veut-il faire avec les trois fusils que lui a légués son prédécesseur dans mes bonnes grâces? Quand j'y joindrais mon revolver, mon sabre, ma tunique et mes bottes, tout cela n'irait pas loin et ne ferait pas belle figure devant un détachement d'infanterie de marine. Mais laissons-le exhaler sa bile, ce cher Booma. Tout à l'heure il reviendra à la raison et il ira, j'espère, faire sauter un poulet pour notre déjeuner. Je suis folle de poulets sautés, je l'avoue. C'est une de mes faiblesses, et mon tea les saute dans la perfection. Dire qu'il doit ses talents aux Français, et qu'il les déteste! L'ingratitude est donc innée au cœur de l'homme? En vérité, je suis bien tentée de le croire.

Tout en se levant, s'habillant et faisant sa toilette du matin, la belle châtelaine d'Amate faisait ces réflexions philosophiques et bien d'autres encore qu'il serait trop long de rapporter. Après avoir fait un tour à la rivière, un autre au champ qu'elle voulait transformer en jardin et une visite intéressée aux bananiers; après avoir enfin gagné l'appétit par un léger exercice, elle s'en revint à la case, où le poulet sauté l'attendait, en compagnie de deux ou trois autres. Le tea se serait difficilement contenté d'un poulet pour deux. On prit donc place sur la natte des festins et on fonctionna gentiment, malgré les préoccupations que le navire de guerre inspirait par instants aux deux époux (à la mode du pays). Laissons-les à leur appétit de sauvage et à leur insouciance de femme légère; pour nous, retournons vers la mission où tout était un peu sens dessus dessous.

Un petit vapeur de guerre en tournée était en effet mouillé à quelque distance de la maison des pères maristes. Le commandant, jeune lieutenant de vaisseau, s'était fait jeter à terre, était allé visiter les bons religieux et restait en conférence avec eux depuis plus d'une heure, au moment dont je parle. Les missionnaires paraissaient tout déconfits; le digne père G... avait même de la peine à retenir ses larmes.

— Quoi, s'écriait-il comme poussé par une force involontaire à dévoiler des secrets dont il se souvenait toujours; quoi, cette séduisante petite femme qui possède... qui paraît du moins posséder les plus admirables qualités physiques, ce ne serait qu'une...?

— Oui, oui, monsieur l'abbé, qu'une de ces malheureuses qui vivent dans Paris en prenant effrontément la place des honnêtes femmes. C'est pis qu'une prostituée, c'est un de ces êtres sans nom, qui se font nommer : Madame, qui prennent en public le bras et le nom de leurs maris, et qui n'en font pas moins le métier de courtisanes de haute volée, aidées par ceux qui, loin de les répudier, leur servent de proxénètes.

— Mais ce n'est pas possible, monsieur le commandant; vous êtes dans l'erreur. La petite comtesse est jeune, vive, éveillée, mais elle est honnête. Elle est si aimable, si polie, si jolie, qu'une vilaine âme ne saurait se cacher dans un corps si beau. Elle s'est déjà confessée, la chère petite, depuis qu'elle est près de nous. Pourquoi ne puis-je divulguer les secrets de la confession? je vous montrerais toute l'innocence, toute la naïveté de cette charmante créature. Croiriez-vous que la chère enfant s'est accusée d'avoir tué une puce, une simple puce avec un léger sentiment de colère? Non, monsieur le commandant, notre petite comtesse n'est pas une coquine, c'est une femme aimable, de la meilleure société et dont, votre erreur reconnue, vous serez enchanté de faire la connaissance.

— Je le souhaite, monsieur l'abbé, et nous serons bientôt fixés à cet égard.

Le frère Jean, lui, ne disait rien. Plus pénétrant que son supérieur, moins susceptible de se laisser prendre aux apparences, il se rappelait alors ses propres soupçons, ses doutes sur la possibilité de tout ce que la jeune comtesse débitait de sa famille, de sa position sociale, de sa fortune. Tout cela lui avait d'abord paru bien équivoque, et puis la beauté de la jeune femme, ses provocations habiles, bien que trop hardies, lui avaient un peu tourné la tête. Il avait, malgré lui, oh! bien malgré lui! passé quelques secondes si près de cette délicieuse séductrice, que c'en avait été assez pour obstruer son jugement, pour le rendre sourd et aveugle. Aujourd'hui, le voile tombait de ses yeux; il voyait clairement une femme perdue qui avait voulu l'entraîner dans l'abîme où elle roulait déjà; il voyait dans toute sa honte le danger qu'il venait de courir, et, pâle, les yeux hagards, la bouche béante, le corps inerte, il restait sur sa chaise, sans parole, sans mouvement, vrai type de stupéfaction et de désespoir.

Après les premiers moments d'étonnement et d'incrédulité, on s'expliqua enfin. Le lieutenant raconta aux missionnaires l'histoire de notre héroïne et de son mar telle qu'on la connaissait à la police de Paris, et tel que le dossier qui venait d'arriver, avec photographies et pièces à l'appui, par la voie de Suez et de Sidney, l'avait fait connaître à l'autorité coloniale. Sans les considérer comme des personnages d'importance, on avait à leur reprocher certaines ingérences dans les affaires publiques, alors qu'elles étaient aux mains d'hommes dangereux; puis des indélicatesses qu'on qualifiait même du nom d'escroqueries; des abus de confiance et des vols qualifiés.

Tous ces chefs d'accusation, sans menacer la belle tête d'Héloïse, devaient nécessairement compromettre gravement sa réputation et entraver sa liberté de mouvement. Elle devait l'honneur d'une poursuite obstinée, à cinq mille lieues de Paris, à vol d'oiseau, tout simplement à l'ingratitude d'une femme de chambre qui, ne se contentant pas de ce qui lui tombait dans la main à la manière de la pluie de Danaé, réclamait encore ses gages et la relançait un peu loin. Les couturières s'étaient mises aussi de la partie. Comme si on payait une robe avant de l'avoir usée! Qu'une colombe tombe blessée par la balle d'un chasseur et tous les oiseaux de proie du voisinage s'acharneront après elle ! M. le comte le lui avait pourtant répété bien souvent :

« Défions-nous des dettes criardes. Ce sont les seules qui fassent crier. Empruntons plutôt une grosse somme sur mauvaise hypothèque et payons notre portier. »

Hélas ! à quoi servent les bons principes en théorie? La pratique vous prend toujours au dépourvu. Ainsi arriva-t-il pour les époux de Clairefontaine. En somme les deux accusés qu'on venait enlever aux douceurs de la villégiature au nord de la Nouvelle-Calédonie, dans le district d'Arama, étaient donc considérés surtout comme d'adroits fripons. On voulait s'assurer de leurs personnes, leur faire rendre gorge, reprendre si c'était possible ce qu'ils avaient enlevé à leurs amis ; enfin tâcher d'obtenir par eux des renseignements positifs sur des accusés plus sérieux avec lesquels le mari et la femme surtout avaient dû être en rapports assez suivis. On craignait aussi que leur présence dans un district éloigné de la capitale, au milieu de naturels assez turbulents, chez un chef dont on connaissait les mauvaises dispositions à l'égard des Français, ne fût une cause de troubles, et c'est pour cela qu'on s'était décidé à les enlever le plus tôt possible au pays, dont ils pouvaient jusqu'à un certain point faire l'ornement, mais dont ils feraient difficilement l'édification. Voilà pourquoi le vapeur *le Colibri* était mouillé en face de la mission, et son commandant en grande conférence avec les missionnaires.

Le soir du même jour, quand les rayons du soleil

avaient perdu un peu de leur intensité; quand la petite brise du soir rafraîchissait l'atmosphère embrasée pendant toute la journée, madame Héloïse de Clairefontaine, escortée par quatre gendarmes, hélas ! quatre cauchemars pour la pauvre enfant ! se rendait à pieds au bord de la mer où une embarcation l'attendait. On lui avait évité le passage par la mission. Pourquoi la blesser et la fatiguer inutilement? Les gendarmes sont galants comme tous les autres Français. D'ailleurs les missionnaires avaient prié qu'on leur évitât le spectacle navrant de leur charmante et naïve... pénitente, de leur chère fille en Dieu, aux mains de la gendarmerie. Le père G... surtout en aurait fait une maladie, s'il avait vu, de ses yeux, l'objet de ses plus grosses illusions, conduite à l'état piteux de vagabonde ramassée par la police. En vérité, c'était à bouleverser l'âme candide du brave religieux et il avait supplié qu'on lui épargnât une peine aussi cruelle qu'inattendue. Quant au frère Jean, il n'avait rien dit, mais sa figure avait encore pâli. Ses yeux étaient gros de larmes. Il avait prié et pleuré et il n'était pas près de cesser de pleurer et prier.

Donc la petite comtesse s'en allait assez contrariée avec son escorte. On s'était rendu à sa case. Un brigadier, aimable c'est vrai, mais à cheval sur la consigne, l'avait priée de le suivre à bord du *Colibri;* le commandant avait à lui faire une communication de la plus haute importance.

— Ce sont probablement des lettres de ma famille qu'on a à me remettre, avait dit Héloïse. La comtesse douairière nous rappelle peut-être près d'elle. Hélas? monsieur le brigadier, cette chère douairière va comme moi éprouver un bien grand chagrin. M. le comte Jules de Clairefontaine n'est plus, vous voyez en moi sa veuve éplorée et inconsolable.

— Ah! il est mort, le cher comte, répondit le gendarme d'un air dolent, il est mort. Eh bien! j'en suis bien fâché; mais ça m'est parfaitement égal, et je vous serai obligé de venir de suite avec nous. Vous devez être à bord à cinq heures précises, et je ne connais que ma consigne.

— A cinq heures, dites-vous! Le commandant désire sans doute m'inviter à dîner. Allons! dépêchons-nous, respectable représentant de l'ordre public; guidez mes pas chancelants, je vous suis de mon pied léger. Vous le voyez, je ne suis qu'une faible femme, j'ai besoin qu'on soutienne souvent ma marche incertaine. Offrez-moi votre bras, digne gendarme, et soyez sûr que j'accepterai.

C'est ainsi que se rendirent, bras dessus et bras dessous, le brigadier et la comtesse, jusqu'à l'embarcation qui devait les emmener à bord. La belle faisait patte de velours. Elle était inquiète; elle ne savait où elle allait, ce qu'on lui voulait, ce qui l'attendait. A tout hasard elle essayait de se faire un ami, même un protecteur, du représentant de la force publique chargé de l'escorter. Elle chercha même à renouer la conversation sur la mort de son époux bien-aimé, sur les lettres qu'elle attendait de France, de tous les membres de sa famille : les Clairefontaine, Morfontaine, Noirefontaine; enfin, tous les

Fontaine du monde. Notre gendarme, impassible, calme et digne comme la loi, ne répondait rien, ou s'en tenait à son laconique : « Ça m'est bien égal » de tout à l'heure. A la fin, Héloïse reconnut avec un chagrin profond qu'elle perdait sa peine.

« La brute, » pensa-t-elle intérieurement; « et dire qu'ils sont tous comme cela dans la gendarmerie. Qu'on est malheureux d'avoir affaire à de pareilles buses! »

C'est ainsi qu'elle arriva au boat, qu'elle embarqua et fut conduite à bord du *Colibri*, où elle montait à cinq heures précises, comme l'avait annoncé le respectable brigadier.

Quant aux dix-huit malles, bien que quelques-unes fussent entamées, elles vinrent toutes à bord, elles paraissaient faire partie de la famille; pourtant, sans les éloigner trop de la belle Héloïse, on ne laissa plus celle-ci y mettre la main, on avait peur sans doute qu'elle se fatiguât trop à ranger et déranger les nombreuses inutilités qui sont si nécessaires aux femmes à la mode.

Les gens et les choses étaient à peine embarqués, que l'ancre du *Colibri*, restée à pic, fut virée et rentrée à bord, l'hélice tourna et le navire reprit sa marche interrompue depuis le matin. Soit que la tournée continuât, soit que, sa mission remplie, le commandant regagnât Noumea au plus vite, nous n'avons pas à nous en préoccuper. Que nous importe, d'ailleurs? Le fait capital, c'était le départ ou plutôt l'enlèvement de la tête légère qui un moment, avait tout remué dans le district d'Arama.

Cependant Héloïse était montée à bord. Le commandant ne l'avait pas reçue à l'échelle, première déception. Je regrette ce manque d'égards, mais je suis forcé de le constater. La voyageuse ne s'était pourtant pas trouvée isolée sur le pont, ses gendarmes l'escortaient toujours. Ils la conduisirent à une cabine propre, mais sombre et presque nue. Elle ne trouva là que le strict nécessaire pour ne pas mourir ; un peu d'air, un peu de lumière, de l'eau peu fraîche, et sur une petite équipée, un morceau de viande salée et du biscuit. Elle avait le droit de boire de l'eau, de manger du lard, de se coucher et dormir. Elle usa de tous ses droits. A quoi bon se faire de la peine ! « Le chagrin enlaidit, » pensait-elle toujours. Le lendemain matin, dès sept heures, elle était lavée, peignée, lissée et parée, comme si elle avait eu à sa disposition une douzaine de femmes de chambre. Elle avait le génie de la coquetterie. Elle savait tirer parti de tout, et sa toilette faite, sans ressource, sans espace, sans rien de ce que toute femme réclame comme indispensable, elle n'en paraissait pas moins radieuse de beauté.

« A nous deux, mon cher commandant, » se disait-elle à elle-même en s'habillant, « je finirai bien par mettre la main sur vous, et vous ne serez pas plus dur que le grand tea Booma. Il faut que je vous voie, que je vous parle et que je vous ensorcelle, mon cher ami, comme j'en ai ensorcelé tant d'autres. C'est indispensable, vous faciliterez ensuite mon passage pour Sidney ; une fois rendue là, je verrai ce qui me restera à faire. Si seulement j'avais mes bijoux! Mais non! mon infâme Jules me les a volés, et encore pour n'en pas jouir.

La prisonnière appela, on vint lui ouvrir immédiatement. Le navire était au large. On pouvait donner à tous les passagers, compromis ou non, la liberté de se promener sur le pont. Madame Héloïse fut donc invitée à aller respirer le grand air, ce qu'elle se hâta de faire. Quand elle voulut voir le commandant, ce fut une autre affaire. Un factionnaire l'arrêta. On n'entrait pas chez lui sans invitation spéciale, et on avait oublié de l'inviter. Le commandant se promenait quelquefois sur la dunette, lui avait-on dit, elle voulut y monter, et un nouveau factionnaire lui barra encore le passage. Les difficultés s'accumulaient, la position devenait de plus en plus sombre, comment faire? De guerre lasse, la solliciteuse éconduite ne pouvant pas aller à la montagne, se résigna à attendre que la montagne vînt à elle. Elle sentait que son étoile, hier encore si radieuse, pâlissait à vue d'œil. Allait-elle déjà s'obscurcir tout à fait et s'éteindre? Elle pinça ses lèvres, fronça ses sourcils et s'assit modestement sur une cage à poules.

Quoi! le temps des grandeurs serait déjà passé? Si jeune encore et si belle toujours! Cruellement blessée dans son amour-propre, elle s'absorbait dans ses pensées amères, ses deux coudes sur ses genoux, sa tête dans ses mains, elle songeait, se désespérait, pleurait presque. Du reste, elle était complétement étrangère à ce qui se passait, se disait et se faisait autour d'elle. Elle ne vit donc pas un homme grand et mince qui s'avança vers elle. Elle fut couverte par son ombre, qu'il était encore loin, et elle ne s'en aperçut pas. Bientôt l'homme grand et mince s'approcha, si près, si près, qu'il la touchait presque, et Héloïse ne le voyait pas davantage, tant elle était enfoncée dans ses noires réflexions! Il allongea la main et elle ne bougea pas. Il appela même, je crois. En tous cas, il envoya dans l'air deux ou trois hum, hum retentissants, qui restèrent parfaitement incompris. A la fin, il se décida à lui frapper sur l'épaule, et l'appelant par son nom :

— Héloïse, dit-il, Héloïse, dors-tu, es-tu morte, ou simplement tombée en catalepsie? Voyons, dis-moi un mot, On n'oublie pas ainsi ses amis.

Au son de cette voix connue, la jeune femme frissonne. Elle lève la tête, regarde épouvantée, se lève droite comme un cierge, repousse l'homme qui la touche, et s'écrie avec un geste de terreur :

Jules! mon Jules! attends-moi dans la tombe, je te re joindrai... plus tard.

En parlant elle veut s'éloigner, mais elle s'affaisse et tombe sans connaissance sur le pont. Cette fois elle s'était véritablement évanouie. On ne retrouve pas vivant un mari qu'on a cru mort, et dont a mangé sa part, sans que cela vous fasse un grand effet, aussi l'évanouissement d'Héloïse fut-il sérieux et prolongé.

— Ah çà! qu'a-t-elle donc ma femme? s'écrie tout ébahi le grand et mince Jules de Clairefontaine. Je sais qu'elle m'aime, la chère âme, qu'elle m'adore même, mais je ne croyais pas produire sur ses nerfs exaltés une impression de cette intensité. Si je m'en étais seulement douté, je l'aurais fait prévenir par le mousse. Enfin, ce ne sera rien, j'espère. Rappelons-la d'abord à la vie.

Et le voilà qui lui frappe dans la main, qui lui jette un verre d'eau en pleine figure, qui lui gratte la plante des pieds, et fait tout ce que son amour lui suggère, pour reconquérir son épouse adorée, comme il l'appelle souvent. Cette fois, Héloïse se fait prier. La commotion a été forte. Ses sens sont égarés, et quand elle ouvre les yeux, elle crie, elle gesticule.

Attends-moi, attends-moi, je te suis, mais plus tard, oui, bien plus tard, répète-t elle.

Et puis une seconde après, elle vocifère furieuse : Va-t'en, va-t'en, infâme, voleur! Où sont mes bijoux? Je les veux. Donne-moi mes bijoux et retourne en enfer, pour n'en plus sortir. Tu es mort. Bouarate t'a tué, nous t'avons mangé. Va-t'en, ou je te chasse avec de l'eau bénite. Puis elle cherche à se signer, et ramassant un bout de filin qui traîne dans la coursive, elle le secoue comme elle ferait du goupillon d'un bénitier.

— Eh bien ! me voilà joli garçon ! se dit Jules d'un air piteux. Quand j'ai tout perdu, argent, nom et position, je retrouve ma femme et elle est folle ; pauvre Héloïse, folle à son âge, c'est dommage. Elle est encore si jolie ! Nous aurions pu si bien nous rattraper aux branches ! Mais une folle, qu'en ferai-je? Qu'en pourrais-je faire? Je l'enverrai à Charenton, en attendant qu'elle soit d'âge d'entrer à la Salpêtrière.

Pendant que Jules se lamentait modérément, et au

point de vue de ses seuls intérêts, se demandant toujours ce qu'il pourra faire pour se débarrasser de sa femme folle, celle-ci revient enfin à elle tout à fait. Son brigadier de la veille lui fait avaler un grand verre d'eau, et la voilà complétement rendue à la réalité de la vie et de ses dures épreuves. Regardant alors Jules entre les deux yeux, et le prenant par les deux bras :

— En vérité, mon Jules, mon cher ami, mon fidèle époux, tu n'es donc pas mort? Bouarate ne t'a pas tué? nous ne t'avons pas mangé? Eh bien! parole d'honneur, j'en suis enchantée. J'avais toujours peur d'être plus ou moins empoisonnée. Mais dis-moi donc comment tout cela s'est fait?

— Le puis-je quand je n'en sais pas plus que toi? Ton histoire de Bouarate qui m'a tué et a envoyé mes côtelettes à ses amis me parait une très-mauvaise plaisanterie du tea Booma. J'espère bien qu'il me la payera un de ces jours. Quant à ma présence ici, je vais te l'expliquer. Tu sais que je devais m'entendre avec un caboteur pour faire un petit voyage. J'avais même deux projets à çet égard. Selon ma version aux missionnaires, je devais acheter le navire pour faire le cabotage en faveur de la propagation de la foi. Nous aurions vendu des chapelets, cela se fait tous les jours, et on gagne sa vie ou à peu près. A Booma j'avais fait une proposition d'une tou autre gravité. Je commençais toujours par acheter le navire, mais une fois dessus je filais pour Sidney; j'achetais des armes, des munitions, des habits même, ou au moins des caleçons de bains. L'indécence des naturels m'horripile et me crispe. A mon retour, j'établissais une bonne petite guerre civile, et finalement j'établissais la Commune. Il faut bien la placer quelque part, cette pauvre Commune. Si personne n'en veut, qu'en feronsnous? Eh bien, ma chère amie, mon épouse adorée, ces deux versions n'étaient que deux... comment dirai-je? Ma foi, je me risque, que deux énormes blagues. Je n'avais pas plus envie de servir la messe que de faire la guerre. Voilà tout simplement mon projet dans sa naïve contexture, dans sa sincère nudité. Écoute-moi bien.

— Si je t'écoute! quand ce ne serait que pour savoir où sont mes bijoux, je suis tout oreilles.

— Très-bien ; je continue. Je voulais donc acheter le petit caboteur plus que jamais. J'étais même déjà dessus quand j'ai été pincé sous prétexte de conspiration. Comme si je pouvais conspirer moi, un partisan né de tout gouvernement établi! Mais passons. Tout cela s'éclaircira. Au lieu de promener des missionnaires ou d'aller à Sidney, je revenais du côté d'Arama. Je mouillais au milieu de la nuit dans les environs. Descendant à terre avec tout mon équipage, je venais t'arracher des bras de l'infâme suborneur qui se fait nommer le Tea Booma. Je lui plongeais un poignard dans le cœur (Je lui devais bien cela après la conduite qu'il a tenue à mon égard). Une fois vengé du polisson, je t'emmenais sur mon navire, je tombais dans tes bras, tu tombais dans les miens; et nous allions courir toutes les mers pour notre agrément. Vois! comme c'est joli! J'avais vu cela dans des romans et je voulais avec de folles fictions créer une douce réalité, pour en faire jouir mon épouse adorée.

— Très-bien, très-bien ! Ton histoire me plaît, bien qu'à dire toute ma pensée elle soit un peu tirée par les cheveux, mais elle ne me rend pas mes bijoux.

— Tes bijoux ? Hélas ! ma chère, je reste avec un seul bijou, mais celui-là est inestimable : c'est mon Héloïse, l'héroïne de tous mes rêves. Quant aux misérables œuvres de l'industrie humaine, à ces futilités qui tentent le beau sexe et le perdent si souvent, je ne les ai plus. Les coquins... des gens soi-disant honnêtes me les ont confisqués. Patience ! Nous les aurons un jour, ou bien il n'y a pas plus de justice à la Nouvelle-Calédonie qu'en France.

C'est ainsi que ces deux grandes infortunes se consolèrent. Elles se disputèrent bien aussi un peu ; faillirent même s'arracher quelques poignées de cheveux. On eut recours à un remède héroïque. On les sépara. Ils purent se promener tous deux sur le pont, mais à des heures différentes. Depuis ce moment, l'harmonie la plus complète ne cessa de régner entre des époux si bien faits pour s'entendre.

Quelques jours plus tard, à savoir le 30 septembre 1871, juste quatre mois après leur départ de Paris (comme les nouvelles vont vite !) un conseil de guerre était réuni dans la grande salle du gouvernement, à Nouméa.

Au banc des accusés figuraient le comte et la comtesse de Clairefontaine. Oh fortune ! voilà bien de tes coups ! L'assemblée était peu nombreuse. Les indigènes brillaient par leur absence. Pourquoi seraient-ils venus entendre ce qu'ils n'auraient pas compris. D'ailleurs que leur importe que des blancs jugent des blancs ! Ce qu'ils voudraient, eux, serait de juger le dernier de leurs oppresseurs. Quant à la population blanche, elle est rare et occupée ; elle fournit donc peu de ses représentants à une cause qui avait pourtant un certain intérêt. Il faut le bon Paris pour avoir des curieux partout. Là seulement l'accusé peut prendre et prend en effet sa pose. Tout le monde veut voir comment il marche, s'assied, parle ou se mouche. Les journaux disent ses faits et gestes. C'est le lion du moment. Les plus grands assassins, objets d'une curiosité d'autant plus grande, se campent sur leurs bancs comme des acteurs sur la scène. En attendant la condamnation ils jouissent d'un dernier triomphe. Ils payeraient même souvent cette célébrité actuelle par quelques années de galères de plus. Il y a autour d'eux de si jolies robes, des toilettes si fraiches, et celles qui portent tous ces produits de la dernière mode les regardent avec tant d'intérêt, avec une si grande sympathie, qu'on ne saurait payer trop cher un tel succès. Oh ! honte et boue ! dont les éclaboussures passent si souvent par-dessus les grilles qui séparent le coupable du curieux ! La boue du crime est comme la lèpre, ce qu'elle touche elle le tache et la tache s'agrandit toujours.

Quand le silence fut établi dans la salle, ce qui vint vite, attendu qu'il n'y avait pas une seule crinoline à placer, le président d'une voix grave et sonore, s'adressant à M. le comte, lui dit : « Accusé, levez-vous. Comment vous nommez-vous ?

— R. Lecomte de Clairefontaine.

— D. Comment le comte de Clairefontaine? Vous voulez dire Lecomte, né à Clairefontaine.

— R. Comme vous le dites fort justement, monsieur le président. *De* ou *né* à ont la même signification, c'est une simple tournure de phrase différente. Affaire de grammaire.

— D. Mais ne vous faites-vous pas nommer comte et votre femme comtesse?

— R. Je ne sais pas pourquoi les noms propres ne prennent pas le féminin. Je me nomme Lecomte, ma femme devrait se nommer Lacomtesse. C'est encore une affaire de grammaire.

— D. Ne cherchez-vous pas plutôt à vous faire passer pour nobles?

— R. Pardon, monsieur le président. Je suis noble, c'est vrai, mais noble de cœur et de sentiments. Quant à usurper un titre, en vérité la mode devrait en être passée. Tant de gens l'ont fait jusqu'à présent qui se disent parfaitement honnêtes. Tant le font encore aujourd'hui et tant le feront demain, que cela devient une banalité, ça n'a pas même le mérite de l'invention. C'est une fantaisie innocente, mais ridicule. Moi je me suis laissé ennoblir par la galerie et j'ai toujours tâché de mériter par mes actes des titres qu'on me donnait, mais que je ne prenais pas.

— D. Vous êtes accusé de..... Suit une série d'accusations dans le détail desquelles nous n'entrerons pas. A quoi bon rapporter des termes techniques, ennuyeux, qui reviennent dans tous les procès? Arrivons immédiatement au plaidoyer que l'accusé prononça lui-même pour détourner le coup qui menaçait sa tête. Après un exorde brillant et pathétique, il s'écria d'une voix vibrante qui n'eût pas manqué son effet en cour d'assises à Paris.

« Je suis autoritaire moi, monsieur le président. J'ai vécu sous l'empire et j'ai acclamé l'empire. J'étais un vrai Français un peu chauvin, sincère admirateur de notre illustre chef, et je criais avec enthousiasme : A Berlin ! A Berlin ! Ai-je assez crié : A Berlin ! pour ma part ; et même, j'ai besoin de rappeler qu'on m'avait promis, à cette occasion, une récompense qu'on a complétement oublié de me donner. J'avais pourtant bien organisé mes escouades. Nous avions tous des blouses blanches sales, symbole de la pureté de nos intentions. Nous nous recrutions parmi les fils de famille qui mènent la vie à grandes guides, comme on dit, dans les maisons qui ont *la joie* pour étiquette. J'ai remué alors toute ma milice sacrée. Une légère senteur d'égouts s'en est levée dans l'air. J'ai fait mon devoir, plus que mon devoir. Si l'armée française n'est pas allée à Berlin, ce n'est pas ma faute.

« Mais mon illustre empereur a brisé son épée. Désormais semblable au commerçant qui n'a pu faire ses affaires, il fume sa pipe et mange ses rentes. Il est si facile de se faire violence, et de se retirer de la bagarre, quand on a une infinité de millions à dépenser par an ! Alors vint le grabuge de la chambre. J'étais parmi les assaillants, parmi les envahisseurs. En qualité de représentant du peuple souverain, je faisais partie d'un des premiers chœurs; elle est si retentissante et surtout si harmonieuse la voix du peuple, qu'une fois lancée elle résonne toujours. Qu'il vous suffise de savoir, monsieur le Président, qu'à force de crier : Vive la République ! je gagnai une extinction de voix ; ce fut tout mon profit du premier jour. Mais la patrie avait besoin de mon bras pour frapper sur les banquettes, de ma bouche pour crier vive tel ou tel ! vive ceci et vive cela !

« J'ai noblement crié, j'ai noblement frappé, j'ai même noblement cassé quelques vitres, j'ai fait mon devoir. Est-ce ma faute à moi, si plus tard, malgré tous mes efforts et ceux des braves qui me ressemblaient, nous n'avons jamais pu organiser un ordre de choses né dans des circonstances si prospères. Le fameux dimanche, si vous vous en souvenez, les soldats mirent tous la crosse en l'air , ce qui leur valut un surnom bien mérité, héros de la crosse en l'air. Les représentants se dissimulèrent dans les corridors ; ils avaient peur pour leurs cors aux pieds. Tous les citoyens, dans l'accord le plus parfait, répétèrent à l'envie les uns des autres : Où allons-nous ? quel gâchis ? qui donc commande que personne n'obéit ?

« Enfin quelques-uns des incomparables chefs, que les Parisiens s'étaient donnés sans le savoir, nous jetèrent des petits carrés de papier par les fenêtres de l'Hôtel-de-Ville, je crus à une loterie de pain d'épices et courus prendre mon numéro. Grâce à ce charmant petit procédé imité de Séraphin, je pus lire les noms de nos sauveurs, et j'acclamai le gouvernement de la défense nationale, issu de son propre suffrage universel. Quelques jours plus tard j'admirai, les larmes aux yeux, les pierres de nos forteresses et les pouces de notre terre. Cela fut d'un effet pyramidal, tout le monde pleura. Ce que c'est que de savoir faire vibrer la corde lacrymale ! Ce fut une avalanche bien autrement épaisse d'enthousiasme, quand notre pieux commandant nous promit sur son scapulaire de ne jamais se rendre, nous étions par moments ivres de l'espoir du triomphe. Pour mon compte, je fis dire une neuvaine et attendis plein de sécurité la récolte des lauriers. Eh bien ! il y eut encore quelque chose de mieux, quand un invincible général jura devant Dieu et devant son brosseur de ne rentrer que vainqueur ou mort. Ce jour-là, je commandai une culotte pour aller voir les troupes à leur entrée victorieuse.

« Enfin, quand tous nos gouvernants, tous sans exception, nous promettaient des tartines de pain frais grassement beurrées à perpétuité, j'étais plongé dans l'extase. Que voulez-vous ? ce n'est pas ma faute, j'admire toujours l'autorité ; je suis autoritaire. Cette fois j'admirai et acclamai, d'autant plus haut et plus volontiers que j'étais payé pour cela. On m'avait nommé capitaine dans la mobilisée. Quels prodiges de valeur nous aurions faits, monsieur le président, si seulement on avait pu nous organiser. Mais comme c'était difficile ! Il n'y avait pas plus de deux millions d'hommes dans Paris, et il fallait une armée de trois cent mille gardes nationaux ! Aussi, malgré les exercices, malgré les officiers instructeurs, les trente sous et les cantinières aux barils de toutes formes et de toutes grandeurs, on ne put rien instruire, rien former, rien établir.

« C'est au contraire la faim qui nous désorganisa. Pourtant j'aurais tort de me plaindre. Je ne conçois pas même les gens qui trouvaient le pain noir et le cheval dur; moi je n'ai jamais mangé que du pain de gruau, des poulets rôtis et des blanquettes de veau. Comment faisais-tu donc, aimable coquin, me direz-vous, monsieur le président? Eh mon Dieu! c'est bien simple : J'entrais facilement à l'Hôtel-de-Ville, dans les intendances, dans les ambulances, enfin, partout. Ou plutôt, c'était ma chère Héloïse, ma petite comtesse, comme nous l'appelions dans l'intimité, qui m'ouvrait toutes les portes, me procurait des amis huppés, et m'aidait ainsi à supporter les horreurs du siége. J'ai engraissé de vingt livres pendant cette période néfaste de l'histoire de France. C'est ainsi que je me conservais dans un embonpoint qui m'eût permis de combattre avec honneur les ennemis de ma patrie, si on avait pu nous organiser. Pendant que nous nous demandions :

« — Avons-nous des fusils, des canons, de la poudre? Avons-nous des soldats? pendant que nous mangions nos derniers chevaux de selle et nos derniers petits pâtés, si un grand général, c'est un gros général que je veux dire, avait seulement pu se débloquer, il nous débloquait ensuite et tout était sauvé, mais la difficulté était là. Savez-vous, monsieur le président, comment on ne se débloque pas? C'est bien facile. Vous vous croisez les bras, vous fumez, ou prenez votre absinthe entre deux besigues, pendant ce temps-là l'ennemi s'approche, ayez soin alors de dire :

« — Attendez, j'ai mon plan, ne vous inquiétez pas, nous tomberons un jour sur ces vandales qui osent nous provoquer, nous les renverserons comme des capucins de cartes. Il se trouvera justement des carrières qui seront leurs instruments de supplice et leurs tombeaux. Seulement attendez, n'allez pas déranger mon plan.

« Et l'on attend, bien entendu, et l'on fabrique les canons juste pour le jour où l'attelage manque, et on choisit des jours de pluie pour tenter les sorties. Les combattants se crottent, la force se perd à mesure que la faim grandit. Les plus courageux tombent épuisés ou morts, et la capitulation débloque le reste. Mais passons. Ces souvenirs sont cruels. Votre œil se mouille comme le mien, monsieur le président. Nous pleurons tous deux sur les malheurs de notre patrie.

« Les événements marchaient. Après avoir acclamé l'empire, j'avais acclamé la défense. Après la défense, je me demandai un moment ce que j'allais acclamer. Je ne voyais rien devant moi. Le pouvoir nous fuyait, il avait peur... sans doute de nous faire peur. Or je suis autoritaire, ainsi que j'ai déjà eu l'honneur de vous le dire. Je désirais donc acclamer quelqu'un ou quelque chose. Quelque chose vint bientôt sous la forme de la Commune, et j'acclamai la Commune avec plus d'enthousiasme que jamais. J'étais officier payeur, j'avais des amis dans toutes les délégations. On nous promettait l'égalité des salaires sans travail, la liberté de manger la soupe dans la gamelle du voisin, la fraternité jusqu'à mourir dans nos embrassements. Mon Héloïse avait des dîners tous les jours. Nous faisions bombance, nous étions heureux. Pourquoi n'aurais-je pas crié : Vive la Commune !

« Il paraît cependant que j'étais dans l'erreur. La Commune devait bientôt s'effondrer comme un château de mélodrame dans le troisième dessous. Je m'en doutais, à vous parler franchement, et je donnai ma démission. La question dans ces sortes d'affaires consiste tout simplement à savoir donner sa démission à temps. Je voyais poindre à l'horizon une autorité mieux assise que celle que je servais, et je voulus d'abord offrir mon épée au plus fort. C'était une conséquence de mon système. Mais, tout bien considéré, je me dis : Retirons-nous du service. La patrie doit être contente de moi, j'ai assez combattu pour elle. Aujourd'hui d'ailleurs voilà que l'écheveau s'embrouille ; bien fin qui le débrouillera ! Moi comme Achille, le brave des braves des temps passés, je rentre sous ma tente et vais consoler ma chère Briséis qui m'attend sans doute pour dîner.

« Quand on a fait un plan il faut le suivre jusqu'au bout, malgré les quolibets des mauvais plaisants. J'avais donc résolu de filer et je filai. On m'appela même franc fileur, histoire de rire seulement. Mais, direz-vous : vous filâtes en emportant la caisse. Sans doute je l'emportai la caisse, seulement c'était pour la sauver. Fallait-il donc la laisser à la portée de la première main venue? Pas si fou, en vérité. Aujourd'hui que nous voilà réunis comme en conseil de famille dans mon ancienne compagnie, je suis tout prêt à rendre mes comptes et à reprendre les espèces que le commandant du *Colibri* a confisquées un peu bien lestement. Entre galants hommes, on s'explique, et tout est vite réglé. Je vous le répète, qu'on me rende l'argent et j'indiquerai l'emploi de ce qui manque. Tant à l'épicier, tant à la portière, tant au marchand de vins, et tout sera dit. Quant aux billets de banque, ils sont à moi jusqu'à nouvel ordre. C'est un dépôt sacré dont je dois compte.

« — Prends ces billets, me dit mon ami le délégué, quand je lui annonçai mon départ, ne t'en dessaisis jamais que pour tes propres besoins, et tu me rendras ma monnaie quand nous nous rencontrerons sur le boulevard.

« Depuis ce jour, nous ne nous sommes pas revus. Il paraît même que mon ami a eu des malheurs. Plusieurs balles de chassepots se sont violemment logées dans son gilet. Que ces balles lui soient légères! mais son dépôt doit m'être rendu. A moi de le lui remettre en mains propres.

« Toutes les charges accumulées contre moi s'évanouissent donc comme une armée de citoyens qu'on n'a pas pu organiser. Je suis déjà à vos yeux blanc comme neige, et j'ai bien envie de vous dire : Montons au Capitole! Parlerai-je maintenant des bijoux de ma femme? Oui, pour mémoire seulement, et aussi pour qu'ils nous soient rendus. Toutes ces petites frivolités sont des souvenirs d'amis que nous avons bien aimés, et qui nous ont laissé des témoignages de leur affection. Entre gens de notre condition, de pareils cadeaux sont donnés et reçus tous les jours, sans tirer à conséquence. Ma femme leur a donné bien autre chose, à ces chers amis, et s'ils étaient ici, ils seraient les premiers à dire que nous sommes quittes.

« Reste l'écrin aux armes de Morfontaine. Celui-là on ne nous l'a pas donné, je le reconnais. Mais, par suite de la similitude des noms, nous nous sommes considérés comme un peu parents de la vieille marquise et nous avons pris l'écrin en avance d'hoirie. Pourtant si vous croyez que la délicatesse nous commande de nous en dessaisir, acceptez-le, monsieur le président. Que tout le monde soit content, qu'on s'embrasse sur toute la ligne et crions en chœur : Vive la République provisoire! en attendant autre chose. »

La défense du comte fut un vrai triomphe oratoire. Pourtant malgré son éloquence, malgré sa parole convaincue, il fut condamné à dix ans de travaux publics ; dix ans à casser de la pierre! Il trouva le jugement un peu roide. Pourtant il se promet d'utiliser ses heures de loisir en étudiant la minéralogie.

Quant à la charmante Héloïse, elle fut condamnée à deux ans de la même peine. Seulement par intérêt pour la délicatesse de ses mains, on la chargera de repriser les culottes des défenseurs de l'ordre. Quand le président, après le prononcé du jugement, lui demanda si elle n'avait rien à ajouter à sa défense, elle fondit en larmes : « Je suis une victime innocente de nos discordes civiles.

s'écria-t-elle en gémissant. Moi qui aime tout le monde, moi qui n'ai jamais rien refusé à personne, je suis condamnée et je me demande pourquoi? C'est sans doute pour avoir trop donné. Eh bien! soit, que mon sort s'accomplisse! Je travaillerai. Ah! le travail ne me fait pas peur. Moins j'en fais et mieux je m'en trouve. Si pourtant on me procurait une bonne petite condition bien douce, cela m'arrangerait mieux. Une place de bonne à tout faire chez un garçon me sourirait, je l'avoue. J'ai toujours rêvé ce modeste pis aller pour le temps où du faîte des grandeurs je tomberais dans la détresse où me voilà. »

La requête fut vaine. Les époux furent envoyés en prison et dirigés vers les ateliers qui leur avaient été désignés. Héloïse, au milieu de sa douleur, se sentait partagée entre les regrets du passé et les vagues espérances de l'avenir. Une chose au moins, se disait-elle, m'aide à supporter la vie: je vais être pour longtemps débarrassée de Jules.

Paris 1872.

FIN.

www.ingramcontent.com/pod-product-compliance
Lightning Source LLC
LaVergne TN
LVHW020543230826
846091LV00002B/373

9782019151881